Cordula Kahrmann
Gunter Reiß / Manfred Schluchter

Erzähltextanalyse

Eine Einführung
Mit Studien- und Übungstexten

CIP-Kurztitelaufnahme der Deutschen Bibliothek

Kahrmann, Cordula:
Erzähltextanalyse : eine Einführung ; mit Studien- und Übungstexten / Cordula Kahrmann ; Gunter Reiss ; Manfred Schluchter. – 2. Aufl. der überarb. Neuausg. des bisher zweibändigen Taschenbuchs. – Frankfurt am Main : Hain, 1991
(Athenäums Studienbuch : Literaturwissenschaft)
ISBN 3-445-03059-6
NE: Reiss, Gunter:; Schluchter, Manfred:

2. Auflage der überarbeiteten Neuausgabe des bisher zweibändigen Taschenbuchs
Verlag Anton Hain Meisenheim GmbH 1991

Gesamtherstellung: Poeschel & Schulz-Schomburgk, Eschwege
Printed in Germany
ISBN 3-445-03059-6

Vorwort zur einbändigen Neuausgabe

Die „Erzähltextanalyse", 1977 erstmals in zwei Bänden erschienen, liegt nunmehr in einer einbändigen Neuausgabe vor. Mit dieser umgestalteten Ausgabe sind wir einer Anregung des Verlags gefolgt, dem aus Gründen der Preisentwicklung auf dem Buchmarkt die Fortführung einer kostspieligen zweibändigen Ausgabe – gerade auch im Hinblick auf den studentischen Benutzerkreis, für den das Buch in erster Linie gedacht ist – als problematisch erschien.

Der bisherige Band 1, der die Teile A (Kommunikationsmodell des Erzählwerks), B (Analyse eines Textbeispiels) und C (Konstitutionsmerkmale des Erzähltextes. Begriffe zu ihrer Beschreibung) umfaßte, ist gegenüber der 2. Auflage von 1981 bis auf einige geringfügige redaktionelle Änderungen unverändert in diese Neuausgabe übernommen worden. Neugestaltet wurden die Teile D (Materialien zur neueren Erzähltheorie) und E (Ausgewählte Erzähltexte); sie lagen bisher als Band 2 selbständig vor. Diese Teile D und E mußten für die vorliegende Ausgabe dem nunmehr knapperen Raumangebot angepaßt werden.

Dabei ergab sich für Teil D eine Funktionsveränderung. Ursprünglich waren diese Texte, unter der Überschrift „Materialien zur neueren Erzähltheorie", so zusammengestellt, daß sie in einem nicht geringen Maße Voraussetzungen und Zusammenhänge dokumentierten, die für die Ausführungen in den Teilen A und C von Bedeutung waren. Sie sollten insbesondere den Forschungskontext nachweisen, aus dem unsere Überlegungen und Vorschläge stammten. Diese Belegfunktion von Teil D mußten wir preisgeben zugunsten einer Auswahl von Studientexten, die dem *didaktischen* Interesse unserer Einführung entsprechen. Das ist, beispielsweise bei den Texten von Schmid, Fieguth und Füger, nicht leichtgefallen. Um Interessierten eine Rekonstruktion des früheren Teils D zu ermöglichen und um auch die verlorengegangene Belegfunktion auf indirektem Wege zu erhalten, drucken wir eine Zusammenstellung der bibliographischen Nachweise der entsprechenden Titel hier ab:

1 *Das kommunikative Handlungsspiel*
SCHMIDT, SIEGFRIED J.: Text als Forschungsobjekt der Texttheorie. In: Der Deutschunterricht 24. 1972. H. 4. S. 7–28. Hier: S. 13–15; 17–19; 25–26. [Die Auszüge enthalten die redaktionellen Änderungen, die der Verfasser 1977 vorgenommen hat.]

2 *Fiktivität und Fiktionalität*
LANDWEHR, JÜRGEN: Text und Fiktion. Zu einigen literaturwissenschaftlichen und kommunikationstheoretischen Grundbegriffen. München 1975 (= Kritische Information. 30.) Hier: S. 160–161; 162–164; 181–182.

3 *Fiktionale und nicht-fiktionale Texte*
WERLICH, EGON: Typologie der Texte. Entwurf eines textlinguistischen Modells zur Grundlegung einer Textgrammatik. Heidelberg 1975. (= UTB 450.) Hier: S. 18–22.

4 *Fiktion und Wirklichkeit*
ISER, WOLFGANG: Der Akt des Lesens. Theorie ästhetischer Wirkung. München 1976. (= UTB 636.) Hier: S. 87–89; 118–120; 282–284.

5 *Stereotypen als Bedingungen der Erzählkommunikation*
BARTOSZYNSKI, KAZIMIERZ: Das Problem der literarischen Kommunikation in narrativen Werken. In: Sprache im technischen Zeitalter. Heft 47. 1973. S. 202–224.

6 *Kommunikationsmodell des Erzählwerks*
LINK, HANNELORE: Rezeptionsforschung. Eine Einführung in Methoden und Probleme. Stuttgart 1976. (= Urban-Taschenbücher. 215.) Hier: S. 19–23; 34–38.

7 *Kommunikationsebenen des Erzählwerks*
JANIK, DIETER: Die Kommunikationsstruktur des Erzählwerks. Ein semiologisches Modell. Bebenhausen 1973. (= Thesen und Analysen. 3.) Hier: S. 7; 12–13; 15–17; 19–21.

8 *Kommunikationsebenen des Erzählwerks*
SCHMID, WOLF: [Besprechung von:] Dieter Janik: Die Kommunikationsstruktur des Erzählwerks. Ein semiologisches Modell. Bebenhausen 1973. (= Thesen und Analysen. 3.) In: Poetica 6. 1974. S. 404–415. Hier: S. 406–409.

9 *Kommunikationsorientierte Erzähltextanalyse*
GÜLICH, ELISABETH: Ansätze zu einer kommunikationsorientierten Erzähltextanalyse (am Beispiel mündlicher und schriftlicher Erzähltexte). In: Haubrichs, Wolfgang (Hrsg.): Erzählforschung 1. Theorien, Modelle und Methoden der Narrativik. Mit einer Auswahlbibliographie zur Erzählforschung. Göttingen 1976. (= Zeitschrift für Literaturwissenschaft und Linguistik. Beiheft 4: Erzählforschung 1.) S. 224–256. Hier: S. 224–233.

10 *Der Lesevorgang*
ISER, WOLFGANG: Die Appellstruktur der Texte. Unbestimmtheit als Wirkungsbedingung literarischer Prosa. Konstanz 1970. Hier: S. 5–8.

11 *Erfassungsakte des Textes*
ISER, WOLFGANG: Der Akt des Lesens. Theorie ästhetischer Wirkung. München 1976. (= UTB 636.) Hier: S. 175–176; 177–179.

12 *Adressat und Leser*
NAUMANN, MANFRED: Autor – Adressat – Leser. In: Weimarer Beiträge 17. 1971. Heft 11. S. 163–169. Hier: S. 163–164; 166–168.

13 *Rezeptionslenkung bei Erzähltexten*
FIEGUTH, ROLF: Zur Rezeptionslenkung bei narrativen und dramatischen

Werken. In: Sprache im technischen Zeitalter. Heft 47. 1973. S. 186–201. Hier: S. 186–191; 193–201.

14 *Erzählstrategie*
KANZOG, KLAUS: Erzählstrategie. Eine Einführung in die Normeinübung des Erzählens. Heidelberg 1976. (= UTB 495.) Hier: S. 104–108.

15 *Der fiktive Erzähler*
LÄMMERT, EBERHARD: Bauformen des Erzählens. 5., unveränderte Aufl. Stuttgart 1972. Hier: S. 67–73.

16 *Erzählmedium und Erzählstoff*
FÜGER, WILHELM: Zur Tiefenstruktur des Narrativen. Prolegomena zu einer generativen ‚Grammatik' des Erzählens. In: Poetica 5. 1972. S. 268–292. Hier: S. 270–274; 279–289; 291.

17 *Figur und Person*
PFISTER, MANFRED: Das Drama. Theorie und Analyse. München 1977. (= UTB 580.) Hier: S. 221–222.

18 *Raumdarstellung im Erzähltext*
HILLEBRAND, BRUNO: Mensch und Raum im Roman. Studien zu Keller, Stifter, Fontane. Mit einem einführenden Essay zur europäischen Literatur. München 1971. Hier: S. 5–7; 10; 15–16; 19.

19 *Zeitdarstellung im Erzähltext*
LÄMMERT, EBERHARD: Bauformen des Erzählens. 5., unveränderte Aufl. Stuttgart 1972. Hier: S. 19–24.

20 *Fabel und Diskurs*
LINDNER, BURKHARDT: Jean Paul. Scheiternde Aufklärung und Autorrolle. Darmstadt 1976. (= Canon. 1.) Hier: S. 28–35.

21 *Geschehen und Geschichte*
STIERLE, KARLHEINZ: Geschehen, Geschichte, Text der Geschichte. In: Stierle, Karlheinz: Text als Handlung. Perspektiven einer systematischen Literaturwissenschaft. München 1975. (= UTB 423.) Hier: S. 49–55.

Geringere Veränderungen hat Teil E erfahren. Die unumgängliche Beschränkung auf weniger Texte haben wir durch Aufnahme einiger neuer, etwas umfänglicherer und komplexerer Erzählungen (Horvath, Brecht, Bobrowski) auszugleichen versucht. Für alle Texte gilt als Auswahlkriterium das der relativen Kürze, das sich aus der Funktion als Übungsgegenstände ergibt. Daneben war es uns wichtig, Beispiele für unterschiedliche Erzählverfahren und Erzählinteressen zu bieten, sowie Texte, die auch thematisch für den Übenden anregend sein könnten. Zudem sollten die Texte Möglichkeiten der Kontextualisierung bieten, die von den Benutzern des Buches – z. B. im Rahmen von Proseminaren oder entsprechenden Leistungskursen an Gymnasien – ohne aufwendige Spezialforschungen selbst erarbeitet und begründet werden können. Auf diese Weise sollen die in Teil A und C modellhaft vorgestellten Problemperspektiven durch praktische Arbeit am Text konkretisiert und begreifbar gemacht werden und die Analyse von Texten so angelegt sein, daß sie, zumindest tendenziell, die Textimmanenz überschreitet.

Das didaktische Interesse unserer Einführung ist es, wie schon in der Einleitung zur ersten Auflage formuliert, dem Lernenden und mit dem Gebrauch des erzählanalytischen Instrumentariums noch nicht Versierten die Fähigkeit zu vermitteln, reflektiert und analytisch begründet mit erzählenden Texten umgehen zu können. Das gleiche Prinzip bestimmte die nunmehr in Teil D neu zusammengestellten Studientexte. Sie sollen es ermöglichen, die durch das Kommunikationsmodell eingeführte Betrachtungsweise und die in Teil B exemplarisch vorgeführten Analyseschritte in einen größeren, perspektivierenden Problemhorizont zu stellen und damit nicht nur eine erweiterte Kenntnis literaturwissenschaftlicher und erzähltheoretischer Fragen zu gewinnen, sondern auch eine gesteigerte Reflexionsfähigkeit solchen Problemstellungen gegenüber. Wir haben daher auch hier die notwendig gewordene Textbeschränkung dazu benutzt, die ausgewählten Beiträge von Problemstellung und Umfang her so zu bemessen, daß sie als Studientexte fungieren können.

Es mag gelegentlich als unbefriedigend erscheinen, daß die Breite der erzähltheoretischen Forschung hier nicht als Diskussionsgrundlage repräsentiert ist. Wir bitten dafür um Verständnis. Doch vom primären Zweck des vorliegenden Buches her mußte das forschungsorientierte Interesse an der Diskussion erzähltheoretischer Positionen zurücktreten. Gleichwohl ist vorstellbar – und von den Herausgebern auch gewünscht – daß die hier abgedruckten Studientexte auch und gerade erzähltheoretische Positionen als Forschungprobleme ins Bewußtsein heben und zu weiterer wissenschaftlicher Beschäftigung mit ihnen anregen.

Wir haben bewußt darauf verzichtet, zu den einzelnen Textvorlagen Arbeitsvorschläge zu formulieren. Sie sind erfahrungsgemäß eher hinderlich als förderlich, denn was an Arbeitsschritten möglich – und notwendig – ist, ergibt sich nicht nur aus den Teilen A bis C, sondern und vor allem auch aus der Interessenlage und den Fähigkeiten der jeweiligen Lerngruppe.

An der Neukonzeption der Teile D und E konnte unsere Mitautorin Cordula Kahrmann nicht mitarbeiten; für diese Neubearbeitung zeichnen wir allein verantwortlich.

Münster, im Dezember 1985

Gunter Reiß
Manfred Schluchter

Inhaltsverzeichnis

Einleitung [1977]

1.

Erzähltextanalyse ist ohne Kenntnis der Erzähltheorie, die ihre Grundlagen formuliert, nicht zu betreiben. Eine Einführung in die Erzähltextanalyse muß daher zugleich eine Einführung in die Erzähltheorie sein. So schwierig es aber ist, Erzähltextanalyse als Verfahren anschaulich und nachvollziehbar zu machen – die Erfahrungen im Seminarbetrieb zeigen es immer wieder von neuem –, so unmöglich scheint es beim gegenwärtigen Forschungsstand zu sein, Erzähltheorie als zusammenhängendes oder gar abgeschlossenes Konzept darzubieten. Doch auf das eine zu verzichten, um es beim anderen leichter zu haben, ist von der Sache her ausgeschlossen.

Die vorliegende Einführung hat es also mit Erzähltheorie und mit Praxis der Analyse zu tun. Ihre Schwierigkeit liegt in der Absicht begründet, eine Einführung zu geben für denjenigen, der von den Bedingungen und Verfahren der Erzähltextanalyse noch nichts oder nur wenig weiß, für den Studenten oder Schüler der Sekundarstufe II. Der notwendige Abstraktionsgrad erzähltheoretischer Reflexion durfte nicht verlorengehen, er durfte aber auch nicht die Argumentationsweise beherrschen. Grundprinzipien und fundamentale Bestimmungselemente des gegenwärtigen Standes einer Erzähltheorie mußten dargestellt werden; ihre Darbietungsweise bestimmt sich indes von ihrer Funktion her, nämlich Voraussetzungen zu schaffen für praktikable Verfahren einer Erzähltextanalyse. Von diesem Ziel her erklären sich Komprimiertheit und Eingegrenztheit des Teils A dieses Buches, der die theoretische Grundlage zu umreißen sucht.

Angesichts der Heterogenität der Forschungsansätze zur Erzähltheorie und des unterschiedlichen Standes der Behandlung von Einzelproblemen konnte es mit der Herstellung einer bloßen Synthese nicht getan sein. Notwendig war die Weiterentwicklung der vorliegenden Ansätze und der Entwurf eines Grundkonzepts, in das die Demonstration der Erzähltextanalyse eingebunden werden konnte. Insofern ist dieses Einführungsbuch zu einem nicht geringen Teil ein Beitrag zur erzähltheoretischen Forschung. Gewiß, von der angezielten Praktikabilität des Buches als Einführungs- und Arbeitsbuch her mußte auf die explizite Diskussion von Forschungsergebnissen verzichtet werden. Dem mit der Erzähltheorie Vertrauten wird aber schnell deutlich werden, wo wir uns eng an den Diskussionsstand anlehnen und wo wir ihn weiterzuentwickeln versuchen. Die wichtigsten Kronzeugen unseres Ansatzes haben wir im Teil D „Materialien zur neueren Erzähltheorie" dokumentiert. Diese Dokumentation soll überprüfbar machen, worauf wir uns hauptsächlich stützen, soll aber zugleich auch ermöglichen, die erzähltheoretische Diskussion weiterzuführen. Deshalb enthält der Teil D auch alternatives Material zu unseren eigenen Vorschlägen. Wir verstehen den Entwurf eines Kommunikationsmodells des Erzählwerks, wie er im Teil A vorgestellt wird, als Vorschlag, wobei wir Weiterentwicklung und Revidierbarkeit des Entwurfs als selbstverständlich voraussetzen. Die vorliegende Einführung hätte ihre Funktion als Arbeitsbuch zum Teil erfüllt, wenn sie ein Gespräch über erzähltheoretische Grundlagen in Gang bringen würde.

2.
Der Hauptzweck dieses Buches liegt in der Einführung in die Erzähltextanalyse. Demgemäß wechseln theoretisch orientierte Ausführungen mit solchen demonstrierend-praktischen Charakters. Aufgabe der praktisch orientierten Teile ist es, Verfahrensweisen der Erzähltextanalyse anschaulich zu machen. Der Leser dieses Buches soll befähigt werden, auf theoretisch reflektierter Grundlage selbständig mit Erzähltexten zu arbeiten.

Eine zusammenhängende Demonstration von Verfahrensweisen auf der Grundlage des vorgestellten Kommunikationsmodells des Erzählwerks bringt Teil B. Er ist so aufgebaut, daß die durch das Modell gesetzten Kategorien und Bezugsgrößen in einer systematisch angelegten Reihe von Schritten an einem Beispieltext erprobt werden. Als Beispiel haben wir eine weithin unbekannte Erzählung von Friedrich Hebbel („Treue Liebe", 1828) gewählt.

Teil C stellt einzelne Grundbegriffe der Erzähltextanalyse gesondert heraus und erörtert sie im Hinblick auf ihre theoretische Fundierung und im Hinblick auf ihre Verwendbarkeit im Rahmen des Modells. Aufgabe dieses Abschnitts ist es unter anderem, die Beziehungen zwischen bisheriger Erzählforschung und kommunikationsorientierter Erzähltheorie herzustellen. Das von uns vorgeschlagene differenzierte Begriffsinstrumentarium für die genannten Problemfelder des Erzähltextes soll dabei die Kontinuität im Umgang mit Erzähltexten, auch über die methodologisch verschiedenen Ansätze hinaus, betonen und möglich machen. Für die praktische Anwendung sind diesen Abschnitten jeweils Erläuterungen hinzugefügt, die sich auf den in Teil B zugrundegelegten Hebbel-Text beziehen und, wo es möglich schien, Interpretationsaspekte andeuten, die dort nicht ausgeführt oder nicht entwickelt wurden. Hinweise dieser Art sind als Anregungen in Form von Thesen gegeben. Es schien uns sinnvoll, denjenigen, die mit diesem Buch arbeiten wollen, die Initiative zu überlassen, in selbständiger Auseinandersetzung mit diesem Material solche Ansätze zu Ende zu diskutieren, sie zu akzeptieren oder zu verwerfen und gegebenenfalls andere zu entwickeln. Uns wäre dabei wichtig, daß das Einüben von Verfahren und Kenntnissen der Erzähltextanalyse nicht ohne gleichzeitiges

Nachdenken über den jeweiligen Stellenwert des Interpretierens selber geschieht.

Teil D und Teil E stellen weiteres Übungs- und Diskussionsmaterial zur Verfügung. Teil D bietet, wie schon erwähnt, Material zur neueren Erzähltheorie. Teil E enthält eine Auswahl von Erzähltexten. Absicht dieser Auswahl ist es, möglichst viele Aspekte der Gattungsgeschichte erzählender Literatur (z. B. Anekdote, Kalendergeschichte, Reisenovelle, Briefsatire, Dorfgeschichte, Märchen, Reportage, etc.) zu repräsentieren, und zugleich in die Entwicklung von 200 Jahren Literaturgeschichte einzuführen. Wir haben bewußt weniger bekannte Texte ausgewählt. Wir meinen, daß sie nicht nur als Übungsbeispiele ergiebig, sondern daß sie auch in thematischer Hinsicht reizvoll sind.

Die zahlreichen graphischen Darstellungen, vor allem im Teil A, sind als wichtige Erklärungshilfen gemeint. Die Schwierigkeit, sich abstrakte Sachverhalte einzuprägen, soll damit verringert werden. In der Entwicklung der Terminologie sowie der Darstellung der erzähltheoretischen Sachverhalte sollte der Bezugsrahmen einer Einführung stets beachtet bleiben. Das mag da und dort dazu geführt haben, daß wir manches einfacher ausgedrückt haben als der komplexe Wissensstand es zulassen möchte. Sollte damit die Verständlichkeit für den Leser erhöht worden sein, so wäre dies in unserem Sinne.

Ein ausführliches Literaturverzeichnis erschien uns überflüssig, nachdem Wolfgang Haubrichs 1976 die wissenschaftliche Literatur zur Erzählforschung ausführlich und auf dem neuesten Stand dokumentiert hat. (Vgl. „Hinweis zur wissenschaftlichen Literatur“ am Ende des Buches.)

3.

Diese Einführung in die Erzähltextanalyse basiert auf kommunikationstheoretischer Grundlage; ihr Interesse jedoch ist literaturgeschichtlich motiviert. Dies ausdrücklich hervorzuheben, erscheint in zweifacher Hinsicht angebracht.

Zum einen ist der Tendenz eines literaturtheoretischen Modells, sich vom literaturgeschichtlichen Material zu entfernen und auf einem hohen Abstraktionsniveau ein stimmiges, aber ungeschichtliches System aufzustellen, nur schwer zu begegnen. Das Kommunikationsmodell des Erzählwerks muß deshalb ständig daraufhin überprüft werden, ob es den je verschiedenen historischen Erscheinungsformen erzählender Literatur gerecht wird.

Zum anderen richtet sich unser Interesse als Literarhistoriker auch auf die Geschichtlichkeit erzähltheoretischer Positionen selbst. Die Geschichte der Erzähltheorie darzustellen, wäre zwar ein dringliches Desiderat; doch ist ein Einführungsbuch gewiß nicht der adäquate Ort, dies zu tun. Eine kurze Reflexion auf die Geschichtlichkeit der eigenen Grundlagen erscheint allerdings insofern angemessen, als die Entwicklung der Erzähltheorie im letzten Jahrzehnt entscheidende Veränderungen erfahren hat.

Es mag auffallen, daß für die Erzählforschung der Fünfziger und Sechziger Jahre so wichtige Namen wie Käte Hamburger, Wolfgang Kayser, Günther Müller, Franz K. Stanzel u. a. in unserer Einführung nicht oder nur am Rande auftauchen. Die Verdienste dieser Autoren sind auch heute noch unbestritten. Was in jenen Jahren z. B. zum Erzähler gesagt worden ist, ist noch immer in mancher Beziehung grundlegend. Auch unsere Einführung weiß sich diesen Ergebnissen verpflichtet.

Gleichwohl ist unübersehbar, daß sich die Erzählforschung im Frageinteresse wie in den wesentlichen Grundannahmen entscheidend weiterentwickelt hat. Von einem Paradigmenwechsel in der Erzähltheorie zu sprechen, erscheint nicht als zu hoch gegriffen. Zur *ausschließlichen* Orientierung am Erzähler als dem zentralen Integrationspunkt aller Textmerkmale ist das Interesse am Leser hinzugekommen. Der Leser – als implizite Größe des Textes wie als empirischer Faktor des Rezeptionsprozesses – steht heute gleichberechtigt neben dem Erzähler als textimmanenter Funktion und dem Autor als historischer Größe.

Als Paradigma des heutigen Standes der Erzähltheorie manifestiert das Kommunikationsmodell des Erzählwerks, das wir unserer Einführung zugrunde legen, zugleich auch ein sich wandelndes Selbstverständnis literarhistorischer Interpretation. Nicht der Text an sich, sondern der Text als Text in kommunikativer Funktion und damit die je geschichtlichen Interaktionen zwischen Texten und Lesern sind Gegenstand des Interpretationsprozesses. Wenn wir in dieser Einführung von Erzähltext*analyse* sprechen, meinen wir Arbeit mit dem Text in diesem Sinne.

TEIL A

Kommunikationsmodell des Erzählwerks

0 Vorbemerkung

Ziel dieses Teils A ist die Einführung eines Kommunikationsmodells des Erzählwerks. Dieses Modell wird im Teil B in seiner Anwendung auf einen Erzähltext demonstriert.

Wir beschäftigen uns im folgenden mit dem heute üblichen Regelfall des schriftlich fixierten Erzähltextes. Zur Entwicklung und Begründung eines Kommunikationsmodells des schriftlich fixierten Erzähltextes sind Voraussetzungen zu klären, die mit dem Erzähltext scheinbar nicht unmittelbar zu tun haben. Wir entfalten den theoretischen Begründungszusammenhang über eine Reihe von allgemeinen und speziellen Voraussetzungen.

Drei Schritte sind es im wesentlichen, die wir vorausschicken müssen: Wir setzen an bei einem Textverständnis, das den Text definiert als Text in kommunikativer Funktion; wir führen in einem zweiten Schritt den Begriff der Rede aus der Rhetorik ein und unterscheiden sodann in einem dritten Schritt schriftliche von mündlicher Erzählkommunikation. Alle einzuführenden Voraussetzungen werden dargestellt in ihrer *Funktion* für das Kommunikationsmodell des Erzählwerks; eine über den Zweck dieses Buches hinausgehende Einführung in die komplexe Problemlage, die sich aus der allgemeinen Erörterung dieser Voraussetzungen ergäbe, muß hier unterbleiben.

1 Text im kommunikativer Funktion

1.1 *Text als sprachliche Äußerung*

Wenn in diesem Buch von „Erzähltext" die Rede ist, ist damit immer eine sprachliche Äußerung in schriftlich fixierter Form gemeint. Für die folgenden einleitenden Überlegungen ist das Merkmal der schriftlichen Fixierung noch nicht von Bedeutung; hier geht es vielmehr um den diesem Merkmal übergeordneten Aspekt *sprachliche Äußerung*.

Der Begriff sprachliche Äußerung verweist auf zweierlei: zum einen auf die sprachliche Gebundenheit, die alle nicht-sprachlichen Äußerungen aus dem zu erörternden Problemzusammenhang ausschließt; zum anderen auf das Moment der Kommunikation, das im weiteren von besonderer Wichtigkeit ist. Zur sprachlichen Äußerung gehören nämlich nach dem hier zugrundegelegten Verständnis ein Urheber, ein Adressat und eine Situation, auf die die Äußerung bezogen und von der her sie beeinflußt ist. In dieser Situation, für die es den Begriff Kommunikationssituation gibt, fungiert die sprachliche Äußerung als Kommunikat zwischen Urheber und Adressat. Text im Sinne sprachlicher Äußerung ist also, wie wir mit S. J. Schmidt definieren, stets *Text in (kommunikativer) Funktion.*

[Vgl. hierzu S. J. Schmidt: Text als Forschungsobjekt der Texttheorie. In: DU 24. 1972. H. 4. S. 11 und Teil D. Text 1.]

1.2 *Text in Funktion*

Im vorhergehenden Abschnitt wurde der Begriff Text in Funktion im Zusammenhang mit dem Begriff sprachliche Äußerung eingeführt. Da die sprachliche Äußerung Bestandteil eines kommunikativen Vorgangs ist, bezieht sich der Begriff Text in Funktion immer auch auf den Prozeßcharakter der Kommuniktion, auf den sich vollziehenden Kommunikationsakt.

Wir stellen die Komponenten der sprachlichen Kommunikation in einem Schema dar, wobei mit Rücksicht auf künftige Problemstellungen die Begriffe Urheber und Adressat durch die Begriffe Sprecher und Hörer ersetzt werden.

Im Unterschied zum Begriff Text verweist der Begriff Text in Funktion auf die Faktoren des Kommunikationsaktes. Es sind dies:

- Sprecher (mit seinen Kommunikationsvoraussetzungen);
- Hörer (mit seinen Kommunikationsvoraussetzungen);
- sprachliche Äußerung Text;
- Kommunikationssituation;
- umgreifende Kommunikationsgesellschaft.

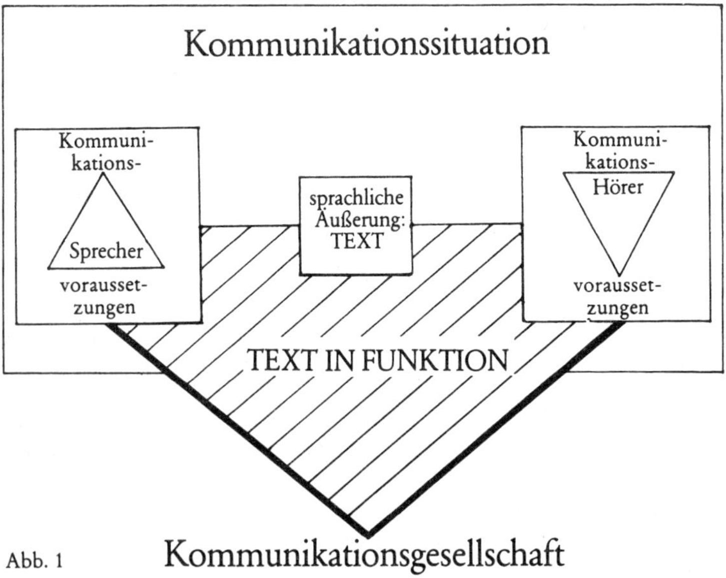

Abb. 1

Die sprachliche Äußerung Text wird verursacht von einem Sprecher und zielt auf einen Hörer. Sprecher, Hörer und Text sind eingebettet in die Kommunikationssituation; diese ihrerseits ist eingebettet in die Kommunikationsgesellschaft, d. h. in den Gesamtzusammenhang der Kommunikationsformen und -vorgänge einer Gesellschaft.
Der Kommunikationsakt ist komplex und durch alle oben genannten Faktoren bestimmt. Kommunikationsvoraussetzungen sind diejenigen Voraussetzungen, die zu Sprecher und Hörer als Individuen gehören und die diese in die Kommunikationssituation einbringen. Die Kommunikationsvoraussetzungen haben ihren Ursprung außerhalb der Kommunikationssituation, sind aber in ihr wirksam.

Die Kommunikationssituation ist Bedingungsrahmen und Bezugsfeld für den Kommunikationsakt. Sie umgreift Sprecher und Hörer mit ihren jeweiligen Kommunikationsvoraussetzungen und bestimmt Art und Inhalt der Kommunikation. Der Vollzug der Kommunikation wirkt seinerseits auf die Kommunikationssituation zurück.

1.3 *Text in pragmatischer und nichtpragmatischer Funktion*

Die allgemeine Bestimmung „Text in (kommunikativer) Funktion“ kann von der Bestimmung unterschiedlicher Kommunikationssituationen her differenziert werden.

Wir unterscheiden pragmatische und nichtpragmatische Kommunikationssituation. Oberbegriff zu beiden ist reale Kommunikationssituation.

Zum Begriff *reale Kommunikationssituation* gehört, daß Sprecher und Hörer als reale, historisch-konkrete Personen gleichzeitig anwesend sind. In einer realen Kommunikationssituation hat die sprachliche Äußerung Text (Text in Funktion) die Funktion der Einwirkung auf den Kommunikationspartner. Das Moment der Einwirkung ist schon gegeben durch die Zielgerichtetheit der sprachlichen Äußerung; es ist insoweit konstitutives Moment der Beziehung des Sprechers zum Hörer. Einwirkung umfaßt aber mehr als diesen Aspekt. Über den Kommunikationspartner richtet sich die Einwirkung auf die Kommunikationssituation selbst; mit jedem Kommunikationsakt verändert sich der Bedingungsrahmen, in dem Kommunikation stattfindet.

Zum Begriff *pragmatische Kommunikationssituation* gehört, daß der Sprecher mit seiner sprachlichen Äußerung Vollzugserwartung signalisiert und daß die Einwirkung sich auf Handlungsdispositionen des Hörers richtet.

Voraussetzung hierfür ist die Verbindlichkeit der sprachlichen Äußerung. Verbindlichkeit heißt hier, daß das mit der sprachlichen Äußerung

Gemeinte ernstzunehmen ist und daß der sprachlichen Äußerung ein Bezug auf Wirklichkeit innewohnt, den Sprecher und Hörer gemeinsam anerkennen.

Die *nichtpragmatische Kommunikationssituation* unterscheidet sich von der pragmatischen dadurch, daß die Einwirkung sich nicht ausschließlich auf Handlungsdispositionen richtet, daß sie sich auf Hörer und Sprecher beziehen kann und daß der Aspekt der Vollzugserwartung fehlt. Verbindlichkeit der sprachlichen Äußerung kann gegeben sein oder nicht.

Mit Hilfe dieser Differenzierung von Kommunikationssituationen können wir nunmehr „Text in (kommunikativer) Funktion" unterscheiden in
- Texte in pragmatischer Funktion;
- Texte in nichtpragmatischer Funktion.

Wir stellen die getroffene Unterscheidung als Schema dar:

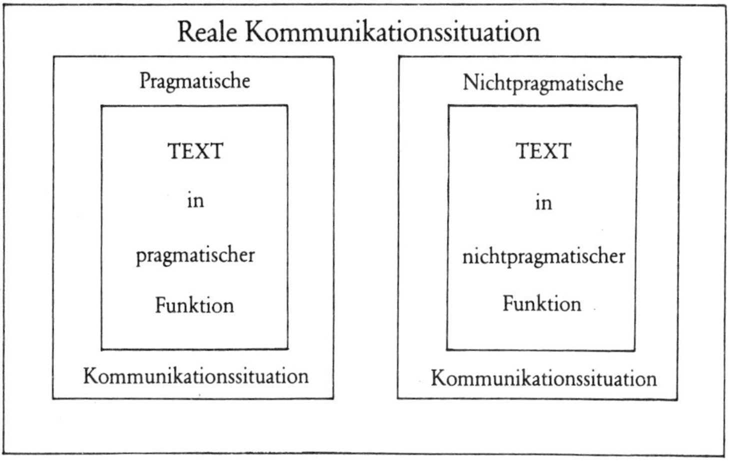

Abb. 2

1.4 *Faktische und fiktionale Texte*

Nachdem wir Kommunikationssituationen und das Fungieren von Text in ihnen unterschieden haben, nehmen wir nunmehr eine genauere Differenzierung von Text vor und unterscheiden faktische und fiktionale Texte. Unterscheidungsmerkmal ist die Art der Bezugnahme auf Wirklichkeit (Referentialität; vgl. auch Kap. 5).

Faktische Texte nehmen auf Wirklichkeit in der Art Bezug, daß sie das in ihnen Geäußerte als wirklich im Sinne von real, vorhanden, tatsächlich vorstellen. *Fiktionale* Texte hingegen fingieren; sie stellen das in ihnen Geäußerte als erfunden vor und nehmen auf Wirklichkeit immer indirekt, im Sinne einer Interpretation, Bezug.

Beide Textformen können in den oben unterschiedenen Kommunikationssituationen vorkommen. Dabei gilt für die sprachliche Äußerung fiktionaler Text, daß sie aufgrund ihrer Merkmale Vollzugserwartung nicht konstituieren kann. Soll sie in pragmatischer Kommunikationssituation fungieren, muß der Sprecher Vollzugserwartung durch andere Mittel signalisieren.

Terminologische Unterscheidung:

Den Begriff „fiktional" verwenden wir künftig nur für die Bezeichnung von Texten im ganzen. Mit „fiktiv" dagegen bezeichnen wir Bestandteile von fiktionalen Texten (z. B. der fiktive Erzähler).

2 Einführung des Begriffs Erzählrede

2.1 *Der Begriff Rede*

Der Begriff „Texte in Funktion" bezeichnet den Kommunikationsvorgang in seiner ganzen Komplexität. Er umfaßt gleichzeitig die Größe „Sprecher" als Produzent der sprachlichen Äußerung Text und „Hörer" als Empfänger der sprachlichen Äußerung Text.

Der Begriff „Rede" wird von uns im folgenden verwendet für die Seite des Sprechers bzw. Produzenten des Textes in Funktion, und zwar im Sinne der rhetorischen Tradition als „Einwirkung über den Adressaten auf eine gegebene Situation [. . .], mit dem Ziel, die Situation zu verändern bzw. ihre Veränderung zu verhindern. Die Rhetorik versteht den Redenden als einen an der Situation parteilich Interessierten. Der Zweck von Rede ist Beeinflussung des Adressaten." [Binder, Alwin u. a.: Einführung in Metrik und Rhetorik. 4. Aufl. Königstein/Ts. 1984. S. 96]

Die Verwendung des Begriffs „Rede" signalisiert also stets, daß wir als Betrachter eines Textes in Funktion den Standort des Sprechers bzw. Produzenten und seine Perspektive zugrundelegen. Die sprecherbezogene Akzentuierung des Terminus „Text in Funktion" durch den Begriff Rede ist insbesondere bei der schriftlichen Erzählrede, wo der Kommunikationspartner des Autors nicht real existiert, sondern eine gedachte Größe ist, wichtig (vgl. 3.2). Aus dem Blickwinkel des Sprechers gesehen ist der Hörer Adressat.

Bezogen auf den Blickwinkel des Sprechers bzw. Redners ist als Merkmal des Textes als Rede die Wirkungsabsicht zu betonen, die auf den vorhandenen oder gedachten Adressaten zielt. Sinnfällige Umsetzung dieses Adressatenbezugs ist die Redestrategie, inhaltlich wie formal manifest in der konkreten Erscheinungsweise der Rede selbst.

Die in Abb. 1 dargestellten Merkmale sprachlicher Kommunikation werden durch die Einführung des Redebegriffs nunmehr folgendermaßen bezeichnet (die Pfeile verdeutlichen die Orientierung am Blickwinkel des Sprechers):

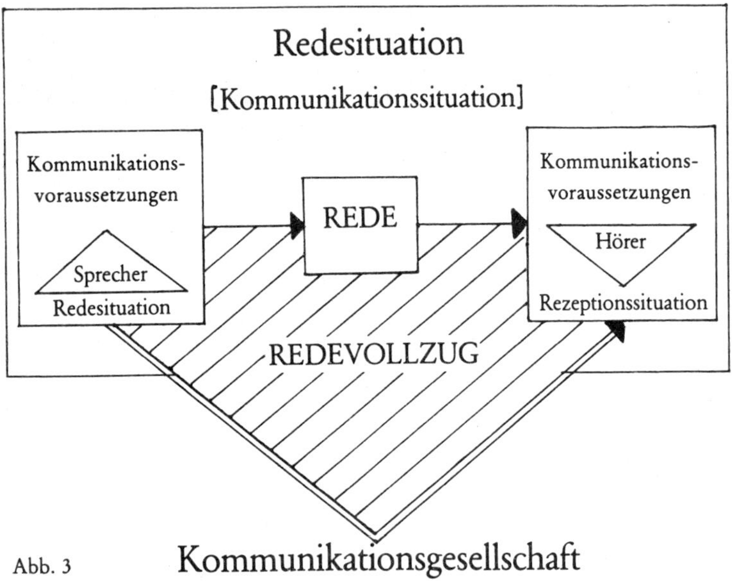

Abb. 3

In Abb. 3 wird für die Kommunikationsvoraussetzungen des Sprechers der Terminus *Redesituation* eingeführt, für die des Hörers der Terminus *Rezeptionssituation*.

2.2 *Der Begriff der faktischen Rede*

Faktische Rede kann in pragmatischen wie nichtpragmatischen Kommunikationssituationen fungieren. (Vgl. Abschnitt 1.) Nimmt man neben der Funktion auch das Kriterium der Konstitution hinzu, so ergeben sich zwei Grundformen faktischer Rede:
- Zweckrede;
- Erzählrede.

2.2.1 *Zweckrede*

Menschliche Existenz vollzieht sich in Situationen und Handlungen. Die Zweckrede dient der sprachlichen Bewältigung des situativen Kontexts und beeinflußt daraus resultierende Handlungen (pragmatische Kommunikationssituationen).

Redeinhalt und Redesituation der Zweckrede sind unmittelbar aufeinander bezogen und konstituieren sich wechselseitig. Dabei kann jeder Faktor der Redesituation Bezugspunkt für den Redeinhalt sein. Der Redeinhalt kann sich beziehen auf

- die Kommunikationssituation („Diese Seminarbibliothek ist unvollständig.“);
- den Sprecher und seine Kommunikationsvoraussetzungen („Ich suche ein Buch.“);
- den Hörer und seine Kommunikationsvoraussetzungen („Du hast das Buch. Gib es mir.“);
- das Verhältnis von Sprecher und Hörer („Wir haben schon lange nicht mehr an unserem Referat gearbeitet.“);
- den Redevollzug („Sprich bitte deutlicher.“).

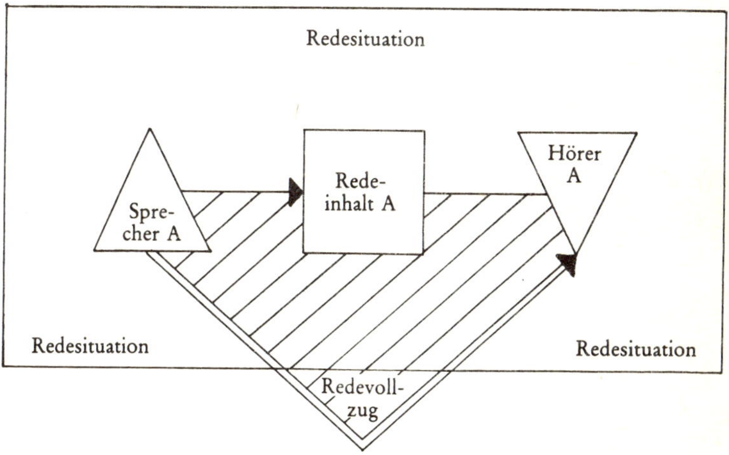

Der Index A wird hier schon benutzt im Vorgriff auf später einzuführende weitere Sprecher, Hörer etc., obwohl er in Abb. 4 noch keine Funktion hat.

Abb. 4

Zweckrede ist stets auf die Handlungsdisposition des Hörers gerichtet und schließt die Vollzugserwartung des Sprechers ein. Das Spektrum der sprachlichen Manifestation der Vollzugserwartung reicht von der Bitte bis zum Befehl. Art und Umfang ihrer Realisierung durch den Hörer hängen u. a. von den der Kommunikationssituation inhärenten nicht-sprachlichen Voraussetzungen und Bedingungen (z. B. institutioneller Rahmen; soziale Beziehung zwischen Sprecher und Hörer; psychische Disposition des Hörers; Ereigniszusammenhang) ab.

Zweckrede als eine Grundform faktischer Rede kommt nur in pragmatischer Funktion vor.

2.2.2 *Erzählrede (faktische Erzählrede)*

Die Erzählrede gibt einen von der Redesituation *unabhängigen* Sachverhalt oder Faktenzusammenhang wieder. Die Inhalte der Erzählrede (z. B. Erfahrungen, Erlebnisse, Tatsachen) liegen der aktuellen Redesituation zeitlich voraus. Sie sind bereits Vergangenheit, die der Sprecher (Spr A) erzählt, das heißt, in die aktuelle Redesituation (RS A) als Redesituation B einbringt.

Der Sprecher A als Element der Redesituation A erzählt (berichtet) dabei über die der Vergangenheit zugehörige Redesituation B. Gegenstand dieser Erzählung (dieses Berichts) kann als Bestandteil der Redesituation B sein:
- er selbst,
- eine oder mehrere andere Personen,
- er selbst und eine oder mehrere andere Personen.

In der folgenden Skizze (Abb. 5) wird dieser Unterschied für den ersten Fall (Bericht über sich selbst) durch die Unterscheidung Sprecher A und Sprecher A', im zweiten und dritten Fall (Bericht über fremde Personen) durch die Unterscheidung Sprecher A und Sprecher B dargestellt. Zur Redesituation B (Vergangenheit) gehört zudem auch ein Hörer B. (Sprecher A'/Sprecher B können jeweils auch Hörer sein). Die Redesituation A ist die Situation, in der die Erzählrede (mit Bezug auf Redesituation B) stattfindet. Diese Redesituation A wird häufig durch die Formulierung „Ich muß dir etwas erzählen" oder einen ähnlichen Einleitungssatz konstituiert. (Der Konstituierungsvorgang des Redeinhalts als einer zweiten Redesituation wird in der graphischen Darstellung durch einen Doppelpunkt [:] ausgedrückt.)

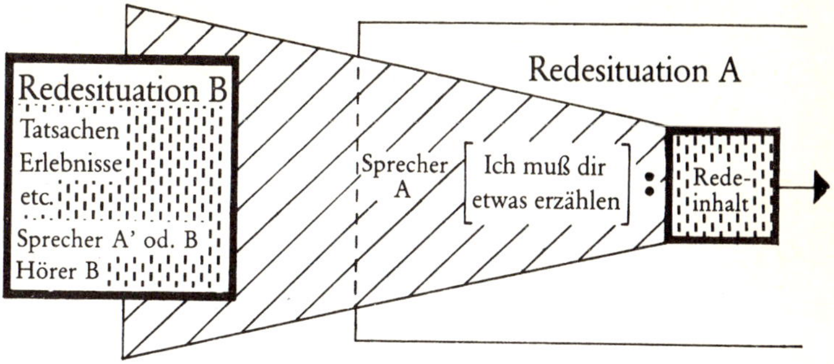

Abb. 5

Die Verschachtelung zweier Redesituationen wird bezeichnet als Einbettung einer Redesituation. Redesituation B heißt: *eingebettete Redesituation.*

Das Schema der Erzählrede stellt sich analog zur graphischen Darstellung der Zweckrede so dar:

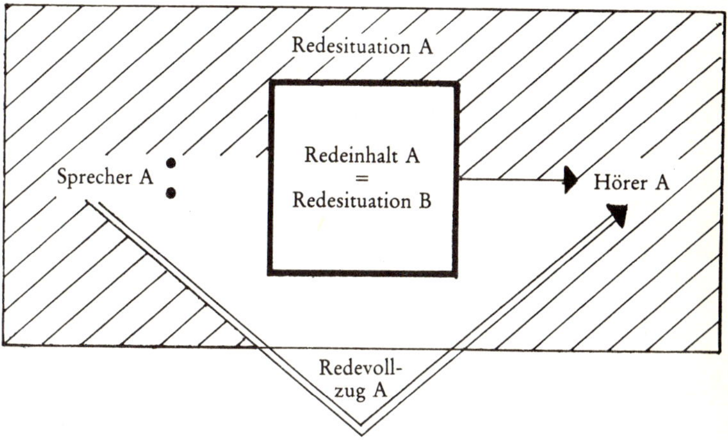

Abb. 6

Anders als bei der Zweckrede ist hier der Bezug des Redeinhalts A zur realen Redesituation A nicht unmittelbar gegeben (im Sinne des unmittelbaren Einwirkens auf die Redesituation A), sondern mittelbar. Der Redeinhalt A bezieht sich auf die Redesituation B entsprechend der Absicht, *mittels* der eingebetteten Redesituation B auf den Hörer A einzuwirken. Der Redeinhalt A kann sich dabei beziehen auf:

- die Redesituation B („Vor zehn Jahren war diese Seminarbibliothek unzulänglich ausgestattet“);
- den Sprecher B (oder A') und seine Kommunikationsvoraussetzungen („Ich suchte ein Buch“);
- den Hörer B und seine Kommunikationsvoraussetzungen („Mein Freund hatte das Buch. Ich sagte zu ihm: Du hast das Buch. Gib es mir.“);
- das Verhältnis von Sprecher B (oder A') und Hörer B („Ich hatte schon lange nicht mehr mit ihm zusammengearbeitet.“);
- den Redevollzug B („Ich bat ihn, deutlicher zu sprechen.“).

Die Zweckrede ist in der zeitlichen Dimension ihres Redeinhalts offen und kann auf Vergangenheit, Gegenwart oder Zukunft bezogen sein; der Redeinhalt der Erzählrede ist aufgrund des Konstitutionsmerkmals „eingebettete Redesituation“ auf Vergangenes festgelegt und eindimensional. Der Hörer A, der Kommunikationspartner des Sprechers A in der gegenwärtigen, realen Kommunikationssituation A (Redesituation A), kann während des Redevollzugs A nicht auf den Redeinhalt A Einfluß nehmen, da dieser als Redesituation B vergangen ist. Grammatischer Ausdruck dieses Sachverhalts ist der Gebrauch des Präteritums.

Aus dieser Besonderheit des Redevollzugs A ergibt sich, daß faktische Erzählrede sowohl faktische Erzählrede in pragmatischer als auch in nichtpragmatischer Kommunikationssituation sein kann. Dies unterscheidet sie von der Zweckrede, die faktische Rede in pragmatischer Funktion ist.

Das Faktum einer eingebetteten Redesituation ist als konstitutives Merkmal für die Erzählrede von besonderer Wichtigkeit. Der Umstand nämlich, daß der Redeinhalt A (als Vergegenwärtigung der Redesituation B) vom Sprecher A, seinem Erinnerungsvermögen, seiner Bewertung, seiner Darstellungsfähigkeit des vergangenen Sachverhalts, abhängt, macht im Zusammenhang mit der eingebetteten Redesituation ein Darstellungsproblem sichtbar, das über den Bereich der faktischen Erzählrede hinausgeht. Da die eingebettete Redesituation auch ein Konstitutionsmerkmal der fiktionalen Erzählrede ist, müssen wir dieses Problem hier am Beispiel zweier Grundformen der Einbettung von Redesituationen weiter behandeln.

2.3 *Zwei Grundformen der Einbettung von Redesituationen*

Vergangene eigene oder fremde Bewußtseinsinhalte können sprachlich sichtbar gemacht werden durch die Verwendung von direkter oder indirekter Redewiedergabe. Beide Möglichkeiten stehen einem Sprecher stets zur Verfügung.

2.3.1 *Direkte Redewiedergabe*

Die direkte Redewiedergabe verdeutlicht durch sichtbare Trennung, daß zwei Redesituationen vorliegen.

Ich will es dir erzählen: „Ich will sofort das Buch", rief Theodor laut durch den Bibliothekssaal.

Redesituation A Redesituation B

Abb. 7

Der Satz „Ich will es dir erzählen" markiert die Redesituation A. Sie findet in der Gegenwart statt und umfaßt Sprecher A und Hörer A. Redesituation B wird durch die Sätze „‚Ich will sofort das Buch', rief Theodor laut durch den Bibliothekssaal." markiert. Sprecher B in dieser Redesituation ist Theodor. Sein Satz „Ich will sofort das Buch" wird von Sprecher A wörtlich als Satz von Sprecher B zitiert. Anführungszeichen und Doppelpunkt bezeichnen äußerlich sichtbar die Trennungslinie zwischen Redesituation A und Redesituation B. Wir vergegenwärtigen uns dies in der folgenden Zeichnung, lassen aber dabei aus Gründen der Übersichtlichkeit die zu jeder Redesituation gehörenden Hörer A und B weg:

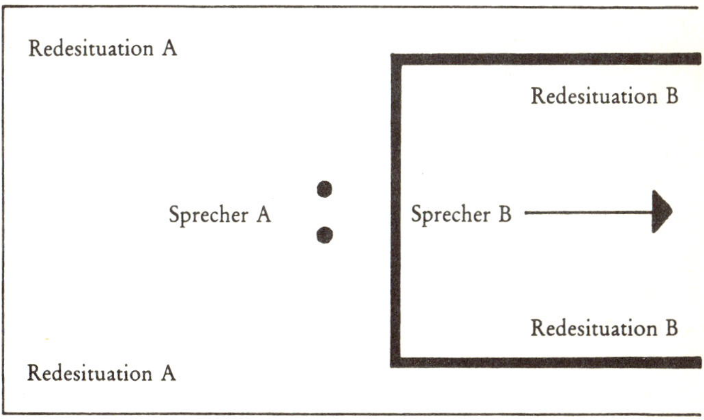

Abb. 8

Die Redesituation B ist als sekundäre Redesituation abhängig von Sprecher A und der ihm zugehörigen Redesituation A. Bei direkter Redewiedergabe können die Sprecher A und B als jeweilige Verursacher der ihnen zugeordneten Redesituation deutlich unterschieden werden. Auf Sprecher A und Sprecher B entfallen Sätze, die wörtlich als von ihnen hergestellt erscheinen.

Die vollständige Abbildung einer eingebetteten Redesituation bei direkter Redewiedergabe ergibt folgendes Schema:

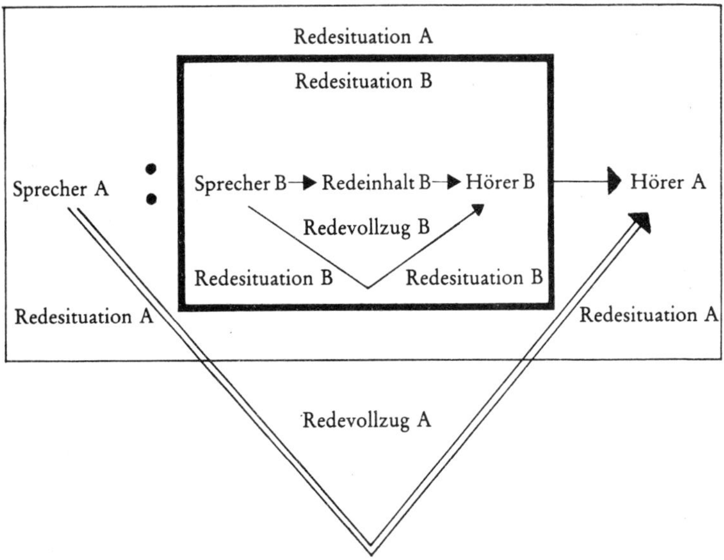

Abb. 9

2.3.2 *Indirekte Redewiedergabe*

Geschieht die Einbettung einer Redesituation B in der Form der indirekten Redewiedergabe, so wird kein als selbständig erscheinender Sprecher B (mit nur auf ihn entfallenden Sätzen eines Redeinhaltes B) konstituiert. Redesituation B mit ihren Bestandteilen Sprecher B, Hörer B und Redeinhalt B wird als Äußerung von Sprecher A hergestellt.

Beispiel:

Ich will Dir erzählen, wie ungeduldig und störend Theodor im Bibliothekssaal ein Buch verlangte.

Die indirekte Wiedergabe des Redeinhalts B „Ich will sofort das Buch" erlaubt dem Sprecher A, mehr als bei direkter Wiedergabe, seine Einschätzung bzw. Wertung dieses Satzes (und des dahinter stehenden Verhaltens) zum Ausdruck zu bringen („ungeduldig", „störend"). Die Verpflichtung zu richtiger, weil in faktischer Erzählrede wörtlich zitierter Wiedergabe des Redeinhalts ist bei direkter Redewiedergabe größer, die subjektive Einfärbung durch Sprecher A bei indirekter Redewiedergabe größer und zugleich auch weniger nachprüfbar.

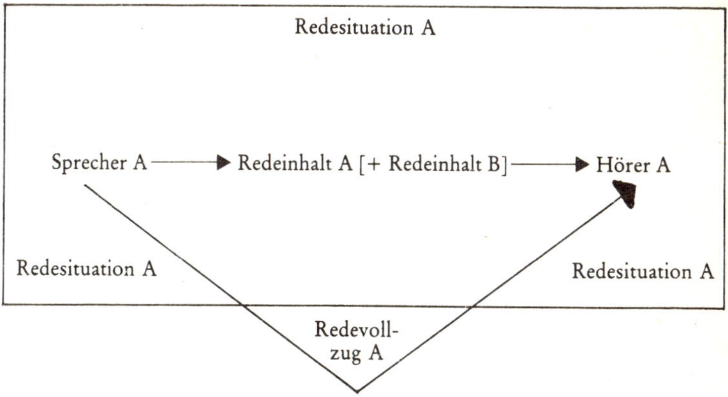

Abb. 10

Zur Bestimmung der eingebetteten Redesituation können zwei Merkmale festgehalten werden:
- die konstitutive Abhängigkeit der sekundären Redesituation von der primären Redesituation;
- die von der Redestrategie des Sprechers A abhängige Wiedergabe der Redesituation B (Bewußtsein von Sprecher A als Medium). Diese Einflußnahme ist graduell verschieden je nach Art der Einbettung (direkte und indirekte Redewiedergabe).

2.3.3 *Mischformen*

Die Trennung von direkter und indirekter Redewiedergabe als Einbettungsform einer vergangenen Redesituation in faktischer Erzählrede wurde als abstraktes Prinzip eingeführt. Im Verlauf einer Erzählrede wird die Trennung jedoch selten durchgängig eingehalten. Vielmehr wechseln direkte und indirekte Redewiedergabe ab; die Art der Mischform ist ein Bestimmungskriterium der jeweiligen faktischen Erzählrede.

Mit dem Hinweis auf die Vermischungsmöglichkeit beider Einbettungsformen wird zugleich ein Problem angesprochen, das das Verhältnis der Redesituationen zueinander betrifft.

Bereits im Beispiel zur direkten Redewiedergabe (vgl. Abb. 7) haben wir einen Satz, der, obgleich zur eingebetteten Redesituation B gehörig, nicht vom Sprecher B stammt („rief Theodor laut durch den Bibliothekssaal"). Dieser Satz ist von Sprecher A; er ist innerhalb der eingebetteten Redesituation B Konstitutionsbedingung für den Satz „Ich will sofort das Buch", den Sprecher B spricht.

Will man diesen komplexen Sachverhalt genau erfassen, muß eigentlich von drei Redesituationen ausgegangen werden:

- der gegenwärtigen Redesituation A;
- der vergangenen, eingebetteten Redesituation B, wobei diese aufgeteilt ist in:
  - Redesituation B (dem Sprecher A' zugeordneter Satz: „rief Theodor laut durch den Bibliothekssaal");
    [Wir sagen A', weil es der Sprecher A in der vergangenen Redesituation B ist (vgl. oben S. 22)]
  - Redesituation C (dem Sprecher B zugeordneter, wörtlich zitierter Redeinhalt C: „Ich will sofort das Buch").

Diese Verschachtelung von Redesituationen ist Konsequenz des bisher benutzten Kommunikationsmodells; sie ist theoretisch unendlich fortsetzbar. (Vgl. als Paradigma: „Ein Mops kam in die Küche . . .")

Für unsere einführenden Überlegungen ist wichtig, daß sich aus den Beobachtungen zur faktischen Erzählrede Merkmale ergeben, die für die späteren Überlegungen zum Kommunikationsmodell des Erzählwerks von Bedeutung sind. Wir halten sie deshalb fest:

- Die eingebettete Redesituation ist im vorliegenden Fall ihrerseits zusammengesetzt aus zwei Redesituationen B und C.
- Die Redesituationen B und C sind vergangen, von ihnen zu unterscheiden ist die gegenwärtige Redesituation A.
- Alle eingebetteten Redesituationen sind abhängig von der Redestrategie des Sprechers A (der sie als vergangene erzählt).
- Grundformen der Einbettung wie direkte und indirekte Redewiedergabe markieren die Einbettungsverhältnisse der vorkommenden Redesituationen.

2.4 *Die fiktionale Erzählrede*

Zweckrede und Erzählrede sind Grundformen der faktischen Rede. Faktische Erzählrede ist im Gegensatz zur Zweckrede konstituiert aus zwei Redesituationen, die ineinander gebettet sind. Faktische Erzählrede ist bezogen auf eine reale Redesituation A und erzählt eine (unabhängig von Redesituation A und ihrem Erzähltwerden durch Sprecher A bestehende)

Redesituation B. Die Redesituation B ist hierbei gleichfalls real (bezogen auf die vergangene Gegenwart von Redesituation B).

Die eingebettete Redesituation B kann aber auch fingiert und damit fiktional sein. Sie existiert in diesem Fall nur als erzählte Redesituation. Wenn in eine Erzählrede eine fiktionale Redesituation eingebettet ist, nennen wir sie *fiktionale Erzählrede*. Die fiktionale Erzählrede ist der Erzähltext.

Die eingebettete fiktionale Redesituation B ist dadurch charakterisiert, daß sie nur in ihrem Erzähltwerden existiert. Das Kommunikationsverhältnis Sprecher B – Hörer B hat nicht in der Realität stattgefunden, auch wenn es vom realen Sprecher A so dargestellt ist, als hätte es stattgefunden. Auch der Redevollzug B ist Bestandteil der fiktionalen Redesituation B. Als Konsequenz der Fingierung einer Redesituation B ergibt sich, daß alle ihre Bestandteile erfunden sind. Das heißt, daß der zur Redesituation B gehörende Sprecher B ebenso erfunden ist wie der zu ihm gehörende Hörer B, desgleichen der Redevollzug B.

Der Sprecher B ist aus diesem Grunde streng vom (ihn verursachenden) realen Sprecher A zu unterscheiden. Das gleiche gilt für die Unterscheidung von (fingiertem) Hörer B und (realem) Hörer A.

Diese kategoriale Unterscheidung wird bei der Behandlung der Erzählkommunikation noch eine Rolle für die Abgrenzung von Autor und Erzähler spielen.

Das Schema der fiktionalen Erzählrede kann nach dem bis jetzt entfalteten Stand folgendermaßen dargestellt werden:

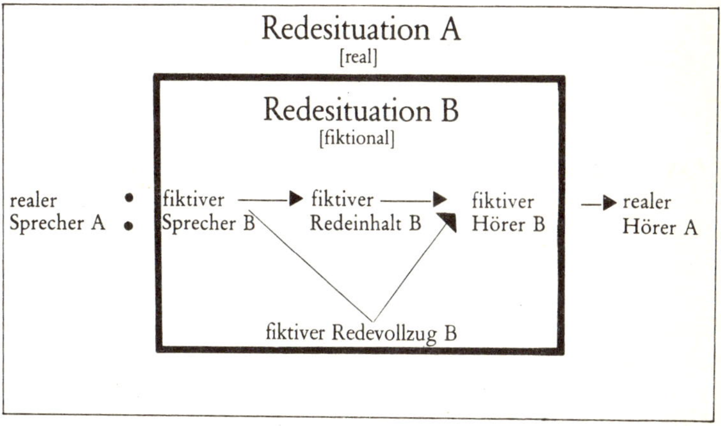

Abb. 11

Zusammenfassend läßt sich für die fiktionale Erzählrede festhalten:
- Wie die faktische Erzählrede kommt sie nur in realen Redesituationen (Redesituation A) vor;
- von der faktischen Erzählrede unterscheidet sie sich durch ein grundlegendes Merkmal: sie ist ihrer Konstitution nach Einbettung einer fiktionalen Redesituation in eine reale Kommunikationssituation.

3 Mündliche und schriftliche Erzählrede

Nachdem wir faktische und fiktionale Erzählrede voneinander unterschieden haben, können wir nun in einem weiteren Schritt mündliche und schriftliche Erzählrede unterscheiden. Unterscheidungskriterium ist nicht mehr das Verhältnis von Redesituationen zueinander, sondern das Kommunikationsmedium. Wichtig wird dabei die reale Redesituation A. Sie weist für mündliche und schriftliche Erzählrede unterschiedliche Merkmale auf.

3.1 *Merkmale mündlicher Erzählrede*

In den bisherigen Überlegungen wurde aus der Bestimmung der Redesituation B die Unterscheidung von faktischer und fiktionaler Erzählrede abgeleitet. Im nächsten Schritt ist nun die reale Redesituation A zu beschreiben; von hier aus können wir die Unterscheidung „mündlich-schriftlich" einführen.

In Abbildung 11 ist die Redesituation A nur mit dem Zusatz „real" bezeichnet; gleichfalls fehlt (wie auch in den bisherigen Skizzen) die Markierung des Redevollzugs A. Das hat folgenden Grund:

Bei der Annahme einer realen Redesituation A ist stillschweigend vorausgesetzt, daß (erzählender) Sprecher A und Hörer A gleichzeitig anwesend sind. Für die fiktionale Erzählrede ist dies keinesfalls selbstverständlich; diese Voraussetzung gilt nur für den Sonderfall des mündlichen Erzählens.

Beim *mündlichen Erzählen* ist das Kommunikationsverhältnis von (realem) Sprecher A und (realem) Hörer A dadurch charakterisiert, daß beide anwesend sind und der Hörer A sich mit Rückfragen und Äußerungen an den (erzählenden) Sprecher A direkt und unmittelbar wenden kann. Der Sprecher A hat seinerseits den Hörer (seinen Adressaten) vor sich und kann dessen Reaktionen direkt und unmittelbar in seine Rede- (bzw. Erzähl-)Strategie mit einbeziehen.

Schema der mündlichen fiktionalen Erzählrede:

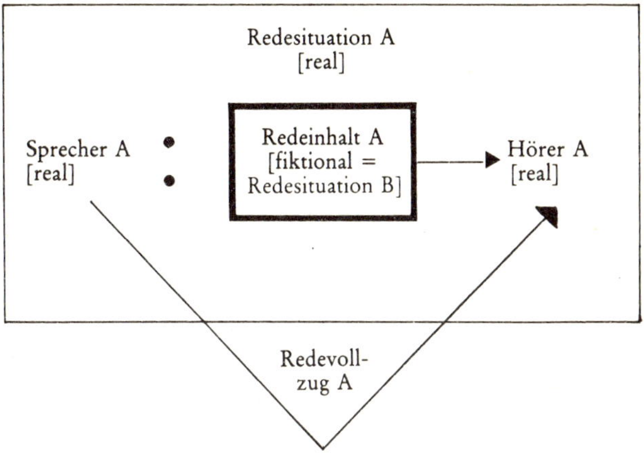

Mündliche fiktionale Erzählrede

Abb. 12

Die Bezeichnung Redeinhalt A ist hier aus Gründen der Übersichtlichkeit für die in Abb. 11 ausführlich dargestellte fiktionale Redesituation B (als Redeinhalt A) gesetzt.

3.2 *Merkmale schriftlicher Erzählrede*

Bei der schriftlichen Erzählrede ist das Kommunikationsverhältnis Sprecher A – Hörer A unvollständig. Der Hörer A ist nicht anwesend und der Redevollzug unterbrochen. Der Sprecher A ist Schreiber (Autor), der Hörer Leser. Als Autor hat er keinen konkreten Hörer (Leser) als Gegenüber. Der Adressat seiner Erzählrede ist ein angenommener und gedachter Leser. Dieser angenommene Leser ist eine Abstraktion vorhandener, konkreter Leser. Nach dieser Vorstellung von einer Leserschaft richtet sich zwar die Rede- (Erzähl-)Strategie des Autors, sie kann jedoch nicht im sofort stattfindenden Redevollzug als z. B. angemessen oder unangemessen erkannt werden.

Charakteristisches Merkmal der schriftlichen fiktionalen Erzählrede ist die Trennung von Sprecher (Autor) und Hörer (Leser). Die reale Redesituation A zerfällt in zwei Teile:

- eine Redesituation A, die zum Autor gehört und in der der (schriftlich fixierte) Redeinhalt A (die fiktionale Erzählrede) entsteht;
- eine Redesituation A', die zum Leser gehört und in der der schriftlich vorliegende Redeinhalt A (die fiktionale Erzählrede) gelesen (rezipiert) wird.

Redesituation A und Redesituation A' können zeitlich sehr nahe beieinander liegen (z. B.: Leser ist Zeitgenosse des Autors), sie können aber auch durch Jahrhunderte voneinander getrennt sein (heutiger Leser liest Barockroman). Aus dieser Getrenntheit der beiden Teile der Redesituation A ergeben sich Konsequenzen für das Lesen und Interpretieren, die erheblich sind und auf die an späterer Stelle eingegangen wird.

Die Unterscheidung Redesituation A und Redesituation A' ist nach der oben zugrunde gelegten terminologischen Eingrenzung von Rede (vergl.

Schema der schriftlichen fiktionalen Erzählrede:

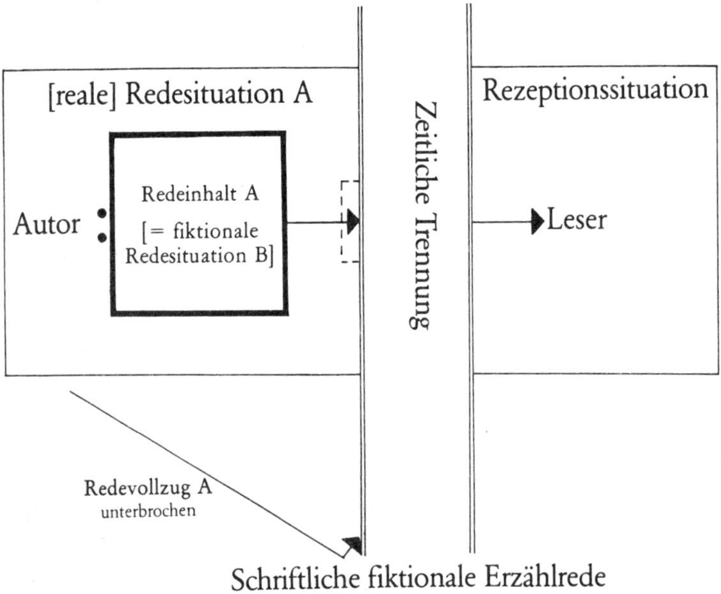

Abb. 13

S. 19f.) nicht präzis und in dieser Form nur als Hilfsmittel für die Ableitung des Problems eingeführt. Rede soll sich unserem terminologischen Gebrauch zufolge nur auf die produktionsseitige Betrachtung des Sprechers bzw. der Sprecher- (Autor-)Instanz beziehen. Für die Redesituation A', die sich auf den Lese- bzw. Rezeptionsvorgang bezieht, sagen wir deshalb *Rezeptionssituation* (vgl. auch Abb. 3).

3.3 *Terminologische Unterscheidungen*

Erzähler und Autor
Der *Autor* einer fiktionalen Erzählrede ist Bestandteil der realen Redesituation (bisher Sprecher A genannt).

Der *Erzähler* einer fiktionalen Erzählrede ist Bestandteil der eingebetteten fiktionalen Redesituation (bisher Sprecher B genannt).

Der Autor ist eine historisch reale Person, der Erzähler eine fiktive Figur des Textes. Der Erzähler ist – wie andere Figuren des Erzähltextes auch – eine Figur des Autors. Gegenüber anderen Figuren ist die Figur des Erzählers als übergeordnete Funktion im Text (übergeordnete Bewußtheit gegenüber den übrigen Figuren) abgegrenzt.

Autor und Erzähler sind als Grundkategorien prinzipiell zu unterscheiden. Im weiteren Verlauf unserer Überlegungen werden wir die beiden Termini noch weiter differenzieren.

Erzähltext und Werk
Der Redeinhalt A (RI A) der schriftlichen Erzählkommunikation (Redesituation A) ist der *Erzähltext.* Dem Erzähltext, so wie er in der Regel als Buch vorliegt, entspricht die fiktionale Redesituation (RS B), das heißt, er umfaßt die zum Situationsbegriff gehörenden Basiselemente (Sprecher, Hörer, Redeinhalt, Redevollzug, Art der Situation etc.). Der Begriff Text wird also dann gebraucht, wenn vom fiktionalen Text als Zeichengebilde gesprochen wird.

Der Begriff Werk dagegen steht immer dann, wenn Aspekte der Rezeption zusätzlich mit im Vordergrund stehen. Der Begriff Werk ist dementsprechend umfassender als der Begriff Text. Er liegt zugrunde, wenn wir von *Erzählkommunikation* sprechen.

Adressat und Rezipient
Analog zu der Unterscheidung von Text und Werk unterscheiden wir

Adressat und Rezipient. (Vgl. auch das in Abb. 13 verwendete Stichwort „Rezeptionssituation".)

Rezipient ist der konkrete Leser eines Erzähltextes. Er kann Zeitgenosse des Autors sein oder zu einem späteren Zeitpunkt den Erzähltext rezipieren bzw. lesen. Von ihm ist also immer dann die Rede, wenn Rezeptionsprozesse (z. B. Lesen, Interpretieren) behandelt werden (rezeptionsorientierte Betrachtung). Die Interaktion von Text und Rezipient ist Voraussetzung für die Anwendung des Werkbegriffs.

Adressat bezeichnet den intendierten Empfänger einer sprachlichen Äußerung bzw. eines Textes. Rezipient und Adressat müssen nicht identisch sein. Im Hinblick auf die fiktionale Erzählrede müssen wir unterscheiden, ob mit dem Begriff „Adressat" der intendierte Empfänger innerhalb der realen Redesituation (RS A) oder derjenige innerhalb der eingebetteten fiktionalen Redesituation (RS B) gemeint sein kann. Wir unterscheiden:

- Der Adressat der eingebetteten fiktionalen Redesituation B ist Bestandteil des Erzähltexts und eine fiktionale Größe. Er ist in den Text eingeschrieben und eine gedachte Größe, an der sich die Darstellungsstrategie orientiert.
- Der Adressat der realen Redesituation A ist der konkrete Leser des Erzähltextes; er wird als Rezipient bezeichnet.

Der Begriff „Adressat" im Sinne der in den Text eingeschriebenen Vorstellung von einem intendierten Empfänger wird von uns immer dann verwendet, wenn wir Phänomene innerhalb des Textes beschreiben und der Perspektive des Autors folgen. Der Begriff „Adressat" ist gebunden an die Intention des Autors.

Redesituation und Rezeptionssituation

Redesituation im Hinblick auf das Erzählwerk bezeichnet den zum Autor gehörenden Teil der Kommunikationssituation; Rezeptionssituation bezeichnet den zum Leser bzw. Rezipienten gehörenden Teil. (Vgl. Abb. 13.)

Produktionsorientierte und rezeptionsorientierte Betrachtungsweise

Als Betrachter eines Textes sind wir stets Rezipienten, auch dann, wenn wir den Autor und die Produktion des Textes beschreiben (vgl. Abb. 14). Um zu verdeutlichen, wo wir der Kommunikationsabsicht und dem Entscheidungsprozeß des Autors bei der Produktion des Textes zu folgen versuchen und wo wir unsere Perspektive als Rezipienten zugrunde legen, müssen wir produktionsorientierte und rezeptionsorientierte Betrachtungsweise voneinander trennen.

Wählt also der Betrachter den Standort des Autors als Bezugspunkt seiner Analyse, nennen wir die Betrachtungsweise produktionsorientiert, wählt er den Standort des Rezipienten als Bezugspunkt, heißt die Betrachtungsweise rezeptionsorientiert.

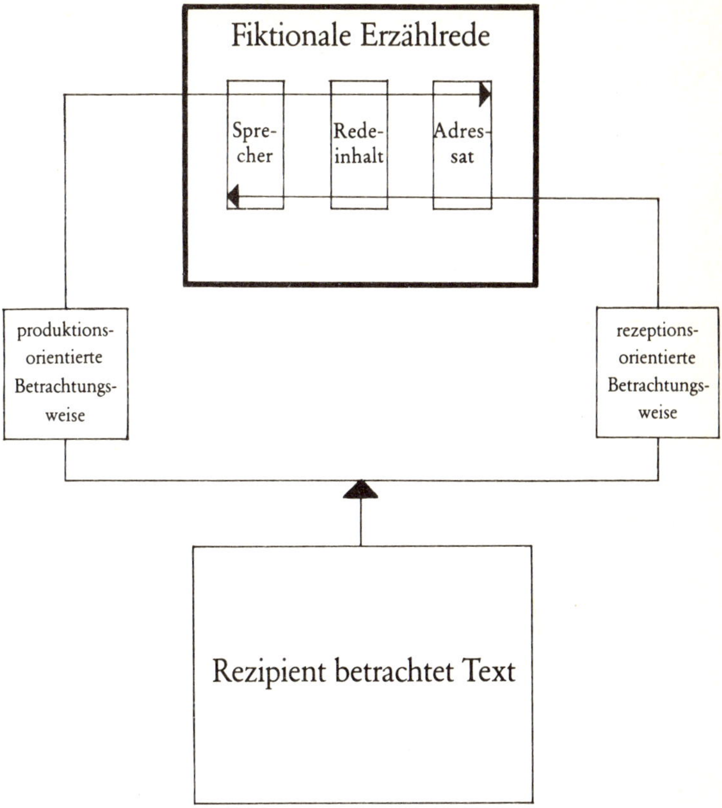

Abb. 14

„Produktionsorientierte Betrachtung" bezeichnet das Interesse des Betrachters eines Textes an den Textmerkmalen, die im Text manifest sind und auf den Sprecher bzw. Autor verweisen. „Rezeptionsorientierte Betrachtung" bezeichnet die Erfassung der Merkmale eines Textes, die durch den Rezeptionsprozeß und das Interesse des Rezipienten am Text als Merkmale des Textes erst herausgestellt und im Leseprozeß aktiviert werden (Bedeutungsherstellung durch den Rezeptionsvorgang). Die Trennung der Begriffe Adressat (produktionsorientiert) und Rezipient (rezeptionsorientiert) entspricht dieser Unterscheidung.

Das *Schema der schriftlichen Erzählkommunikation* (vgl. Abb. 13) ändert sich aufgrund dieser terminologischen Unterscheidung:

a. produktionsseitige Betrachtung

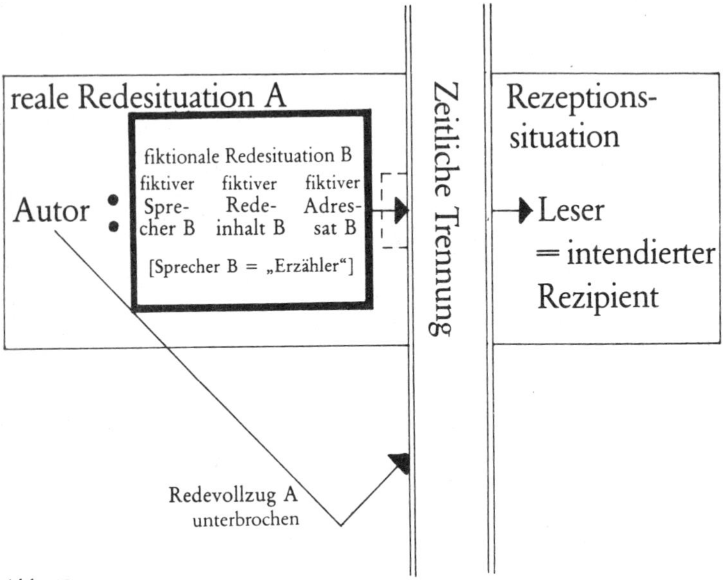

Abb. 15

b. rezeptionsseitige Betrachtung

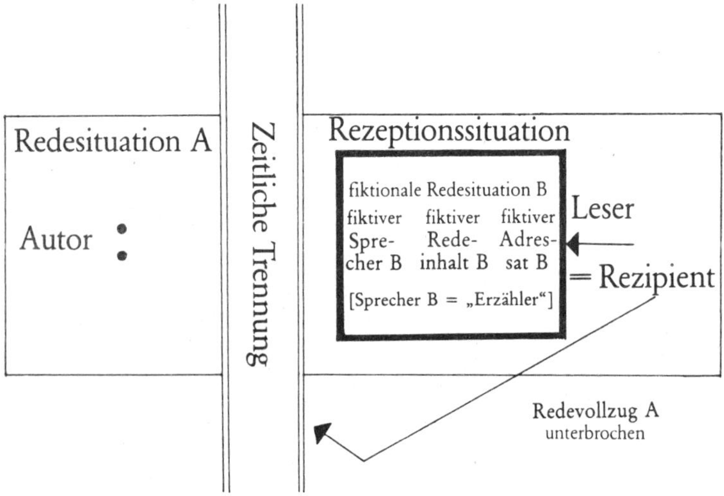

Abb. 16

Das Schema der rezeptionsseitigen Betrachtung in Abb. 16 verdeutlicht, daß der konkrete Leser (Rezipient) nur den Erzähltext vorliegen hat, von der historisch-konkreten Person des Autors jedoch getrennt ist. Der Rezipient kann nur mit dem von der konkreten Redesituation (Schreibsituation) des Autors losgelösten und verselbständigten Erzähltext im Lesevorgang kommunizieren. Der – als Lesevorgang sich abspielende – Redevollzug A ist (analog der produktionsseitigen Betrachtung) unterbrochen; die umgekehrte Pfeilrichtung signalisiert seinen umgekehrten Verlauf.

3.4 *Zusammenfassung und Überblick*

Aufgrund der bisher gemachten Voraussetzungen und Definitionen können wir nun das Kommunikationsmodell des Erzählwerks einführen. Wir vergegenwärtigen uns zuvor noch einmal den Stand der Entfaltung unseres Problemzusammenhangs. Das auf der nächsten Seite folgende Schema (Abb. 17) zeigt die vorgenommenen Unterscheidungen.

4 Kommunikationsmodell des Erzählwerks

4.1 *Die fünf Kommunikationsniveaus*

Die Erzähltheorie unterscheidet fünf Kommunikationsniveaus (N1–N5), deren Basismerkmale sich durch zwei Schemata darstellen lassen (Abb. 18 und Abb. 19).

Schema 1 (Abb. 18) verdeutlicht die hierarchische und funktionale Ordnung der Kommunikationsniveaus (Einbettungsverhältnisse) und schließt in der graphischen Darstellungsweise an unsere Überlegungen zur fiktionalen Erzählrede unmittelbar an.

Schema 2 (Abb. 19) betont in einem geschichteten Modell die jeweiligen Kommunikationsniveaus. Über das als vertikal vorstellbare Funktionssystem der Einbettungen hinaus verdeutlicht es auch die horizontale Binnenstruktur der Kommunikationsniveaus.

Das Schema der Abb. 18 läßt das Faktum der unterbrochenen Kommunikation im Bereich N4 (S4→//E4!) unberücksichtigt; vgl. hierzu Abb. 15 (produktionsorientiert) und Abb. 16 (rezeptionsorientiert).

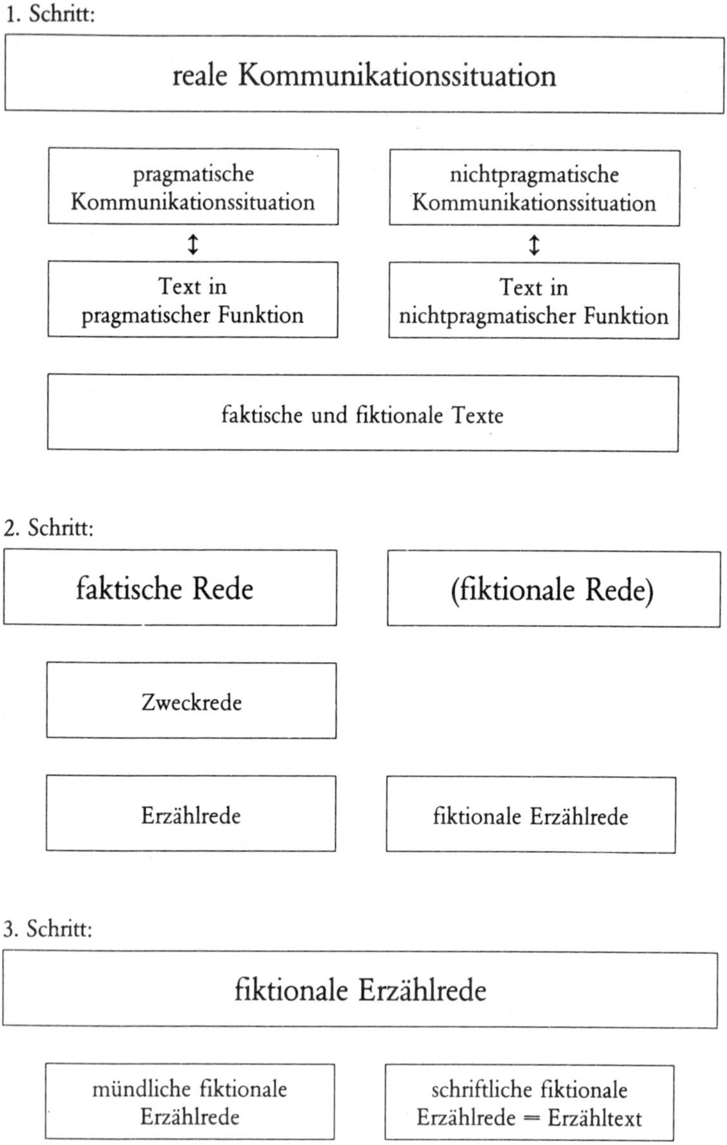
1. Schritt:
reale Kommunikationssituation
pragmatische Kommunikationssituation
Text in pragmatischer Funktion
nichtpragmatische Kommunikationssituation
Text in nichtpragmatischer Funktion
faktische und fiktionale Texte
2. Schritt:
faktische Rede
(fiktionale Rede)
Zweckrede
Erzählrede
fiktionale Erzählrede
3. Schritt:
fiktionale Erzählrede
mündliche fiktionale Erzählrede
schriftliche fiktionale Erzählrede = Erzähltext

Abb. 17

Schema 1:

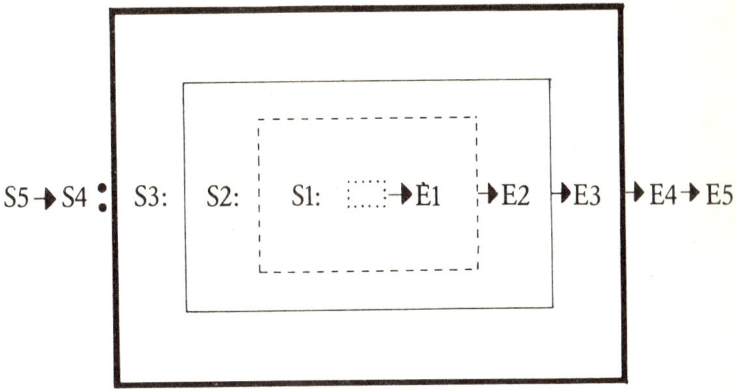

Abb. 18 [nach W. Schmid; Nachweis vgl. Vorwort]

Schema 2: siehe S. 46.

Die in der erzähltheoretischen Diskussion benutzten Bezeichnungen und Kürzel sind nicht einheitlich. Sie erschweren die Vergleichbarkeit der Ansätze unnötig, eine Harmonisierung läßt sich von uns hier nicht herstellen. Wir beschränken uns in dem Gebrauch von Kürzeln deshalb auf ein Minimum und verwenden nur die Abkürzungen S (Senderinstanz) und E (Empfängerinstanz), sowie N für Kommunikationsniveau.

Unsere Terminologie orientiert sich in erster Linie an den im ersten Teil unserer Darstellung getroffenen Entscheidungen und behält sie prinzipiell bei (z. B. die Unterscheidung Adressat – Rezipient). Dort, wo es geboten erscheint, werden Begriffe, die dem allgemeinen Sachverhalt Kommunikation entstammen, den besonderen Bedingungen des Erzählwerks angeglichen. So gehen etwa die Bezeichnungen Sprecher – Hörer in die für alle fünf Kommunikationsniveaus besser verwendbaren Begriffe Senderinstanz und Empfängerinstanz über.

Die fünf Kommunikationsniveaus und ihre Bestimmungsgrößen:

- *Kommunikationsniveau 1 (N1):*
  Die Ebene der *erzählten* Figuren.
  S1 = erzählte sendende Figur;
  E1 = erzählte empfangende Figur.
  Die Sender- bzw. Empfängerrollen der Figuren sind variabel und austauschbar im Verlauf der Figurenkommunikation. Die Kommunikation zwischen den erzählten Figuren ist ein Bestandteil der erzählten Welt (vgl. Teil C.1.).

Schema 2:

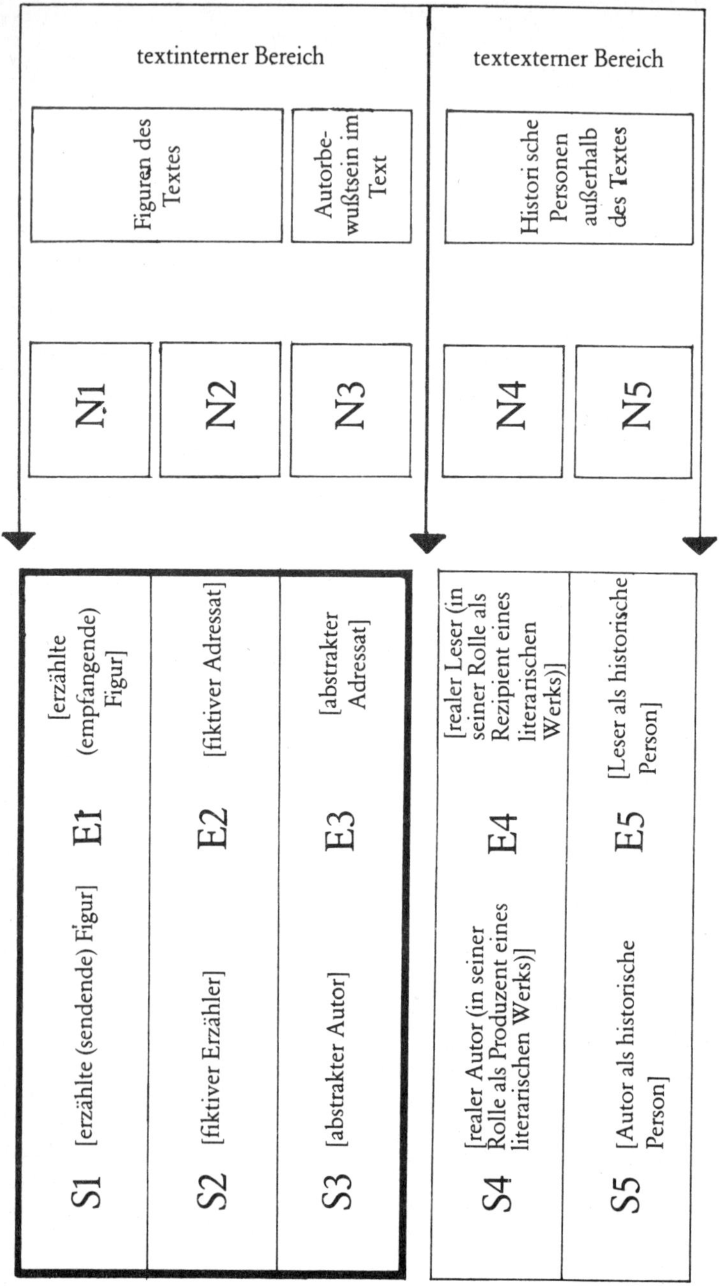

Abb. 19

- *Kommunikationsniveau 2 (N2):*
  Die Ebene der *erzählenden* Figuren.
  S2 = fiktiver Erzähler;
  E2 = fiktiver Adressat.
  Der fiktive Erzähler ist als erzählende *Figur* keine autonome Größe, sondern als figurale Instanz des Textes konstituiert; er konstituiert aber in seiner Eigenschaft als *erzählende* Figur die erzählten Figuren auf N1. Die Erzählerrede des S2 ist adressatenbezogen und enthält Merkmale eines in den Text eingeschriebenen fiktiven Adressaten. Das Kommunikationsverhältnis zwischen fiktivem Erzähler und fiktivem Adressaten manifestiert sich als Erzählvorgang (vgl. Teil C.1.).

- *Kommunikationsniveau 3 (N3):*
  Die Ebene des Autorbewußtseins im Text.
  S3 = abstrakter Autor;
  E3 = abstrakter Adressat.
  Die Ebene des Autorbewußtseins im Text ist als theoretisches Konstrukt Integrationspunkt und Voraussetzung für die Generierung einer Gesamthypothese zur Bedeutung des Textes, ausdrückbar als Erzählkonzept (vgl. Teil C.1.).

- *Kommunikationsniveau 4 (N4):*
  Der Bereich der Produktion bzw. Rezeption des Erzählwerks (Text in Funktion).
  S4 = realer Autor (in seiner Rolle als Produzent eines literarischen Werks);
  E4 = realer Leser (in seiner Rolle als Rezipient eines literarischen Werks).
  Das Kommunikationsverhältnis ist, anders als bei den fiktiven Redesituationen N1 bis N3, real, allerdings unterbrochen (schriftliche Erzählkommunikation). Wir sprechen deshalb für N4 (und N5) nicht von „Ebenen“, sondern von „Bereich“.

- *Kommunikationsniveau 5 (N5):*
  Der Bereich des historischen Kontexts im weitesten Sinne.
  S5 = der Autor als historische Person (ohne einengende Bestimmung seiner Rolle als literarischer Autor);
  E5 = der Leser als historische Person (ohne einengende Bestimmung seiner Rolle als Rezipient eines literarischen Werks).
  Es liegt kein direktes Kommunikationsverhältnis vor. S5 und E5 sind Bestimmungsgrößen für S4 und E4.

4.2 *Textinterner und textexterner Bereich*

Der für die fiktionale Erzählrede getroffenen prinzipiellen Unterscheidung in
- reale Kommunikationssituation und
- eingebettete fiktionale Redesituation

ordnen sich im Kommunikationsmodell des Erzählwerks folgende Niveaus zu:
- zur eingebetteten fiktionalen Redesituation: N1–N3,
- zur realen Kommunikationssituation: N4–N5.

Wir unterscheiden diese beiden Bereiche mit den Bezeichnungen:
- textintern (N1–N3) und
- textextern (N4–N5).

Der textinterne Bereich (N1–N3) ist der Erzähltext im engeren Sinne. Der Begriff Erzählwerk bezieht sich auf sämtliche Niveaus des Kommunikationsmodells.

Die *textinterne* Kommunikation, die wir – zur Erinnerung sei dies noch einmal erwähnt – wegen ihrer Produzentenabhängigkeit als (Erzähl-)Rede definiert haben (Senderinstanzen!), bezeichnen wir weiterhin mit dem Begriff *Rede* und entsprechenden Ableitungen. Die Kommunikationsverhältnisse auf N1–N3 sind fiktive Kommunikation; sie finden statt in *fiktiven Redesituationen.* Diese Redesituationen lassen sich unterscheiden in
- die dargestellte Welt (N1 *und* N2) und
- die erzählte Welt (N1).

Die *textexterne* Kommunikation und die hierzu gehörige Situation bezeichnen wir dagegen immer dann, wenn umfassend Redesituation des Autors und Rezeptionssituation des Lesers gemeint sind, wieder mit dem zu Beginn schon eingeführten und nur vorübergehend aus methodischen Erwägungen durch „Rede" ersetzten Begriff der *Kommunikationssituation.* Die textexterne Kommunikation ist real, ihr Vollzug ist im Falle der schriftlichen Erzählkommunikation allerdings unterbrochen.

4.3 *Erläuterungen zu den Sender- und Empfängerinstanzen*

4.3.1 *Abstrakter Autor und realer Autor*

Die Vorstellung, daß ein realer Autor (S4), existent als historische Person (S5), als Produzent des Erzählwerks auftritt, ist unbestritten und selbstverständlich. Daß die historische Person des Autors vom Text getrennt ist, gehört ebenfalls zu den Grundvoraussetzungen der Erzähltextanalyse. Der reale Autor kann somit nicht primäres Ziel der Erzähltextanalyse sein. Gleichwohl ist er indirektes Ziel, da seine Kommunikationsabsicht die Entstehung des Erzählwerks verursacht. Seine im historischen Kontext situierte Bewußtseinslage ist Bedingung und Anlaß für die Konzeption und Produktion des Erzählwerks. Der reale Autor als literarische und historische Person ist somit unentbehrlich für die Betrachtung der Erzählkommunikation.

Diesen realen Autor hat der Rezipient in der unterbrochenen schriftlichen Erzählkommunikation (vgl. Abb. 16) nicht vor sich, allenfalls kann er dessen Produzentenrolle als literarischer Autor (S4) auf Umwegen über Dokumente oder Quellenmaterial erschließen, kaum jedoch seine allgemeine Lebensrolle (S5). Der Rezipient ist auf den Erzähltext allein angewiesen als die sprachlich fixierte Manifestation des Autorbewußtseins und seiner Kommunikationsabsicht.

Der Text in seiner Gesamtheit ist Ausdruck dieses Autorbewußtseins. Jedes Element des Textes ist ein Indiz des Autorbewußtseins: die Anordnung der Kapitel, die Kommentare einer Erzählerfigur oder der Dialog handelnder Figuren. Jedes Element des Textes, auf allen Kommunikationsniveaus, ist immer auch Indiz für die Kommunikationsabsicht des realen Autors.

Der reale Autor ist als organisierendes Prinzip dem Erzähltext stets implizit, manifest in den Merkmalen des Textes. Zur Unterscheidung vom Bewußtsein des realen Autors (Autorbewußtsein) wird die Summe dieser Textmerkmale bezeichnet als *Autorbewußtsein im Text*. Das Autorbewußtsein im Text ist eine textinterne Kategorie. Im Rahmen des Kommunikationsmodells bildet das Autorbewußtsein im Text die Ebene N3 und umfaßt dabei als Sender- und Empfängeraspekte den abstrakten Autor S3 und den abstrakten Adressaten E3. Beide Größen sind nicht selbst als Text vorhanden, sondern sind theoretische Konstrukte, die der Rezipient auf der Grundlage der Textmerkmale formuliert. Der Begriff abstrakter Autor bezieht sich auf die Rezeptionsvoraussetzung, daß Texte Bedeutungseinheiten sind; er bezeichnet das vorauszusetzende Subjekt des Textganzen, d. h. das übergeordnete Bewußtsein, das die *dargestellte* Welt (und somit auch die Erzählerfigur S2 und die von ihr erzählte Welt) umfaßt und im Text durchgängig präsent ist als Integrationspunkt aller Verfahren und Eigenschaften des Erzähltextes.

Der abstrakte Autor (einschließlich des ihm zuzuordnenden Kommunikationsniveaus N3) ist Gelenkstelle einerseits zwischen textexternem und textinternem Bereich und andererseits zwischen Kommunikationssituation des Autors und Rezeptionssituation des Lesers.

4.3.2 *Intention des Autors und Intentionalität des Textes*

Grundlage der Textproduktion ist die (Erzähl-)*Konzeption* des realen Autors. Ihre adressatenbezogene Darstellung – der Erzähltext also – ist Mittel der Realisierung der Kommunikationsabsicht des realen Autors. Diese Kommunikationsabsicht wird bezeichnet als die *Intention* des realen Autors. Von ihr abhängig sind z. B. bereits die ersten Entscheidungen des Autors, eine fingierte Redesituation herzustellen und für einen gedachten Adressaten zu schreiben. Die Intention des realen Autors ist über die in seiner Person liegenden Bedingungen hinaus beeinflußt von den komplexen Voraussetzungen der textexternen Kommunikationssituation sowie dem historischen Kontext (im Sinne von S5).

Im Hinblick auf den realen Autor (S4) und seine Intention unterscheiden wir zwischen intentional verarbeitetem Material und nichtintentional wirksam werdenden Einflüssen. Intentional verarbeitetes Material ist alles, was der Autor aus dem Bereich seiner komplexen Voraussetzungssituation aufgreift (also z. B. Elemente seiner Biographie, literarische Vorbilder und Traditionen, geschichtliche und zeitgeschichtliche Ereignisse, Normen) und in die Erzählkonzeption eingehen läßt. Nichtintentional wirksam werdende Einflüsse sind alle diejenigen Einflüsse, die sich auf die Produktion eines Werkes ausgewirkt haben und unbewußt in die Erzählkonzeption eingegangen sind.

Bei der Analyse ist nicht immer klar zu entscheiden, was intentional verarbeitetes Material und was nichtintentional wirksam gewordene Einflüsse waren; ohne breites Quellenmaterial zum Leben und Schaffen eines Autors sind vor allem letztere kaum zu bestimmen.

Das Erkennen und Zuordnen von nichtintentional wirksam gewordenen Einflüssen ist vom Bewußtsein des Rezipienten und seinen Rezeptionsvoraussetzungen abhängig; es ist ein historisch bedingter, variabler Faktor. Die Unterscheidung von intentional verarbeitetem Material und nichtintentional wirksam gewordenen Einflüssen ergibt für die Interpretation eines Textes eine Frageperspektive, die über die im Text manifeste Selbstdarstellung des Autors hinausreicht zur Erfassung von Merkmalen der allgemeinen historischen Rolle des Autors (literarhistorisch gesehen: z. B. Epigonenproblem; historisch gesehen: nicht reflektiertes ideologisches Bewußtsein). Die Herstellung einer fiktionalen Redesituation (N3–N1) und fiktionaler Senderinstanzen (S3–S1) bedeutet, daß der reale Autor zum Ausdruck seiner Intention fiktionale Sender (und deren Empfängerkorrelate) erfindet. Der reale Autor stellt seine Intention mittels dieser fiktionalen Sender dar. Seine Intention bedingt Auswahl und Organisation der fiktionalen Darstellungsmittel und ist als strukturierendes Prinzip dem Erzähltext implizit.

Der abstrakte Autor (S3) ist das theoretische Konstrukt der dem Text impliziten Intention des realen Autors. Im fiktiven Erzähler (S2) kann sich die Autorintention sehr häufig explizit (z. B. als Erzählerfigur) darstellen. Zu betonen ist aber, daß alle Merkmale des Erzählvorgangs (N2) und des erzählten Geschehens (N1) Ausdruck und Indizien der Autorintention sind. Die fiktionale Redesituation und ihre Kommunikationsniveaus (N1–N3) im ganzen wie in ihren einzelnen Bestandteilen existieren nur in Abhängigkeit von der Autorintention; sie sind Funktion von ihr.

Der Erzähltext ist Funktion und Gestalt der Autorintention, zugleich auch das Mittel ihrer Verwirklichung. Im Unterschied zur Intention, die an die historische Person des realen Autors gebunden ist, bezeichnen wir die in den Text eingegangene Intention als die *Intentionalität* des Erzähltextes.

Die Intentionalität (des Textes) ist die in die Textbeschaffenheit eingegangene Kommunikationsabsicht (Intention) des Autors. Sie ist Eigenschaft des Textes und existiert losgelöst vom historischen Autor und seiner Intention. Diese Unterscheidung ist wichtig für die Rezeption eines Textes, die es mit dem Text (und seiner Intentionalität) zu tun hat, dagegen die Intention des Autors nicht unmittelbar kennt (vielmehr indirekt durch die Textintentionalität erschließt).

Entsprechend dem Funktionsgefüge des Kommunikationsmodells differenzieren wir den Begriff Textintentionalität nach seiner Zuordnung zu den Senderinstanzen der einzelnen Kommunikationsniveaus in die Begriffe
- Darstellungsabsicht, bezogen auf den abstrakten Autor (S3) und
- Mitteilungsabsicht, bezogen auf den fiktiven Erzähler (S2).

Es bezeichnet somit der Begriff
- (Autor-)*Intention* stets die Kommunikationsabsicht des realen Autors, bezogen auf die textexterne Kommunikationssituation (N4 und N5);
- (Text-)*Intentionalität* die in den Text eingegangene und als Text manifeste Kommunikationsabsicht, bezogen auf die textinterne Redesituation (N1–N3).

4.3.3 *Realer Autor und intendierter Leser*

Weil innerhalb einer realen Kommunikationssituation der konkrete, ansprechbare Adressat abwesend ist, erfindet der Autor eine fiktionale Redesituation, die er schriftlich fixiert. Die unterbrochene Kommunikation zwischen Autor und Adressat soll mit Hilfe eines Erzähltextes, d. h. einer fiktionalen Kommunikation, überbrückt werden. Unter Einbeziehung seiner Vorstellung von einem Leser realisiert der Autor die konkret nicht vollziehbare Kommunikation als fiktionale Kommunikation, die er (einschließlich der Adressaten) erfindet.

Der reale Adressat, auf den die Intention des Autors zielt, wird zum abstrakten Adressaten der fiktionalen Kommunikation. Dieser ist als Bestandteil des Textes der Intention nach – aber eben nur der Intention nach – identisch mit dem realen Adressaten. Der abstrakte Leser-Adressat heißt als vorgesteller und antizipierter realer Adressat auch *intendierter Leser.* Die Konzeption eines abstrakten Adressaten, so wie sie als funktionale

Größe in den Text eingeht, erfolgt auf der Grundlage der Wirklichkeit und Vorstellungswelt, wie sie für den Autor und einen potentiellen zeitgenössischen Leser gleichermaßen zutrifft und gegebenenfalls durch ihn identifizierbar ist. Dies gilt auch für den Entwurf zukünftiger Weltvorstellung.

Analog dem abstrakten Autor ist – rezeptionsseitig betrachtet – der in den Text eingeschriebene, intendierte Adressat für den späteren, realen Leser als Integrationspunkt aller auf die Adressatengrößen bezogenen Signale im Text wichtig. In dem Maße, in dem der reale Rezipient die Rolle des intendierten Adressaten ausarbeitet, nähert er sich der Intentionalität des Textes und damit der Intention des Autors. Fallen realer Leser und intendierter Adressat zusammen, spricht man vom *idealen Leser.*

4.3.4 *Abstrakter Adressat und fiktiver Adressat*

Der *abstrakte* Adressat (E3) ist das Korrelat zum abstrakten Autor und damit keine ausformulierte Figur des Textes, sondern implizite Projektion einer intendierten Rezeption des Gesamttextes. Der *fiktive* Adressat hingegen ist, als Korrelat des fiktiven Erzählers, Bestandteil der Erzählerrede. Jeder Satz des fiktiven Erzählers enthält einen Bezug auf einen Aspekt des Bewußtseins eines Adressaten. Die zwischen den Instanzen fiktiver Erzähler und fiktiver Adressat zu denkende Kommunikation stellt ein Bedeutungspotential her, das dem späteren realen Rezipienten wichtige Anhaltspunkte für die Intentionalität des Textes gibt, da die vom fiktiven Erzähler erzählte Welt N1 diesem fiktiven Adressaten gedeutet erzählt wird.

Der fiktive Adressat des Textes hat eine doppelte Funktion: einerseits gehört er der Erzählerebene an und ist als Kommunikationspartner des fiktiven Erzählers Voraussetzung für die explizite Herstellung von Bedeutungszusammenhängen im Text, andererseits ist er für den konkreten Rezipienten das Angebot einer Bewertungsperspektive hinsichtlich der erzählten Welt, mit der sich der Rezipient auseinandersetzen und damit auf die intendierte Leserperspektive zubewegen kann.

Am literaturgeschichtlichen Textmaterial zeigt sich, daß der fiktive Adressat als der Erzählerrede implizit oder als explizit ausgestaltete Figur vorkommen kann. Die Analyse des fiktiven Adressaten gehört in allen Fällen zur vollständigen Interpretation der Kommunikationsniveaus 2.

4.3.5 *Fiktiver Erzähler und erzählte Figuren*

Der fiktive Erzähler (S2) ist als erzählende Figur die wichtigste Manifestation des Autorbewußtseins in der dargestellten Welt des Erzähltexts. Ihm kommt die Funktion der Herstellung der erzählten Welt zu (der Welt der erzählten Figuren, der der Erzähler [z. B. als autobiographisch konzipierte Figur] angehören kann, aber nicht muß). Die erzählten Figuren des Textes

(S1/E1) erscheinen als Geschöpfe des Erzählers und haben einen vom Erzählerbewußtsein abhängigen Bewußtseinshorizont.

Das Verhältnis des fiktiven Erzählers zu den erzählten Figuren und sein Adressatenbezug zu E2 sind Bestimmungskriterien der *Erzählsituation.* Im Verhältnis des fiktiven Erzählers zum fiktiven Adressaten manifestiert sich der *Erzählvorgang* (vgl. Teil C, 1 und 2).

5 Der Kontextbezug des Erzähltextes

Zwei allgemeine und prinzipielle Merkmale lassen sich für das Kommunikationsmodell des Erzählwerks festhalten:
- das Funktionsverhältnis der einzelnen Kommunikationsniveaus;
- die Unterscheidung von textinternem und textexternem Bereich.

Beide Merkmale sind für die Erzähltextanalyse von zentraler Bedeutung.

5.1 *Heteroreferenz*

Das Verhältnis von textinternem und textexternem Bereich – wir haben bisher auch von dem Einbettungsverhältnis von textinterner Redesituation und textexterner Kommunikationssituation gesprochen – bezeichnet den Wirklichkeitsbezug des Erzähltextes. Der Begriff des Wirklichkeitsbezugs drückt zunächst das formale Verhältnis der als fiktional hergestellten Wirklichkeit im Erzähltext zur außerhalb des Erzähltextes existierenden historisch-realen Wirklichkeit aus. Der inhaltliche Bezug ist vermittelt durch das Bewußtsein des Autors, d. h. durch seine Vorstellungen und Erfahrungen von Wirklichkeit. Ein Text bezieht sich also immer nur auf einen Ausschnitt von Wirklichkeit. Der Bezug des Textes auf diesen Wirklichkeitsausschnitt heißt *Heteroreferenz.*

Wenn hier – verkürzt – von *Wirklichkeit* gesprochen wird, dann ist stets gemeint: Bewußtsein von Wirklichkeit. Ohne dieses erkenntnistheoretische Problem hier behandeln zu können, müssen wir davon ausgehen, daß das Bezugsfeld des fiktionalen Textes nicht die Wirklichkeit als solche ist, sondern Wirklichkeitsmodelle als „Systeme, in denen Kontingenz und Weltkomplexität reduziert und ein je spezifischer Sinnaufbau der Welt geleistet ist". Diese „‚Systeme sind durch selektive Beziehungen mit ihrer Umwelt verknüpft, da sie geringere Komplexität aufweisen, also nie die ganze Welt für sie relevant werden kann'". [Wolfgang Iser: Der Akt des Lesens. Theorie ästhetischer Wirkung. München 1976. S. 118/119. – Vgl. auch Teil D, Text Nr. 4.]

Wenn man beim Interpretieren das Problem des Wirklichkeitsbezugs erörtert, ist also zu bedenken, daß

- Wirklichkeit als historisch-reales Bezugsfeld des fiktionalen Textes stets eine Bewußtseinsvorstellung bzw. ein Sinnsystem des Autors bzw. des Interpreten ist;
- Wirklichkeit im fiktionalen Konstitutionszusammenhang eine zusätzliche Bewußtseinsvorstellung bzw. ein zusätzliches Sinnsystem der Wirklichkeit ist, das sich als Text manifestiert.

5.2 *Autoreferenz*

Das Funktionsverhältnis der *textinternen* Kommunikationsniveaus, ihre Bezüge zueinander, bezeichnet der Begriff der *Autoreferenz.*

Die Autoreferenz ist spezifisches Merkmal der fiktionalen Konstitution des Erzähltextes. Sie drückt ein Abhängigkeitsverhältnis der textinternen Sender- und Empfängerinstanzen sowie eine hierarchische Schichtung der Niveaus 1–3 zugleich aus.

Für den Rezipienten ist das Kommunikationsniveau 1, die Welt der erzählten Figuren, diejenige Ebene des Textes, an die er am leichtesten und unreflektiertesten anknüpfen kann. Das Erkennen der Ebene des Autorbewußtseins im Text als dem höchsten Bewertungsniveau (Niveau 3) setzt dagegen beim Leser Gedankenanstrengungen voraus; diese abstrakte Ebene des Textes ist nur durch Reflexion über den Text bewußt rezipierbar. Die Autoreferenz des Erzähltexts drückt eine Schichtung des Erzähltexts aus, die von der konkreten Ebene zur abstrakten – oder, je nach Betrachtungsstandort, umgekehrt – reicht.

Graphisch läßt sich die Autoreferenz des Erzähltextes folgendermaßen darstellen (wir benutzen als Basis ein von Hans Ulrich Gumbrecht [in: Funkkolleg Literatur. Studienbegleitbrief 3. Weinheim und Basel 1976. S. 55.] entwickeltes Schema, das wir den Erfordernissen unserer Argumentation entsprechend stark verändern):

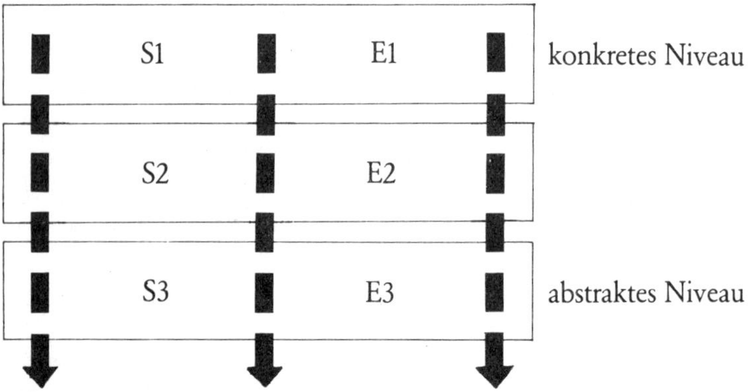

Abb. 20

5.3 *Der Kontextbezug des Erzähltextes*

Autoreferenz und Heteroreferenz des Erzähltextes bedingen einander. Der Bezug von textinterner zu textexterner Wirklichkeit ist nicht herstellbar ohne Berücksichtigung des Funktionszusammenhangs der textinternen Bedeutungs- bzw. Kommunikationsniveaus. Kennzeichen des autoreferentiellen, also fiktionalen Textes ist, daß der Übergang zur historischen Wirklichkeit des Autors nur über die abstrakte Ebene des Niveaus 3 als der umfassendsten Repräsentation der Textintentionalität geschehen kann. Anderenfalls erfolgt ein Kurzschluß zwischen Teilindizien der Textintentionalität (z. B. Bewußtseinsstand einer erzählten Figur) mit der vermeintlich vollständig ausgedrückten Wirklichkeitserfahrung des Autors oder seiner Erzählkonzeption.

Der Begriff Kontextbezug ist ein Begriff der Interpretation und drückt aus, daß die Heteroreferenz des Erzähltextes nicht ohne Berücksichtigung seiner Autoreferenz herstellbar ist.

Beim faktischen Text (Zweckrede) dagegen erfolgt der Wirklichkeitsbezug über das *konkrete* Niveau.

Abb. 21 illustriert den Kontextbezug des Erzähltextes:

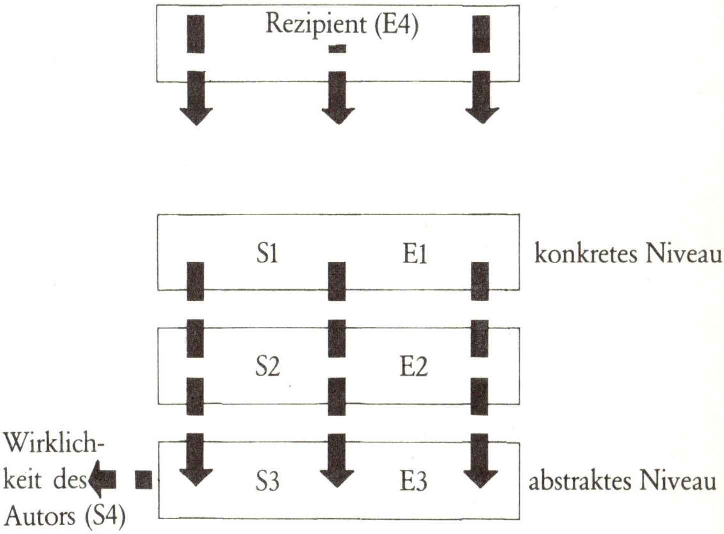

Abb. 21

6 Problemfelder der Erzähltextanalyse

Aus der bisherigen Betrachtung des Kommunikationsmodells lassen sich Problemfelder ableiten und benennen, die als zentrale Aufgabenbereiche einer Erzähltextanalyse anzusehen sind. Die Kenntnis dieser Problemfelder ist indes nicht mit einem Katalog von Patentrezepten für die Interpretation zu verwechseln. Es handelt sich vielmehr um Konstituenten eines methodisch abgesicherten Problembewußtseins, das einer konkreten Textanalyse vorausgehen sollte und das Fragestellungen und Problemperspektiven entläßt, die am Text zu konkretisieren und zu verifizieren sind.

Es handelt sich um folgende Unterscheidungen:

6.1 *Text und Kontext*

Das Kommunikationsmodell des Erzählwerks wird in fünf Kommunikationsniveaus aufgeteilt. Diese funktional aufeinander bezogenen Ebenen sind in textexternen und textinternen Bereich gegliedert. Das Verhältnis dieser beiden Bereiche zueinander nennt man die Heteroreferenz des Erzähltextes. Für die Erzähltextanalyse ergibt sich aus diesem Wirklichkeitsbezug des Erzähltextes als Aufgabe das Problemfeld: Text und Kontext.

6.2 *Unterscheidung der Kommunikationsniveaus*

Der Erzähltext im engeren Sinne wird in drei Kommunikationsniveaus gegliedert, die funktional und hierarchisch einander zugeordnet sind. Ihr Funktionsverhältnis wird in der Autoreferenz des Erzähltextes ausgedrückt. Für die Erzähltextanalyse ergibt sich als Aufgabe das Problemfeld: Unterscheidung der Kommunikationsniveaus.

6.3 *Autorbewußtsein im Text und Figuren des Textes*

Die textinterne Kommunikationsstruktur umfaßt auf der einen Seite den Bereich der im Text selbst formulierten erzählenden und erzählten Figuren (Figuren des Textes) mit ihren je unterschiedlichen Bewußtseinshorizonten (N2 bzw. N1) und auf der anderen Seite das diesem Text als Konstitutionsbedingung inhärente (und zugleich übergeordnete) Autorbewußtsein im Text, auf das keine explizit formulierten Sätze entfallen. Für die Erzähltextanalyse ergibt sich als Aufgabe das Problemfeld: Unterscheidung von Autorbewußtsein im Text und Figuren des Textes.

6.4 *Erzählte und erzählende Figuren des Textes*

Gemeinsam ist den Kommunikationsniveaus 1 und 2, daß sie den Figurenbestand des Erzähltextes repräsentieren; der wesentliche Unterschied von N1 und N2 liegt in der Trennung von erzählten und erzählenden Figuren. Mit dieser Unterscheidung ist zugleich der unterschiedliche Bewußtseinsstand der Figuren des Erzähltextes angesprochen. Der fiktive Erzähler (S2) hat gegenüber der von ihm erzählten Figur einen umfassenderen, die Figur einbegreifenden Bewußtseinshorizont. Für die Erzähltextanalyse ergibt sich als Aufgabe das Problemfeld: Unterscheidung von erzählten und erzählenden Figuren.

6.5 *Bewußtseinsverhältnisse*

Hauptmerkmal der oben genannten Figuren ist, daß sie Darstellungen von Bewußtsein sind. Die Unterscheidung der einzelnen textinternen Kommunikationsniveaus voneinander bedeutet somit die Unterscheidung von Bewußtseinsdarstellungen im Text (und damit die Feststellung und Interpretation von Verhältnissen zwischen Bewußtseinsdarstellungen). Bewußtseinsdarstellung auf N1 wird aufgefaßt als konstituiert in Abhängigkeit von Bewußtseinsdarstellung auf N2, diese wiederum als abhängig vom Autorbewußtsein im Text. Letzte Bezugsgröße ist das Bewußtsein des realen Autors (S4/S5) und seine Kommunikationsabsicht. Für die Erzähltextanalyse ergibt sich als Aufgabe das Problemfeld: Bestimmung von Bewußtseinsverhältnissen auf und zwischen den einzelnen Kommunikationsniveaus.

6.6 *Zwischenbemerkung: Literaturtheorie und Literaturgeschichte*

Der Versuch, prinzipielle Voraussetzungen und definitorische Bestimmungskriterien für den Erzähltext und seine Analyse zu benennen, enthält eine Problematik, die ganz allgemein für eine *Theorie* der Literatur gilt. Die Theorie der Literatur steht notwendigerweise in gewisser Opposition zur *Geschichte* der Literatur. Sie ist gezwungen, ein stimmiges und begründetes System aufzustellen und muß dabei die Vielfalt der historischen Erscheinungsformen auf einen Nenner bringen. Dies kann allenfalls auf einem entsprechenden Abstraktionsniveau geschehen; zu einem angesichts der historischen Entfaltung des Materials zufriedenstellenden Ergebnis kann es kaum führen. Das theoretische Modell kann somit nicht verbindliche Norm sein. Die ihm innewohnende Tendenz zum Systemzwang muß am breit entfalteten historischen Material korrigiert werden. Theorie der Literatur und Geschichte der Literatur sind wechselseitig aufeinander bezogen und können nur in diesem wechselseitigen Bezug verstanden werden. Das hier diskutierte Kommunikationsmodell des Erzählwerks ist in diesem Sinne zu verstehen. Seine Anwendbarkeit ist nicht absolut, sondern nur in Vermittlung mit der Geschichtlichkeit der Erzähltexte gegeben.

7 Textproduktion als Rezeptionsplanung

Mit Hilfe des Kommunikationsmodells kann man sich die Herstellung des Erzähltextes im Hinblick auf einen realen Leser als den sukzessiven Vollzug eines Entscheidungsprozesses durch den realen Autor vorstellen. Als Konstanten dieses Entscheidungsprozesses können die auf der Kommunikationsabsicht (Intention) beruhende Erzählkonzeption und der intendierte, jedoch nur in der Vorstellung existierende Adressat bezeichnet werden. Material ist der Stoff der Geschichte.

Ziel des Autors ist es, dem gedachten Adressaten seine Kommunikationsabsicht mittels des Erzähltextes so darzustellen, daß sie, gemessen an seiner Intention, adäquat rezipiert wird. Um dies zu erreichen, orientiert der Autor die Auswahl seiner Darstellungsmittel und die Redestrategie am Bild des intendierten Adressaten. Sein Erzählen ist Planung der (gewünschten) Rezeption.

Bezogen auf die Herstellung der Kommunikationsniveaus kann man sich die Rezeptionsplanung so vorstellen: ein intendierter realer Adressat (E4) wird als Bezugsgröße abstrakter Adressat (E3) im Text antizipiert. Der abstrakte Adressat (E3) ist Korrelat der aus der Autorintention (S4) hervorgehenden Instanz abstrakter Autor (S3). Die Vorstellung eines intendierten, als abstrakte Größe dem Text impliziten Adressaten wird in der Instanz eines fiktiven Adressaten (E2) ausformuliert und dem Text eingeschrieben. Entsprechend der Bezugsgröße fiktiver Adressat (E2) wird ein fiktiver Erzähler (S2) erfunden. Es wird die Erzählkommunikation: fiktiver Erzähler – fiktiver Adressat fingiert. Mittel dieses Erzählens sind die Figuren des Niveaus 1 (S1/E1).

Rezeptionsplanung ist Antizipation der tatsächlichen, vom Autor intendierten Aufnahme des Werkes durch im Text selbst ausformulierten Adressatenbezug und durch dem Text eingeschriebene fingierte Rezeption. Dem konkreten Leser gegenüber markieren die textimpliziten Adressatenbezüge Rezeptionsrollen und Rezeptionsangebote, die ihm Indizien sind für eine ideale Rezeption, eine Rezeption also, die mit der Intention des Autors übereinstimmt. Graphisch läßt sich dieser Prozeß folgendermaßen als denkbare Relation der Instanzen verdeutlichen:

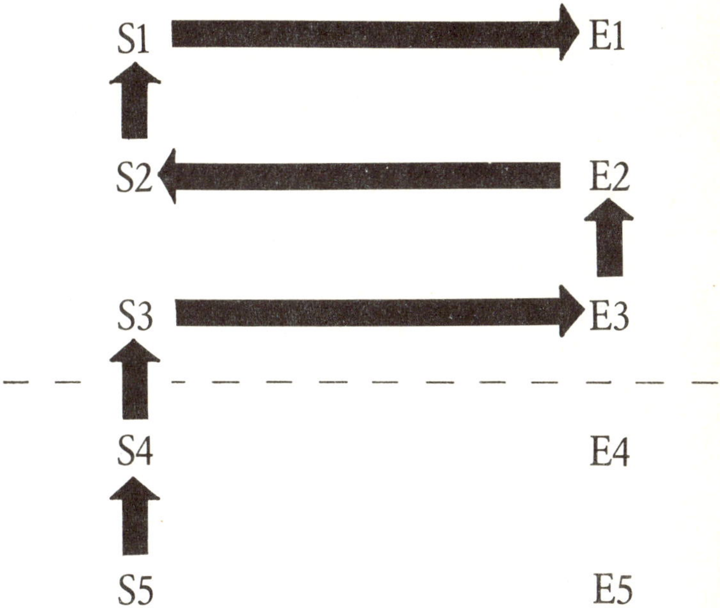

Abb. 22

Die dem Text eingeschriebene geplante Rezeption und die Autoreferentialität des Erzähltextes bedingen einander. Eine Interpretation des Erzähltextes kann nur unter Berücksichtigung dieser beiden Faktoren geschehen.

Eine Textrezeption, die sich dem spontanen Identifizieren mit den erzählten Figuren (also dem der eigenen Wirklichkeitserfahrung am nächsten liegenden Bereich) überließe, käme nicht zu einem Begreifen der Textintentionalität und der Kommunikationsabsicht des Autors. Eine bewertete und abhängige Ebene des Erzähltextes, die des erzählten Geschehens, wäre direkt auf die außertextliche Wirklichkeit des Lesers bezogen. Eine verkürzte Rezeption verzichtete darauf, die dem Text eingeschriebenen Maßstäbe der Bewertung, die erst vom Niveau 3 her zu formulieren wären, zur Kenntnis zu nehmen. Die Möglichkeit zur Erweiterung der Wirklichkeitserfahrung und des Bewußtseinshorizonts, die der Erzähltext als Angebot enthält, würde von einem solchen Leser nicht realisiert. Ziel einer Erzähltextanalyse – aber auch eines weniger ambitionierten Lesevergnügens –

sollte jedoch wenigstens die Auseinandersetzung mit einem solchen Angebot des Textes sein.

Die zuletzt angesprochenen Fragen der Rezeption des Erzähltextes führen über die Beschreibung des Kommunikationsmodells hinaus. Sie betreffen indes zentrale Probleme der Erzähltextanalyse und müssen in einem abschließenden Abschnitt reflektiert werden. Es handelt sich dabei um Fragen der Rezeption und Interpretation, die in einem sehr weit gesteckten Rahmen diskutiert werden müßten. Dies kann hier nicht geschehen. Doch die zentralen Probleme sollen abschließend aufgezeigt und zugleich als Rahmenbedingungen einer Erzähltextanalyse eingeführt werden.

8 Probleme der Rezeption und Interpretation

Funktion der Autoreferenz des Erzähltextes ist es, die im Text enthaltene Intentionalität zum Ausdruck zu bringen, deren Berücksichtigung durch den Rezipienten hier vorausgesetzt ist. Damit hängt eng zusammen die Frage der Bedeutung eines Textes. Sie galt bis in jüngste Zeit als ausschließliche *Kategorie des Textes* und seiner Intentionalität. Die Ergründung der Intention des Autors und der daraus resultierenden Bedeutung des Textes waren der Interpretation zur zentralen Aufgabe gemacht. Das hat sich nicht grundlegend geändert, die Richtigkeit dieser Fragestellung ist nicht prinzipiell überholt. Geändert hat sich die Zuversicht, daß diese Aufgabe, so wie sie bisher gestellt war, lösbar sei: die Erkenntnisse der Hermeneutik, der pragmatischen Texttheorie sowie der Rezeptionsforschung zeigen uns, daß die im Text gesuchte Bedeutung nicht eine stets vorhandene, statische Größe ist, die mit den entsprechenden analytischen Mitteln ergründbar und abrufbar wäre. Vielmehr ist die Bedeutung eines Textes eine Größe, die als Ergebnis des Rezeptionsvorgangs, der Leseprozesse, erst entsteht und somit auch abhängig ist vom jeweiligen Rezipienten (und seiner historischen Voraussetzungssituation). Der Rezipient generiert die Bedeutung eines Textes. Der Verknüpfung von Textbedeutung und Autor tritt die Verknüpfung von Textbedeutung und Rezipient zur Seite. Nicht der „Text", sondern der „Text in Funktion" ist die Grundlage für die Bedeutung des Textes.

Vergegenwärtigen wir uns diesen Rezeptionsvorgang in Analogie zum Produktionsvorgang (vgl. Abb. 22): dem Rezipienten (realer Leser E4) liegt der Erzähltext (N1–N3) vor. Der reale Autor (in seinen Rollen S4 und S5) ist nicht bekannt. Der Text enthält einen abstrakten Adressaten (E3) als Korrelat zum abstrakten Autor (S3) und zugleich als Ausdruck einer intendierten Rezeption. Diese Instanz E3 ist nun aber nicht sprachlich ausgestaltet und nicht als Figur des Textes dargestellt. Sie ist Integrationspunkt der in der Textintentionalität begründeten Adressatenbezüge der textinternen Senderinstanzen. Dem Rezipienten macht der Text zwar ein Angebot mit E3, aber es ist kein präzis festgelegtes, d. h. im Text selbst explizit definiertes und ausgestaltetes. Lediglich indirekt durch Erfassen der Indizien in den Niveaus 1 und 2 ist es bestimmbar. Die Offenheit der Adressatenrolle E3 erlaubt es also, daß der reale Rezipient, der ja nicht mit der vom Autor intendierten Rezipientenrolle (also mit der Abstraktion E3 als textinterner Adressatenrolle) übereinstimmt, diese textinterne Adressatenrolle E3 besetzen kann. Die Ausgestaltung der abstrakten Adressatenrolle durch den realen Leser enthält den Spielraum eines mehr oder weniger großen Abstands zur Textintentionalität.

Die Besetzung und Ausgestaltung der abstrakten Adressatenrolle E3 durch den realen Leser ist der entscheidende Vorgang bei der Rezeption eines Textes. Daß es sich bei der hier beschriebenen Rezeption um den bewußten Leseprozeß im Sinne einer Interpretation handelt, nicht um das bloß lesende Miterleben einer Figurenwelt, versteht sich nach dem bisher Gesagten beinahe von selbst. Der Hinweis darauf ist aber insofern wichtig, als der reale Leser sein *Interesse* am Text in die Kommunikation mit dem Text einbringt. Der reale Leser liest mit einer zielgerichteten Absicht. Dies muß nicht immer ein wissenschaftlich begründetes Erkenntnisinteresse sein, auch ein Unterhaltungsbedürfnis kann dem Leseinteresse zugrundeliegen, um nur zwei unterschiedliche Möglichkeiten anzudeuten. Vergleichbar mit der Umsetzung der Intention in Intentionalität, vollzieht sich ein ähnlicher Prozeß mit dem zur realen Person des Rezipienten gehörenden Interesse: es wird, als Projektion des Leserinteresses, Bestandteil der Adressatenrolle E3. Die Instanz abstrakter Adressat (E3) wird dadurch entscheidend verändert. Sie ist Ausdruck und Repräsentation des Leserbewußtseins des realen Lesers und wird Integrationsbasis für die durch das Leserinteresse initiierten Prozesse der Bedeutungsgenerierung. So wie wir produktionsseitig vom Autorbewußtsein im Text (S3) gesprochen haben, so bezeichnen wir jetzt – rezeptionsseitig betrachtet – die Instanz E3 als das *Rezipientenbewußtsein im Text.* Aus der Perspektive des Rezipientenbewußtseins im Text ist die korrelierende Autorinstanz (S3) zunächst eine noch unbekannte Größe. Es ist jedoch Ziel und Leistung des Lesevorgangs, diese Instanz S3 und damit das Autorbewußtsein im Text zu formulieren. Die Indizien, die der Text für die Generierung dieser Instanz anbietet, finden sich auf den Niveaus 1 und 2. Der Rezeptionsvorgang läßt sich also als Beziehungskomplex ausdrücken, der vom realen Leser (E4) über die Instanz Rezipientenbewußtsein im Text (E3) zum fiktiven Adressaten (E2) führt, von dort über die rezeptionsseitige Generierung des fiktiven Erzählers (S2) zu der Ebene der erzählten Figuren N1 (S1 und E1). Der Gesamtkomplex aller hierbei erfaßten Textmerkmale ermöglicht die Generierung des Autorbewußtseins im Text (S3), d. h. die Generierung der Textintentionalität.

Die durch den Lesevorgang hergestellte Bedeutung des Textes und die vom Autor intendierte Bedeutung des Textes sind aufgrund der Bedingungen einer jeweils unterschiedlichen Voraussetzungssituation von Autor und Leser nicht identisch. Die Textintentionalität ist je nach Betrachtungsweise – produktionsorientiert oder rezeptionsorientiert – in einer je anderen Textbedeutung ausgedrückt. In den Bezugsgrößen unseres Kommunikationsmodells ausgedrückt, bedeutet das, daß E3 als Rezipientenbewußtsein im Text nicht identisch sein muß mit E3 als abstraktem Adressaten des abstrakten Autors.

Das Rezipientenbewußtsein im Text ist Ausgangspunkt für den Rezeptionsverlauf im textinternen Bereich. Da E3 als Rezipientenbewußtsein im Text von E3 als abstraktem Adressaten abweicht, weicht auch die rezeptionsseitige Ausfüllung der übrigen Textinstanzen (E2, S2 etc.) von den intendierten Ausformulierungen, die der Text entsprechend seiner Intentionalität bereithält, ab. Das Rezipientenbewußtsein im Text begründet den Herstellungsprozeß von Textbedeutung. Wie weit die von einem Rezipienten als Rezeptionsleistung hergestellte Bedeutung des Textes von der intendierten Bedeutung des Textes abweicht, hängt von der Differenz ab, die zwischen Autorbewußtsein und Rezipientenbewußtsein besteht. Daß diese Abweichung überhaupt möglich, ja von den historischen Gegebenheiten unterschiedlicher Voraussetzungssituationen von Autor und Rezipient notwendig ist, erscheint als wichtige neue Dimension der Textinterpretation.

Graphisch läßt sich der Vorgang der Bedeutungsgenerierung durch den Rezipienten wie in Abb. 23 schematisieren (siehe S. 58).

Es wäre freilich die falsche Konsequenz, aus dieser Einsicht in den Prozeß der Bedeutungsgenerierung durch den Rezipienten eine vom jeweils einzelnen Rezipienten abhängige Beliebigkeit des Interpretierens abzuleiten. So sehr es richtig sein mag, die Abhängigkeit der Textbedeutung von dem historisch sich ändernden Faktor „Rezipient" zu betonen, also die Geschichtlichkeit der Bedeutung eines Textes im Gegensatz zum ontologisch begründeten Anspruch einer in ihm verborgenen Wahrheit, so wichtig ist es auch, den Text und seine Intentionalität, somit auch seinen Autor, ernst zu nehmen. Es ist – wenn auch nicht ausschließliche – Verpflichtung des Rezipienten, sein Interesse am Text mit der Intentionalität dieses Textes in *Kommunikation* treten zu lassen.

Das bedeutet für eine Erzähltextanalyse, die sich am Begriff der Kommunikation orientiert, daß weder die Autorseite einseitig zu Wort kommen kann noch die Rezipientenseite. Beides – die Exegese, die nur dem Wort des Dichters lauscht und die verselbständigte Rezipientenmeinung, die den Text nur als Belegornament benutzt – wäre nicht Kommunikation.

Das wechselseitige Beziehungsverhältnis der Kommunikation ernst zu nehmen, ist auch eine Konsequenz der Diskussion um Fragen der Herme-

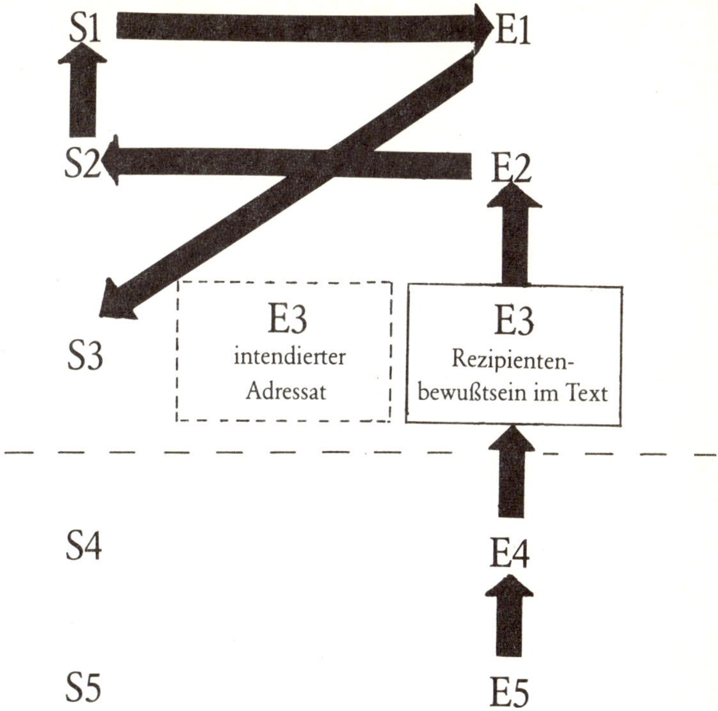

Abb. 23

neutik, wie sie die Literaturwissenschaft seit geraumer Zeit führt. Daß das Verhältnis von Text und Interpret stets durch die hermeneutische Differenz der jeweiligen historischen Bezugssysteme mitdefiniert ist, gehört heute zu den unbezweifelten Grundannahmen der Literaturwissenschaft. Das hermeneutische Vor-Urteil ist wichtige Konstitutionsbedingung der Textbedeutung. Die darin sich ausdrückende Funktion des Rezipienten nicht zu eliminieren, sondern zu betonen und produktiv zu machen, wäre Aufgabe der Interpretation.

Unser Kommunikationsmodell des Erzählwerks, das Produktions- und Rezeptionsseite gleichermaßen einschließt, ist in diesem Sinne auch ein hermeneutisches Modell. Für die konkrete Praxis der Erzähltextanalyse könnte das heißen, daß wir als Interpreten nicht nur etwas über das Werk und seine geschichtlichen Bedingungen erfahren, sondern daß unsere geschichtliche Erfahrung als Rezipienten, soweit sie die Bedeutung des Textes herstellt, mit in Frage steht.

TEIL B

Analyse eines Textbeispiels

Friedrich Hebbel: Treue Liebe (1828)

0 Vorbemerkung

Aufgabe dieses Teils B ist es, die durch das Kommunikationsmodell des Erzählwerks gesetzten Kategorien (Kommunikationsniveaus mit den ihnen zugeordneten Sender- und Empfängerinstanzen, funktionales Verhältnis zwischen den verschiedenen Instanzen und Niveaus) in ihrer Anwendbarkeit auf einen Text vorzuführen. Gezeigt werden soll, wie unter Zugrundelegung des Kommunikationsmodells Analyseergebnisse erzielt und ein Argumentationszusammenhang aufgebaut werden kann. Es geht uns dabei um die Demonstration von Verfahrensweisen, nicht um das Erstellen einer Musterinterpretation.

Als Text, mit dessen Hilfe wir unser Vorhaben durchführen wollen, haben wir Hebbels kurzes Prosastück „Treue Liebe" (1828) gewählt. (Textabdruck am Ende des Bandes.) Diesem Text gegenüber verhalten wir uns so, als ob wir kein anderes Interesse hätten, als den ihm eingeschriebenen Sinn zu formulieren. Wir stellen mithin nur die Frage, welche Textbestandteile welchen Kommunikationsniveaus zugeordnet und wie sie im Rahmen dieser Niveaus von uns semantisiert, das heißt in ihrer bedeutungstragenden Funktion bestimmt werden können.

In dieser Begrenzung der Fragestellung ist kein literaturwissenschaftliches Programm zu sehen. Die Bestimmung der Intentionalität eines Textes – darum handelt es sich bei der soeben formulierten Fragestellung – ist kein Selbstzweck. Das Kommunikationsmodell des Erzählwerks selbst würde eine solche Auffassung unmöglich machen. Die Begrenzung der Fragestellung wird von uns gezielt im Hinblick auf den Zweck dieser Einführung vorgenommen.

Formulierung von Text-Sinn heißt, wie in Teil A deutlich gemacht wurde, Generierung von Sinn durch den Rezipienten. Das Kommunikationsmodell des Erzählwerks berücksichtigt und betont diesen Umstand, indem es für alle Kommunikationsniveaus von einem Sender-Empfänger-Bezug ausgeht. Ziel der folgenden Ausführungen ist es daher auch, diesen Aspekt zu betonen, d. h. bei allen Aussagen zum Text die Voraussetzung, daß es sich um Rezeptionsergebnisse handelt, bewußt zu halten.

Das hat für das von uns gewählte Darstellungsverfahren zur Folge, daß wir – im Rahmen des Möglichen – zwischen Feststellen und Bewerten unterscheiden. Nach den Erkenntnissen der Hermeneutik ist eine solche Unterscheidung nur bedingt möglich. Bei sinnhaltigen Gebilden – und Texte sind solche – ist Feststellen ohne Bewerten nicht möglich; Einzelnes ist ohne Kenntnis und (Vor-)Verständnis des Ganzen nicht in seinem Teilcharakter und damit in seiner Funktion für das Ganze zu bestimmen. Diese Grundvoraussetzung für den Umgang mit Texten gilt auch für uns. Dennoch läßt sich das Bewerten als eine spezielle Aktivität des Rezipienten gesondert reflektieren und thematisieren. Mit Bewerten ist dabei das Herstellen eines Sinnbezuges durch den Rezipienten gemeint, in den der Text als bedeutungstragendes Gebilde im Verlauf des Rezeptionsprozesses gestellt und auf den hin er verstanden wird. Wir fügen daher in die folgenden Kapitel Abschnitte ein, in denen eine zusammenfassende Bewertung der Befunde eigens formuliert wird („interpretatorische Bewertung"). Dies soll die Analyseergebnisse, die wir formulieren, als *unsere* Rezeptionsergebnisse kenntlich machen und ermöglichen, daß der Leser sie überprüfen und sich mit ihnen auseinandersetzen kann. Deshalb drucken wir im Anhang zu diesem Teil einige für „Treue Liebe" relevante literaturgeschichtliche Materialien ab.

Das Kommunikationsmodell des Erzählwerks ordnet die Kommunikationsniveaus hierarchisch an. Wir folgen dieser Ordnung, und zwar vom textinternen Kommunikationsniveau 1 aufsteigend zum textexternen Kommunikationsniveau 4, um zu zeigen, auf welche Art und Weise die Komplexion eines auf die Formulierung der Intentionalität eines Textes bezogenen Argumentationsgangs vor sich gehen kann. Der reale Rezeptionsvorgang, d. h. die Generierung der Textbedeutung durch den Rezipienten, verläuft nicht unbedingt analog diesen Schritten. Auch ist die sukzessive Erörterung der Kommunikationsniveaus keine zwingende Voraussetzung für jede Form literaturwissenschaftlicher Textanalyse. Die Beschäftigung mit einem Text steht in der Regel unter einer vorgegebenen Fragestellung, z. B. dem Thema einer Seminarsitzung oder einer Hausarbeit. Von ihr hängt es ab, wie ein Aussagenzusammenhang aufgebaut wird. Es ist im Rahmen üblicher Problemstellungen keineswegs erforderlich oder gar möglich, in jedem Einzelfall die Kommunikationsniveaus in starrer Reihenfolge zu diskutieren. Unerläßlich ist bei der Analyse von Erzähltexten allerdings, vom Text als hierarchischem Funktionsgefüge von Kommunikationsniveaus auszugehen und den jeweiligen Aussagenzusammenhang von ihm her zu fundieren. (Vgl. Teil A, Punkt 6.)

Durch die sukzessive Erörterung der Kommunikationsniveaus ergeben sich im folgenden an bestimmten Punkten Wiederholungen. Sie sind gewollt. Sie sollen nicht nur zeigen, daß dasselbe Textphänomen im Bezugsrahmen der verschiedenen Kommunikationsniveaus anders erscheint, sie sollen auch deutlich machen, daß Aussagen zu einem Text nur in Form der Aussagenkomplexion möglich sind und daß kontrolliertes und reflektiertes Argumentieren den Aufbau der eigenen Aussagenkomplexion mit zur Darstellung bringen sollte.

1 Kommunikationsniveau 1

1.1 *Orientierung am Modell*

Die Konstitution einer fiktiven Figurenwelt samt der ihr zugehörenden Kommunikation ist ein wichtiges Mittel der Realisierung einer Darstellungsabsicht im Medium des Erzählens. Figuren sind in Erzähltexten so dargestellt, daß sie ein Bewußtsein haben und denken, fühlen, handeln und reden können. Als Redende sind Figuren abwechslungsweise Sprecher und Hörer, Sender und Empfänger von Mitteilungen. Die zwischen ihnen stattfindenden Mitteilungsvorgänge sind als Figurenkommunikation definiert.

Mit ihrer Rede benennen Figuren Wirklichkeitsausschnitte und drücken Bewußtseinsinhalte aus. Untersuchungsgegenstand im Rahmen des Kommunikationsniveaus 1 ist daher die Figurenrede mit ihren Redeinhalten. Da Figuren erzählte Figuren sind, brauchen aber weder ihre Redeinhalte noch die Voraussetzungen ihres Redens allein in Figurenrede ausgedrückt zu sein. Sie können auch in Erzählerrede formuliert sein. Bei der Analyse des Kommunikationsniveaus 1 sind über die Figurenrede hinaus alle der Figurenwelt zugeschriebenen Merkmale zu berücksichtigen, soweit sie als Bestandteil und Bedingung der Figurenkommunikation aufgefaßt werden können. Dazu gehören z. B. außer den Handlungen und Haltungen der Figuren auch Merkmale wie der Figurenbestand und die Figurenkonstellation(en).

Figurenrede ist, wie alle Rede, perspektivierte Rede. Im Gegensatz zu realer Rede aber ist bei Figurenrede weder der Redeinhalt noch die Redeperspektive durch die Redenden selbst, d. h. die Figuren, sondern durch die die Figuren erzählende Senderinstanz im Text hervorgebracht. Diese Senderinstanz ist der fiktive Erzähler (S2). Die Untersuchung des Kommunikationsniveaus 1 steht unter dem Aspekt der Hervorgebrachtheit der Figurenkommunikation. Deren Merkmale sind Indizien für die Mitteilungsabsicht des fiktiven Erzählers (S2). Da die Instanz des fiktiven Erzählers ihrerseits Funktion des Autorbewußtseins im Text ist (abstrakter Autor S3), ist die Untersuchung des Kommunikationsniveaus 1 auch Voraussetzung für die Bestimmung der Darstellungsabsicht des abstrakten Autors, die auf den Text als Ganzes bezogen ist.

Für unsere Untersuchung des Kommunikationsniveaus 1 formulieren wir daher folgende Leitfragen:

- In welchem Verhältnis stehen die Figuren des Textes zueinander? Welche Figurengruppierungen und -konstellationen gibt es?
- Was sagt die Rede einer Figur über ihr Verhältnis zu anderen Figuren, sowie über ihre Situierung, Motivierung etc. im Rahmen dieses Verhältnisses?

- Was sagt die Rede einer Figur über ihre Bewußtseinsinhalte (Vorstellungen von Welt) und deren Perspektiviertheit?
- Sind einer Figur Bewußtseinsinhalte zugelegt auch außerhalb ihres Redens und auf welche Art und Weise?
- Was bedeutet der gesamte Komplex „Bewußtseinsinhalte der Figuren und die Art und Weise ihres Artikuliertseins" für die zu erschließende Mitteilungsabsicht der Senderinstanz fiktiver Erzähler (S2) und, über diese vermittelt, für die Darstellungsabsicht der Senderinstanz abstrakter Autor (S3)?

1.2 *Feststellung des Figurenbestands und der Figurenkonstellationen*

Zwei Figuren sind im Text namentlich eingeführt: „Julius" und „Maria". Daneben ist im Zusammenhang mit der Begebenheit, von der berichtet wird, noch an einer Stelle von einem „Geistlichen" (35)* und, an drei Stellen, von einer nicht weiter differenzierten Menge von Menschen die Rede: „Alles" bzw. „alt und jung" am Beginn (8), „ein jeder der Versammelten" in der Mitte (35f.), „die Zuschauer" am Ende des Textes (102).

Der Figurenbestand ist also gering. Lediglich Julius und Maria sind als Individuen eingeführt. Die übrigen Figuren sind nicht näher ausgestaltet.

Alle Figuren sind dem vorgestellten Ort Falun zugeordnet. Fragen wir nach dem Verhältnis der Figuren zueinander, so ergibt sich, daß Julius und Maria als „Liebende" (10) in besonders enger Weise aufeinander bezogen sind. Die übrigen Ortsbewohner sind so eingeführt, daß sie eine unspezifizierte Menge bilden, die auf Verhaltensweisen von Julius und Maria bzw. auf das Geschehen um sie kollektiv *reagiert* (vgl. 8–10; 34–37; 102). Die Ortsbewohner stehen Julius und Maria mithin als Gruppe gegenüber; ihre Beziehung zu diesen ist die von Zuschauenden und Beobachtenden.

1.3 *Untersuchung der Redesituationen*

Julius und Maria werden in Redesituationen gezeigt; die übrigen Figuren nicht. Wir können drei Redesituationen unterscheiden:
- Redesituation 1: Zeile 16–33;
- Redesituation 2: Zeile 94–95;
- Redesituation 3: Zeile 99–101.

* Zitiert wird nach dem dieser Einführung beigegebenen Text unter Angabe der Zeilenzahl.

In der Redesituation 1 reden die beiden jungen Liebenden Julius und Maria miteinander; in der Redesituation 2 spricht die gealterte Maria, indem sie sich auf einem öffentlichen Platz (vgl. 89–91) an eine Öffentlichkeit wendet; in der Redesituation 3 redet dieselbe Maria ihren toten Geliebten an, noch immer auf öffentlichem Platz und unter dem Beisein der Öffentlichkeit.

Auffällig ist, daß in allen drei Redesituationen Rede und Gegenrede, d. h. der *Dialog* zwischen Gesprächspartnern, so gut wie nicht entfaltet ist. Für die Redesituationen 2 und 3 ergibt sich dies aus der Situierung der Redesituationen selbst: Der Tote (Redesituation 3) kann nicht antworten, und im Falle der Redesituation 2, in der Maria einen Tatbestand proklamiert (vgl. 94: „‚Ja!' ruft sie aus, ‚es ist mein Geliebter [. . .]'"), ist ihre Rede gleichermaßen an sich selbst und an die Öffentlichkeit gerichtet, von der sie gar keine Antwort erwartet. In beiden Fällen schließt Marias Redegestus ihre Erwartung, daß kein Dialog stattfinde, ein.

Redesituation 1 hingegen ist anders situiert. Hier sind zwei Figuren als Dialogpartner da. Trotzdem beschränkt sich der vom fiktiven Erzähler in wörtlicher Rede wiedergegebene Dialog im wesentlichen auf Äußerungen von Julius; Marias Beitrag besteht in den zwei Worten „Adieu Julius!" (33). Zwar sind Maria noch mehr Äußerungen zugeschrieben. Sie werden aber in Erzählerrede, d. h. unter Durchbrechung der Redesituation der Figuren, berichtet (23–26).

Wir können also feststellen:

- Quantitativ gesehen kommt Figurenrede an nur drei Stellen im Text vor, und zwar jedesmal in verhältnismäßig geringem Umfang.
- Qualitativ gesehen erscheint Figurenrede nur ansatzweise in Dialogform; nicht Gesprächsentwicklung (Rede – Gegenrede), sondern monologartige Aussagen, die gleichwohl an reale oder gedachte Partner gerichtet sind, herrschen vor.
- Erzählerrede unterbricht/ersetzt laufend Figurenrede (vgl. 23ff.; 95; 101); sie kommentiert die vorausgehenden Figurenäußerungen und informiert über neue Elemente des Geschehens.

1.4 *Untersuchung der Bewußtseinsinhalte der erzählten Figuren*

1.4.1 *Redesituation 1*

Redesituation 1 zeigt Julius und Maria als junge Liebende mit Zukunftsplänen und -erwartungen. Julius sieht Aussichten auf beruflichen Aufstieg; daher erscheint es ihm möglich, Eheschließung und Gründung eines Hausstandes ins Auge zu fassen. „Nächstens", am „heil. Osterfeste" (32), soll die kirchliche Trauung stattfinden. Julius stellt sich durch seine Rede als entschlossen und zielstrebig dar: „‚Ja, Maria', sprach er einst, ‚nur noch eine kurze Zeit, dann werde ich der so beschwerlichen Arbeit überhoben und Aufseher werden [. . .]. Und dann soll nichts mich hindern, dich an den Altar zu führen [. . .]." (16ff.). Darüberhinaus ist er fleißig und einordnungsbereit. Der „‚so beschwerlichen Arbeit'" (17f.) als Bergmann hat er sich ohne Murren unterzogen, seines Zieles, der Eheschließung mit Maria, wegen. Die Arbeitswelt sieht er als Bereich der Leistung und Bewährung; in ihm gelten Gerechtigkeit und menschliche Integrität (vgl. 18f.: „‚[. . .] so beteuerte es mir der ehrliche Bergmeister.'"). Maria gegenüber schlägt er einen bestimmenden Ton an. Zwar treffen Julius und Maria gemeinsam die Entscheidung zum Aufgebot: „Da kamen sie beide überein, sich am nächsten Sonntage öffentlich verkündigen zu lassen, von der Kanzel." (27f.) Es ist aber Julius, der während des Gesprächs die gemeinsamen Tätigkeiten und den Zeitrahmen, in dem sie vorzunehmen seien, bestimmt. Er geht dabei fast ausschließlich von sich selbst aus: „‚Und dann soll nichts mich hindern, dich an den Altar zu führen; ich selbst winde dir das Myrtenkränzchen, damit du mich immer liebest, wie jetzt und mir eine brave Gattin bleibst, denn Maria, ohne dich möcht ich nicht leben; du bist mein Alles!'" (20ff.) Wo er auf Maria eingeht, drückt er Erwartungen und Forderungen aus. Sie reichen von fürsorglicher Belehrung: „‚Aber stich dir dabei nicht in die Finger [. . .]'" (30f.) bis zu Verfügungsansprüchen und Rollenerwartungen: „‚[. . .] damit du mich immer liebest [. . .] und mir eine brave Gattin bleibst [. . .]'". (21f.)

Maria zeigt sich mit alledem einverstanden. Sie schlingt sich „zärtlich um seinen Hals" und bittet Julius, „nie an ihr zu zweifeln [. . .]" (25f.). Sie akzeptiert also die an sie gerichteten Erwartungen und Forderungen einschließlich der Rollenvorstellung von der Frau als braver Gattin; desgleichen die in Julius' Äußerungen enthaltene Vorstellung von der Rolle des Mannes im privaten (Ehe) und im öffentlichen Leben.

Marias Antworten und Reaktionen auf Julius' Äußerungen sind allerdings nicht in Figurenrede ausgedrückt; sie gehören der Redesituation daher nur indirekt zu.

1.4.2 *Redesituation 2*

In Redesituation 2 ist Maria allein die Redende. Maria, inzwischen siebzigjährig, identifiziert den vor mehr als einer Generation verunglückten und daher unbekannten Toten (vgl. 86ff.), indem sie ihn öffentlich als ihren einstigen Verlobten ausruft. Dies geschieht mit einem einzigen Satz, der sowohl an Maria selbst (Selbstvergewisserung) als auch an das Publikum bzw. die Behörden, die die öffentliche Ausstellung der Leiche veranlaßt haben (vgl. 89–91), gerichtet ist.

Die Redesituation zeigt Maria im Zustand affektischer Gespanntheit.

„Siehe, da wankt eine 70jährige Matrone am Stabe einher, und als sie den Jüngling sieht, da wirft sie die Krücke weg, fällt über ihn her und küßt ihn unter heißen Tränen. ‚Ja!' ruft sie aus, ‚es ist mein Geliebter, den mir der Tod vor 50 Jahren so grausam raubte', und in ihrem erstorbenen Herzen regten sich die jugendlichen Empfindungen treuer Liebe." (91 ff.) Der Augenblick der Begegnung mit dem Leichnam ist für die gealterte Maria der Augenblick der Erinnerung an den früheren Zustand der Liebe und der Hoffnung auf irdisches Glück. Daß der Tod diesen Zustand zerstörte, ist für sie auch nach fünfzig Jahren noch schmerzlich.

Marias Rede ist hier sowohl öffentlich wie privat. Sie ist feststellend und zeigt eine Tendenz zur Formelhaftigkeit („mein Geliebter"; „den mir der Tod [. . .] so grausam raubte"). Ihre Rede ist so angelegt, daß die eigentlichen Gefühlsregungen nicht durch sie, sondern durch Erzählerrede ausgedrückt sind. Das steht in Übereinstimmung mit Darstellungstechniken in der Sprechsituation 1, wo Maria lediglich die Worte „Adieu Julius!" (33) in den Mund gelegt sind, ihre Gefühlsreaktionen auf Julius' Äußerungen und die in Aussicht genommene Eheschließung aber in Erzählerrede mitgeteilt werden: „Und Maria beantwortete diese unverstellten Äußerungen wahrer Zuneigung, mit fühlendem Herzen." (23 f.) Daraus ziehen wir an dieser Stelle noch keine Schlüsse. Solche Darstellungstechniken geben aber Hinweise auf die Art der Figurenkonzeption und damit auf die Mitteilungsabsicht des fiktiven Erzählers (S2). Sie sind interpretatorisch zu bewerten.

1.4.3 *Redesituation 3*

Redesituation 3 zeigt Maria nicht mehr im Zustand affektischer Gespanntheit, sondern in dem der Gefaßtheit und Zuversicht. Den Tod sieht sie unter veränderter Perspektive. Während er ihr in Redesituation 2, im Rahmen der Aufwallung der Gefühle und der schmerzvollen Erinnerung an die Vergangenheit, als grausamer Räuber, d. h. als sinn- und lebenswidriges Phänomen, erschienen war, erscheint er ihr nunmehr positiv: „‚Nun schlafe wohl, Geliebter, gehe nur voran ins Schlafkämmerlein, ich komme dir bald nach' [. . .]" (99 ff.). Maria zeigt sich einverstanden mit dem Tod; Tod und Grab bedeuten ihr jetzt Ruhe und Geborgenheit, nicht Trennung, Vereinzelung und Verfall. Sie ist selbst bereit zum Sterben. Ihre Rede vom Grab als „Schlafkämmerlein" (100) zeigt dabei nicht nur, daß der Tod für sie nichts Schreckliches mehr hat; sie deutet auch an, daß er ihr als der Bereich erscheint, in dem eine Vereinigung mit dem Geliebten möglich ist. Indem der fiktive Erzähler dieser Rede eine Handlung Marias vorausgehen läßt, die symbolisch Bezug nimmt auf die geplante Heirat vor fünfzig Jahren – Maria schmückt Julius' Leichnam mit dem schwarzen „Tüchlein" (29), das ihr Julius damals als Hochzeitsrequisit zum Säumen überreicht hatte – gewinnt ihre Interpretation des Grabes als „Schlafkämmerlein" eine zusätzliche Dimension: im Tode scheint die Hochzeit, die im Irdischen nicht möglich war, vollzogen werden zu können. Marias Rede erotisiert den Tod gleichsam; ihre Haltung zum Tode bekommt dadurch etwas Freudiges und Bejahendes: „‚gehe nur voran [. . .], ich komme dir bald nach'" (100f.). Durch den Nachsatz: „und dann blickt sie auf zu Gott!" (101) macht der fiktive Erzähler deutlich, daß die Äußerungen und Auffassungen Marias Ausfluß einer christlich bestimmten religiösen Bindung sind. Die Gefaßtheit, die Maria in Redesituation 3 zeigt, gründet also in ihrem Jenseitsbezug, in ihrem Glauben an „Gott" (101). Maria hat – vergleicht man Redesituation 3 mit Redesituation 1 – einen Bewußtseinswandel vollzogen. Ihre Hoffnung auf irdisches Glück ist zur Hoffnung auf Gott geworden.

1.5 *Zusammenfassung und interpretatorische Bewertung*

1.5.1 *Figurenkonstellation*

Wir haben bei der Untersuchung des Figurenbestands zwei Figurengruppierungen unterschieden: Julius und Maria einerseits und die Ortsbewohner andererseits. Letztere stehen unserer Auffassung nach im Verhältnis von Zuschauern (kollektive Reaktion) zu ersteren. Alle Figuren sind dem vorgestellten Ort Falun zugeordnet. Julius wird außer in seiner privaten Beziehung zu Maria auch als der Arbeitswelt zugehörig gezeigt; er ist dadurch in ein soziales Bezugsfeld eingebettet. Gleiches gilt – in etwas anderer Form – für Maria, deren Existenz als Liebende in direkter Bezugsetzung auf Falun (6ff.: „und *Maria* war die Zierde des ganzen Orts [. . .]"; „und jeder freute sich, daß sie den Julius liebte.") formuliert ist. Julius und Maria sind also unter Betonung privater und sozialer Komponenten ihrer Existenz eingeführt. Privates und Soziales sind noch in anderer Hinsicht miteinander verknüpft: Julius und Maria leben in Falun in voller Übereinstimmung (Integration) mit der dortigen Gesellschaft, und die in Aussicht genommene Eheschließung hat Julius' Bewährung im Beruf (versprochener Aufstieg) zur Voraussetzung. Da wir das Verhältnis der Ortsbewohner zu Julius und Maria als das von Zuschauern bestimmt haben, können wir nunmehr sagen, Funktion der Ortsbewohner sei es, den sozialen Umraum zu veranschaulichen, in den Julius und Maria als Liebende gestellt sind, und die Liebesbeziehung zwischen ihnen als eine von öffentlicher Billigung getragene, d. h. in Übereinstimmung mit den in Falun geltenden sozialen und moralischen Normen existierende, Beziehung erscheinen zu lassen.

1.5.2 *Figurenkommunikation*

Die Untersuchung der Figurenkommunikation hat ergeben, daß lediglich Julius und Maria als Redende auftreten. Drei Redesituationen sind vorhanden, sie sind aber so angelegt, daß Rede und Gegenrede zwischen den Figuren nur schwach entfaltet ist. Nur Maria kommt in allen drei Redesituationen vor; ihre Rede ist dabei auf ein Minimum an Äußerung beschränkt. Maria wird in allen drei Redesituationen in der Haltung des emotionalen Reagierens gezeigt. Dennoch ist ihre Rede fast frei vom Ausdruck von Gefühlen. Sie wird zwar durchaus als der Gefühle fähig gezeigt; dies geschieht aber vornehmlich in Erzählerrede. Zusammen mit dem geringen Redeumfang, der ihr zugeteilt ist, bewirkt dies, daß sie in ihrer individuellen Eigenart nur schwach konturiert ist. Im Vergleich zu Maria redet Julius ausführlicher, ausführlicher auch von sich und seinen Gefühlen und Wünschen (z. B. 22f.: „‚ohne dich möcht ich nicht leben; du bist mein Alles!'"). Seine Rede schafft aber ebenfalls wenig individuelle Konturierung. Sie ist von unpersönlich-konventioneller Ausdrucksweise geprägt: „‚der so beschwerlichen Arbeit überhoben sein'" (17f.); „‚dich an den Altar zu führen'" (19f.); „‚damit du [. . .] mir eine brave Gattin bleibst'" (21f.); „‚du bist mein Alles!'" (22f.), und hat nur einen einzigen Gegenstand: die Planung der alsbaldigen Eheschließung.

Die bevorstehende Eheschließung ist Inhalt der Redesituation 1. Julius und Maria zeigen in ihr Gemeinsamkeit der Auffassungen hinsichtlich Arbeit, Liebe und Ehe. Die Subsumtion von Liebe unter Ehe ist ihnen ebenso selbstverständlich wie eine Rollenzuweisung an die Geschlechter, die die Frau als „brave Gattin" (21f.) und den Mann als Familienvorstand und Hausvater definiert. Die Redesituationen 2 und 3 zeigen Maria in einem veränderten Bewußtseinsstand. Sie hat gelernt, die „Betrüglichkeit der menschlichen Hoffnungen" (55) einzusehen und den Tod ihres Bräutigams durch „wahre Frömmigkeit" (63) zu verwinden. Sie lebt seit Jahren aus einem christlichen Jenseitsbezug heraus, der sich im Augenblick der Wiederbegegnung mit dem toten Geliebten als Heilszuversicht äußert. Marias Bewußtsein hat eine Umorientierung von der Welt auf Gott, von „eingebildeter Freude" (47) auf wahre „Hoffnung" (68) durchlaufen.

Dieser Wandlungsprozeß macht die Summe des Geschehens auf der Figurenebene aus. Für seine Darstellung ist Figurenrede, mithin Figurenkommunikation, aber kaum eingesetzt. Die Figurenrede ist nicht so angelegt, daß sich die Figuren redend – und das heißt reflektierend, denkend, sich entscheidend – zu sich und dem Geschehen, in dem sie stehen, verhalten würden. Die Figurenrede illustriert vielmehr immer nur den Zustand, in dem die Figuren an einem bestimmten Punkt des Geschehensablaufes sich befinden, und der durch Erzählerrede schon formuliert ist. So ist auch der Dialog zwischen Julius und Maria in der Redesituation 1, der einzigen, in der überhaupt Rede und Gegenrede möglich sind, nicht als Figurendialog angelegt, dessen Funktion die Thematisierung des Geschehens ist. Julius sagt gegenüber dem zuvor Mitgeteilten (1–11) nichts Neues, er akzentuiert es nur in spezifizierender Weise. Seine Rede ist daher, im Kontext des Erzählablaufs, eher deklamatorischer Art. Sie fungiert mehr im Hinblick auf den Leser als im Hinblick auf Maria als Gesprächspartner und Figur. Der Dialog ist kaum Dialog im inhaltlichen, er ist es vor allem im formalen Sinn des Wortes. Vergleichbares gilt für Marias Rede in den Redesituationen 2 und 3. Wir können daher sagen, daß Figurenrede und Figurenkommunikation vom fiktiven Erzähler in illustrierender Funktion eingesetzt sind. Figurenkommunikation soll das, was vom fiktiven Erzähler in Erzählerrede erläuternd und kommentierend formuliert ist, veranschaulichen und demonstrierend verdeutlichen.

2 Kommunikationsniveau 2

2.1 *Orientierung am Modell*

Laut Modell gehören dem Kommunikationsniveau 2 die Instanzen fiktiver Erzähler (S2) und fiktiver Adressat (E2) zu. Beide sind in unserem Text deutlich erkennbar vorhanden. Ungefähr in der Mitte des Textes, Zeile 46, redet der fiktive Erzähler in der Ichform. Dadurch konturiert er sich – wie unspezifiziert auch immer – im Sinne einer vorstellbaren Figur und gibt dem realen Leser zu erkennen, daß er mit seiner Subjektivität und mit seinem Wissen in dem von ihm Erzählten anwesend ist. Kurz darauf, Zeile 54, spricht er von „meinen Lesern". Damit benennt er den fiktiven Adressaten seiner Rede explizit und konturiert ihn ebenfalls, wenn auch nur als Bestandteil oder Entwurf seiner Erzählerrede. Er ist der vorgestellte (fingierte) Kommunikationspartner des fiktiven Erzählers, der gleichwohl, wie in unserem Text, explizit benannt, d. h. als Figur konstituiert sein kann.

Vor der Instanz fiktiver Erzähler untersuchen wir im folgenden die Instanz fiktiver Adressat. Wir fragen in diesem Kapitel insbesondere:

- was ist der Inhalt der Kommunikation zwischen fiktivem Erzähler und fiktivem Adressaten und welches sind die Merkmale;
- was bedeutet die Art und Weise, in der kommuniziert wird, im Hinblick auf den realen Leser und im Hinblick auf die Konturierung der Instanz fiktiver Erzähler und damit im Hinblick auf die Konturierung einer Darstellungsabsicht seitens des abstrakten und des realen Autors (S3/S4).

2.2 *Fiktiver Adressat*

Der Satz: „Wer unter meinen Lesern würde sich enthalten, über die Betrüglichkeit der menschlichen Hoffnungen zu seufzen!" (54f.), enthält im Hinblick auf den fiktiven Adressaten zwei Komponenten. Er setzt ihn zum einen in ein Verhältnis zu dem, was im Vorhergehenden von Julius und Maria berichtet worden ist, und er schreibt ihm zum anderen eine bestimmte Haltung zu. Das Verhältnis, in das der fiktive Adressat zu dem Geschehen in Falun gestellt wird, ist das des Reagierens; die Haltung, die ihm zugeschrieben wird, ist die des schmerzvollen Resignierens („seufzen"). Beide Komponenten bedeuten im Hinblick auf den fiktiven Adressaten, daß der Vorfall zu Falun eine allgemeine Einsicht („Betrüglichkeit der menschlichen Hoffnungen") erfahrbar macht und daß sich diese Erfahrung in Emotion umsetzt. Dabei formuliert der fiktive Erzähler so, daß die Haltung, von der er spricht, als eine zu erwartende („Wer [. . .] würde sich enthalten") erscheint. Angesichts des Umstandes, daß menschliche Hoffnungen nichtig sind, setzt er sie also als normal voraus und unterstellt sie dem fiktiven Adressaten als eine normale. Mit dem folgenden Satz: „Aber ich glaube, alles, was man den Söhnen und Töchtern der Trübsal in solcher Lage zu sagen vermag, ist nicht mehr als – es sei unsere Pflicht, das mit Geduld zu ertragen, was zu ändern nicht in unsrer Macht stehe." (56ff.) rückt der fiktive Erzähler von dieser Auffassung wieder ab. Nicht „seufzen" (55), sondern mit „Geduld [. . .] ertragen" (58), einige Zeilen später genauer als „Standhaftigkeit" (63) und „Unterwerfung" (64) qualifiziert, ist seiner Meinung nach die eigentlich richtige Haltung. Der emotional bestimmten Resignation (vgl. 55) setzt er „wahre Frömmigkeit" (63) und, in abschließender Formulierung, den „Zustand des Glaubens, der Liebe und der Hoffnung!" (68) entgegen. Von dieser Argumentation her erscheint der Satz „Wer unter meinen Lesern [. . .]" als Aufbau (und Suggestion) einer Position, die als falsch entlarvt werden soll. Die in ihm formulierte Normalität der Reaktion wird vom fiktiven Erzähler nicht gebilligt; sie ist in Wirklichkeit Gegenstand seiner Kritik. Dementsprechend setzt sich der fiktive Erzähler zu dem von ihm entworfenen fiktiven Adressaten in ein neues Verhältnis: er argumentiert mit ihm.

In den „Söhnen und Töchtern der Trübsal" (56f.) ist der fiktive Adressat erneut explizit benannt. Ihm wird aber jetzt unterstellt, daß er einer Orientierung bedürfe. Sie wird vom fiktiven Erzähler in Form einer Pflicht-Lehre gegeben, die sich des Geschehens um Julius und Maria als eines Beispiels bedient. Damit wird der fiktive Adressat in die Rolle des zu Belehrenden gebracht; der fiktive Erzähler konturiert sich selbst als Lehrer. Das Verhältnis, in das der fiktive Adressat zu dem Vorfall zu Falun gestellt wird, bleibt das des Reagierens; es ist aber inhaltlich von emotionaler Reaktion zu verstandesmäßiger Einsicht verändert.

Noch an zwei weiteren Textstellen finden wir eine explizite, wenn auch nicht ganz so deutliche Bezugnahme auf den fiktiven Adressaten. Das Erscheinen des Todes am Morgen nach dem öffentlichen Aufgebot von Julius und Maria wird vom fiktiven Erzähler mit einem „siehe" (37) eingeführt. Dies „siehe" wiederholt er gegen Ende des Textes, wenn er die siebzigjährige Maria auf den Platz wanken läßt, auf dem Julius' Leichnam aufgebahrt ist (vgl. 91). Beide „siehe" richten sich an einen Zuhörer, dem vom fiktiven Erzähler etwas gezeigt wird. Der Sprachgestus, der in der Verwendung des Imperativs liegt, konstituiert diesen Zuhörer und weist den Sprechenden (= fiktiven Erzähler) zugleich als Zeigenden und Belehrenden aus. Strukturell ähneln diese Stellen mithin denjenigen der direkten Adressatenanrede in 54 ff.; sie enthalten das Ins-Verhältnis-Setzen des fiktiven Adressaten zu dem vom fiktiven Erzähler als Vorfall zu Falun Berichteten. Gemessen an den Zeilen 54 ff. geschieht dies freilich nur ansatzweise.

Auch in den übrigen Textpartien ist durch die Erzählerrede immer schon ein fiktiver Adressat mitgesetzt. Er wird nur nicht im Text direkt benannt. Für die dem ersten „siehe" (37) vorangehenden Textteile können wir das Verhältnis zwischen fiktivem Erzähler und fiktivem Adressaten dahingehend bestimmen, daß – aus der Sicht des fiktiven Erzählers gesehen – der fiktive Adressat davon überzeugt werden soll, daß die beiden Liebenden in ihrer Schuldlosigkeit und Gefühlsechtheit Sympathie verdienen (vgl. 11: „dann tändelten sie auf schuldlose Weise, wie die lieben Kinder"; 23 f.: „Und Maria beantwortete diese unverstellten Äußerungen wahrer Zuneigung, mit fühlendem Herzen." – Vgl. auch 1 f.: „ein lieber junger Bergknappe"). Gegen Ende des Textes soll – wiederum aus der Sicht des fiktiven Erzählers gesprochen – der fiktive Adressat angesichts der wiederaufgefundenen Leiche von der Glaubwürdigkeit des Unwahrscheinlichen (85 f.: „Der Körper war nämlich ganz von einer Art Asphalt durchdrungen, der keine Zerstörung zuläßt.") und von der Bedeutsamkeit des Auftritts von Maria (91 ff.: „Siehe, da wankt eine 70jährige Matrone [. . .]") überzeugt werden. Die in den Schlußzeilen formulierte emotionale Reaktion auf Marias Auftritt (vgl. 101 f.: „Aber die Zuschauer konnten sich der Tränen nicht erwehren!") ist der Figurenebene zugeschrieben. Auf sie wird an späterer Stelle eingegangen.

2.3 *Fiktiver Erzähler*

Durch diese, auf die explizite wie implizite Konstituierung eines fiktiven Adressaten gerichteten kommunikativen Tätigkeiten konturiert sich der fiktive Erzähler selbst, und zwar weit mehr als es durch die Einführung des

Personalpronomens „ich" (46; dann noch einmal: 56) schon der Fall ist.

Um diesen Sachverhalt zu verdeutlichen, greifen wir noch einmal auf den mit „Gerechter Gott! [. . .]" beginnenden Abschnitt (44–68) zurück. In ihm wird, wie wir festgestellt haben, der fiktive Adressat in ein Verhältnis zum Vorfall zu Falun, so wie er bis Zeile 44 berichtet ist, gesetzt. Zwei Haltungen werden im Hinblick auf die Reaktion des fiktiven Adressaten auf diesen Vorfall erörtert („seufzen" gegen „Standhaftigkeit"/„Unterwerfung"/„wahre Frömmigkeit"). Dabei zeigt es sich, daß der fiktive Erzähler die erste Haltung nur anführt, um sie als falsch zu entlarven und durch die zweite zu ersetzen. Hinsichtlich seiner eigenen Position bedeutet dies, daß sich der fiktive Erzähler hier direkt als derjenige etabliert, der den fiktiven Adressaten *belehrt;* darüber hinaus, daß der fiktive Erzähler das von ihm Berichtete (Vorfall zu Falun) auch *bewertet.* Unser Abschnitt, insbesondere Zeile 54ff., zeigt den fiktiven Erzähler im Gestus des Räsonierens mit dem fiktiven Adressaten, was bedeutet, daß er mit dem Anspruch auftritt, diesem eine gültige Deutung eines längst vergangenen Vorfalls vermitteln zu können. Dem fiktiven Erzähler ist – so folgern wir aus der Art, wie er sich zum fiktiven Leser in Beziehung setzt – der Vorfall zu Falun Anlaß, Lehrsätze, die sich mit der richtigen Einstellung zum Leben und zur Welt befassen, zu formulieren. (68: „Es ist der Zustand des Glaubens, der Liebe und der Hoffnung!") Er selbst hat ein distanziertes Verhältnis zu dem, was in Falun „vor etwa 50 Jahren" (1) geschehen ist; er berichtet dieses Geschehen, weil es ihm darum zu tun ist, mit dessen Hilfe die genannten Lehrsätze zu veranschaulichen und sie dadurch überzeugend zu machen. Dabei erhebt er einen umfassenden Autoritätsanspruch (54f.: „Wer unter meinen Lesern [. . .]."). Der fiktive Erzähler ist derjenige, der die Wertperspektiven bestimmt, unter denen der fiktive Adressat den Vorfall zu Falun sehen soll.

Dem entspricht die Gestaltung der Figurenkommunikation (Kommunikationsniveau 1) durch den fiktiven Erzähler. Die Figuren sind mit so wenig Sätzen ausgestattet, daß sie kein Eigenleben und keinen Eigenwert bekommen. Ihre Rede enthält keine eigenen Bewertungsperspektiven, die zu den vom fiktiven Erzähler in Erzählerrede formulierten in Kontrast treten könnten. Die Figurenrede ist vielmehr so angelegt, daß sie ganz in den vom fiktiven Erzähler explizit formulierten Deutungszusammenhang integriert ist.

Daß der fiktive Erzähler die Rolle der deutenden und bewertenden Autorität einnimmt, wird an vielen weiteren Stellen des Textes ebenfalls manifest. So enthält die Passage, die von Zeile 69 bis 78 läuft, denselben Deutungsanspruch (allgemeine und richtige Lehrsätze) seitens des fiktiven Erzählers wie die soeben untersuchte, nur daß hier mehr der historische Zeitablauf und der Zustand der historisch-realen Welt als einzelmenschliche Glücks- und Leiderfahrung bzw. die Haltung des Einzelnen gegenüber Leben und Tod zur Debatte stehen. Aber auch in jenen Textpartien, in denen nicht ausdrücklich räsoniert, sondern der Vorfall zu Falun als Geschehen berichtet wird, etabliert sich der fiktive Erzähler in kommentierender und deutender Funktion. So, um zwei Beispiele zu nennen, schon in dem den einleitenden Satz abschließenden „[. . .] und beide Leutchen schienen so füreinander geschaffen, als ob die Engel im Himmel sie schon in den Wiegen für den Ehestand eingesegnet hätten.“ (3–5), und in dem Marias Reaktion auf Julius' Liebeserklärung zusammenfassenden „Und Maria beantwortete diese unverstellten Äußerungen wahrer Zuneigung, mit fühlendem Herzen.“ (23f.). Darüber hinaus nimmt der fiktive Erzähler in Anspruch, daß das von ihm aus Falun Berichtete wirklich geschehen und durch sein Wissen verbürgt ist. Zusammenfassend können wir also sagen, daß sich der fiktive Erzähler sowohl durch die Art, *wie* er den Vorfall zu Falun berichtet, als auch durch die *Haltung*, die er selbst dem von ihm Berichteten gegenüber einnimmt (Kommentar und Deutung), als überlegen-wissend und damit als Urheber und Zentrum der Bewertungen konstituiert, die im Verlauf der Erzählung sichtbar werden.

2.4 *Zusammenfassung und interpretatorische Bewertung*

2.4.1 *Fiktiver Erzähler*

Der fiktive Erzähler, so haben wir festgestellt, manifestiert sich in „Treue Liebe“ auf mehrfache Weise:

- Er führt sich selbst als „ich“ ein (vgl. 46 und 56);
- er stellt sich als die Instanz dar, die von einem 50 Jahre zurückliegenden Ereignis weiß und mit Einzelheiten der Gefühlswelt, der Lebenssituation, der sozialen Umwelt etc. der an dem Ereignis beteiligten Figuren vertraut ist (1–44; 78–102);
- er konstituiert sich als derjenige, der mit dem fiktiven Adressaten über die Deutung dieses Ereignisses räsoniert (44–78).

Insbesondere durch sein Räsonieren mit dem fiktiven Adressaten gibt er zu erkennen, daß er von dem Ereignis zu Falun mit einer bestimmten Absicht berichtet. Es geht ihm darum, richtige und falsche Einstellungen zum Leben und zur Welt zu erörtern. Der Vorfall zu Falun dient ihm als Beispiel und Demonstrationsobjekt, um allgemeine Lehrsätze zu formulieren. Dabei beansprucht er Autorität sowohl hinsichtlich der Tatsächlichkeit als auch hinsichtlich der Deutung des Vorfalls zu Falun. Durch sein Räsonieren mit dem fiktiven Adressaten konstituiert er sich explizit als derjenige, der die Perspektiven formuliert, unter denen das Geschehen zu Falun gesehen werden soll. Er nimmt dabei den Gestus des Augenzeugen (45–47), des belehrenden Moralisten (54–68) und des abgeklärt-überlegenen Zeitkritikers (69–78) an.

2.4.2 *Fiktiver Adressat*

Der fiktive Adressat wird in Zeile 37 und 91, insbesondere aber in den Zeilen 54ff. explizit konstituiert. Jedesmal wird ihm dabei die Rolle des Zuschauenden und des Belehrten bzw. des zu Belehrenden zugeschrieben. Ausdrücklich wird der fiktive Adressat an diesen Stellen dem als Vorfall zu Falun Berichteten gegenüber und dadurch zu ihm ins Verhältnis gesetzt. Aber auch in den Textpartien, in denen der fiktive Leser nur implizit vorkommt, ist dies der Fall. Wir können daher sagen, daß der fiktive Adressat in „Treue Liebe" durchgängig in die oben genannte Funktionsrelation gestellt ist.

Dabei ist die Perspektive, in der der fiktive Adressat Julius und Maria im ersten Drittel des Textes („Anfangspassage") sieht, diejenige der Ortsbewohner. Diese sehen die beiden Hauptfiguren aus der Nähe und stehen ihnen mit Sympathie gegenüber: „[. . .] und Maria war die Zierde des ganzen Orts, wenn sie in ihrem engen Mieder, mit silbernen Knöpfchen besetzt, über die Straße ging. Alles blieb dann stehen, alt und jung rief ihr zu: Gott segne dich, Maria! und jeder freute sich, daß sie den Julius liebte." (6ff.) Demgemäß ist auch dem fiktiven Adressaten die Haltung der Sympathie zugeschrieben. Von Anfang an stellt der fiktive Erzähler die beiden Figuren in einen auf Sympathie zielenden Wertungszusammenhang. Julius wird als „lieber junger Bergknappe" (1) eingeführt, Maria ist „die Zierde des ganzen Orts" (6), die „Engel im Himmel" (4) scheinen ihnen gewogen zu sein. Hierher gehört auch die deutliche Betonung der Schuldlosigkeit und Kindlichkeit der Liebesbeziehung zwischen Julius und Maria (vgl. 11; 21) und die Hervorhebung der Echtheit und Intensität ihrer Gefühle füreinander: „Und Maria beantwortete diese unverstellten Äußerungen wahrer Zuneigung, mit fühlendem Herzen." (23f.) In dem mit „Wer unter meinen Lesern [. . .]" beginnenden Textteil (55ff.) wird der fiktive Adressat aus der Haltung gefühlsbezogener Zustimmung und Nähe zu den Figuren herausgenommen und in verstandesmäßige Distanz zu dem Geschehen um Julius und Maria gestellt. Das emotionale Beteiligtsein an den Figuren bleibt erhalten, die Figuren sind aber nun Gegenstand eines Räsonements, sie haben Beispiel- und Demonstrationsfunktion. Beides, die Demonstrationsfunktion der Figuren und das gefühlshafte Beteiligtsein des fiktiven Adressaten an ihnen gilt auch für die Schlußpassage des Textes. In ihr führt Maria als Haltung vor, was der fiktive Erzähler in den Zeilen 55ff. als angemessene Reaktion des Menschen auf die besondere Verfassung des Irdischen begrifflich expliziert hat. Die Begegnung Marias mit dem unverwesten Leichnam von Julius ist so gestaltet, daß der Vorgang an einen theatralischen

Auftritt erinnert. Maria „wankt [. . .] am Stabe“ (91f.) auf den Platz, auf dem der Leichnam öffentlich ausgestellt ist; „Zuschauer“ (102) beobachten den Vorgang. Marias Rede hat, obwohl an den toten Geliebten gerichtet, Öffentlichkeitsbezug. Dabei macht die Gefühlsaffektation, die Maria im ersten Augenblick der Wiederbegegnung mit ihrem toten Bräutigam zeigt, deutlich, daß die Gefaßtheit, mit der sie dem unerhörten Ereignis insgesamt begegnet, eine errungene ist. Maria kann aus ihrem christlichen Jenseitsbezug heraus sich so verhalten, wie sie es in der zweiten Phase des Vorgangs tut (99ff.: „Aber dann weint sie nicht mehr und spricht [. . .]“). Der fiktive Adressat, durch die kommentierenden Ausführungen des fiktiven Erzählers in den Zeilen 55ff. belehrt, weiß, warum Marias Haltung möglich ist und warum sie sich in dieser Situation bewähren kann. Seine Haltung gegenüber Maria ist die der durch Wissen kontrollierten Sympathie, d. h. der Bewunderung. Das wird besonders deutlich gemacht durch die Reaktion der „Zuschauer“ (102): ihr Bewußtsein – sie gehören der Figurenebene (Kommunikationsniveau 1) an! – ist nicht auf dem gleichen Stand wie das des fiktiven Adressaten; sie sind überwältigt, ihre Reaktion ist eine rein emotionale.

2.4.3 *Mitteilungsabsicht*

Der zentrale Inhalt der Kommunikation zwischen fiktivem Erzähler und fiktivem Adressaten findet sich unserer Meinung nach in den Zeilen 54ff. Die Haltung, die dort vom fiktiven Erzähler – in der von ihm fingierten Auseinandersetzung mit dem fiktiven Adressaten – als die einzig adäquate angesichts der „Betrüglichkeit der menschlichen Hoffnungen“ (55) formuliert wird, ist diejenige, die Maria am Schluß des Textes einnimmt und beispielhaft vorführt. Aus der Sicht des fiktiven Erzählers stellt diese Haltung die Quintessenz des Vorfalls zu Falun dar, sie ist der Lehrsatz, den er mit Hilfe des Vorfalls zu demonstrieren beabsichtigt. Wir nehmen die explizite Konstituierung des fiktiven Adressaten in der Form, wie sie in Zeile 54ff. geschieht, als maßgebliches Indiz für das Vorliegen einer Mitteilungsabsicht, die den Vorfall zu Falun nicht um seiner selbst (oder um seiner Neuheit oder Absonderlichkeit) willen aufgreift, sondern wegen der in ihm angelegten Beispielhaftigkeit. Das Belehren im Gestus des räsonierenden Moralisierens erscheint uns demgemäß als das Interesse, das die Mitteilungsabsicht des fiktiven Erzählers bestimmt. Ziel dieses Belehrens ist eine Umorientierung des Wertbewußtseins des fiktiven Adressaten. An die Stelle einer falschen Orientierung am Diesseitig-Irdischen, deren Resultat die Haltung schmerzvoller Resignation ist, die dem fiktiven Adressaten vom fiktiven Erzähler zunächst als normal unterstellt, dann aber als inadäquat abgelehnt wird, soll eine Orientierung an „Gott“ (101), ein christlich bestimmter Jenseitsbezug treten (68: „Es ist der Zustand des Glaubens, der

Liebe und der Hoffnung!"), der allein ein richtiges Leben im Irdischen ermöglicht. Diese Umorientierung wird zum einen im Rahmen der expliziten Auseinandersetzung des fiktiven Erzählers mit dem fiktiven Adressaten begrifflich *formuliert* (55 ff.); zum anderen wird sie auf der Figurenebene, d. h. mit Hilfe der Figur Maria, *demonstriert*. Die Figuren sind für den fiktiven Erzähler ausschließlich Mittel, den Beispielcharakter des Vorfalls zu Falun zu sichern. Im Hinblick auf einen realen Leser, für den die Konturierung eines fiktiven Adressaten, d. h. seine Ausstattung mit Haltungen, Meinungen etc. durch den fiktiven Erzähler ein wichtiges Rezeptionssignal und -angebot ist, hat die in das Verhältnis des fiktiven Adressaten zu den Figuren eingeschriebene Haltung des emotionalen Beteiligtseins dabei die Funktion, die Überzeugungskraft des in Erzählerrede begrifflich Formulierten zu stützen und zu steigern.

3 Kommunikationsniveau 3

3.1 *Orientierung am Modell*

Laut Modell sind diejenigen Entscheidungen, die den Text als Ganzes konstituieren, als Kommunikationsniveau 3 beschreibbar. Ihr Urheber wird als abstrakter Autor (S3) bezeichnet. Diese Entscheidungen rekonstruiert der reale Leser, wenn er im Vollzug der Lektüre dem Text eine Gesamtbedeutung zuschreibt. Dabei korreliert er Befunde und Signale, die den Kommunikationsebenen 2 und 1 zugeordnet werden können, mit den in Frage stehenden Entscheidungen (= Merkmale des Textes) und funktionalisiert dadurch die genannten Kommunikationsniveaus im Hinblick auf das übergeordnete Kommunikationsniveau 3. Mit diesen Aktivitäten schafft und realisiert der reale Leser die Rolle E3 (Rezipientenbewußtsein im Text, s. Teil A, Punkt 8). Dies geschieht in Auseinandersetzung mit der Rolle, die dem Text selbst eingeschrieben ist (abstrakter Adressat). Da ein realer Leser sich immer in einer zeitlichen und situativen Entfernung vom Text befindet, kann die von ihm geschaffene Rolle E3 mit der dem Text eingeschriebenen nie völlig identisch sein. Damit ist gesagt, daß die Formulierung der Gesamtbedeutung eines Textes eine Leistung des Rezipienten ist, die nicht vollständig vom Text vorgezeichnet ist.

Die Formulierung der Gesamtbedeutung des Textes durch den realen Leser richtet sich auf die Entschlüsselung dessen, was als Intention beim realen Autor den Versuch zur Kommunikation hervorgerufen haben mag und was sich – in vermittelter Weise – in dem von ihm geschaffenen Kommunikationsangebot Text als Mitteilung vergegenständlicht hat (Intentionalität des Textes).

Wir können für die Erörterung des Kommunikationsniveaus 3 also folgende Leitfragen formulieren:

- Welche Eigenschaften des Textes lassen sich als Entscheidungen interpretieren, die den Text als Ganzes konstituieren?
- Von welcher Art ist das Verhältnis zwischen dem Kommunikationsniveau 3 und den untergeordneten Kommunikationsniveaus, insbesondere dem Kommunikationsniveau 2, da dieses die Verhältnisse auf dem Kommunikationsniveau 1 in sich begreift?
- Welche Rezeptionshaltung („abstrakter Adressat") und welche Wertsuggestionen, d. h. welche Interpretationen von Wirklichkeit schlägt der Text als Ganzes vor (Intentionalität des Textes)?

3.2 *Merkmale, die den Text als Ganzes konturieren*

Zum Kommunikationsniveau 3 gehören diejenigen Merkmale des Textes, die die Merkmale der Kommunikationsniveaus 2 und 1 bedingen. In „Treue Liebe" sind dies z. B.

- Umfang der Erzählung;
- Gegenstand des Erzählens („Stoff"; „Motiv");
- Art der Präsentation des Gegenstandes; hierher gehört insbesondere:
  - die Wahl der Überschrift,
  - die Gliederung des Gesamttextes,
  - die Verwendung eines fiktiven Erzählers und seine Ausstattung mit den kommunikativen Tätigkeiten, die wir im Rahmen der Kommunikationsniveaus 2 und 1 analysiert haben;
- die Aspekte, unter denen der Gegenstand des Erzählens gedeutet, d. h. ein Wirklichkeitsausschnitt interpretiert wird.

Der Ursprung solcher Merkmale liegt zwar außerhalb des Textes, in den Intentionen des realen Autors (S4), sie sind einem realen Leser (E4) aber nur in Gestalt des Textes zugänglich. Ohne sie wäre der Text nicht so, wie er ist. Sie konturieren den Text als Ganzes insofern, als sie die Faktoren darstellen, die Funktion und Leistung der übrigen Textmerkmale bestimmen.

3.3 *Gliederung des Textes*

Wir sind im Vorhergehenden schon mehrfach auf die Gegliedertheit des Textes eingegangen. Im Zusammenhang mit der Untersuchung des fiktiven Adressaten haben wir eine Dreiteilung des Textes vorgenommen: in den Zeilen 1–44 sowie in den Zeilen 78–102 wird das Geschehen um Julius und Maria dargestellt, während in den Zeilen 44–78 über Teile dieses Geschehens zusätzlich reflektiert wird. Wir können also einen vorwiegend aus Erzählerkommentar bestehenden Mittelteil (44–78) von zwei mehr geschehensorientierten Außenteilen (1–44; 78–102) unterscheiden. Diese Textgliederung stimmt nicht genau mit derjenigen überein, die vom Druckbild her gegeben ist. Danach gliedert sich der Text zwar auch in drei Abschnitte, die Abschnittsgrenzen verlaufen aber anders:

- Abschnitt 1: Zeile 1–33,
- Abschnitt 2: Zeile 34–68,
- Abschnitt 3: Zeile 69–102.

Verbinden wir diese optische Gliederung mit dem erzählten Geschehen, ergeben sich folgende Zuschreibungen: Abschnitt 1: Einführung von Julius und Maria als Liebende; Abschnitt 2: Tod des Julius und seine Folgen; Abschnitt 3: Zustand der Welt und das richtige Verhalten in ihr. Diese Gliederung spiegelt den Aufbau der Gesamtargumentation wider, die von uns zuvor vorgenommene einen auf den Darstellungsverlauf bezogenen Funktionszusammenhang. Eine dritte Gliederungsmöglichkeit ergibt sich, wenn man den Erzählvorgang, d. h. die Art und Weise, in der der fiktive Erzähler das Erzählte hervorbringt (Rollengestus, Konstituierungs- und Bewertungsaktivitäten) zum Unterscheidungskriterium macht. Durchgängig präsentiert sich der fiktive Erzähler als der Wertende und Wissende. Im Anfangsteil versucht er aber, weitgehend hinter dem von ihm Berichteten zurückzutreten, wohl als Bewertender, nicht aber als Belehrender aufzutreten. Sein Interesse scheint zu sein, Julius und Maria und den Ort, in dem sie leben, als einen Bereich harmonischer sozialer und persönlicher Interaktion zu zeigen. Intimität der Darstellung und positive Bewertung des Dargestellten scheinen einander zu entsprechen. Mit der Einführung des Todes (38ff.) aber ändern sich Sprechweise und Rollengestus. Jetzt wird nicht nur allegorisierend vergegenwärtigt (Tod als Jüngling und als hageres Gespenst), sondern auch emphatisch gesprochen (z. B. 44ff.: „Gerechter Gott! welch ein herber Schmerz für Maria!" etc.). Parallel dazu verläuft die Selbstkonturierung des fiktiven Erzählers mittels „ich" (46) und die Selbstkonstituierung als moralisierender Lehrer. Wir können sagen, daß der fiktive Erzähler sich die Rolle des Räsoneurs auf der Basis rhetorisch gesteigerter Sprechweise und ins Pathetisch-Theatralische zielender Szenik gibt (52ff.: „Da lag sie ohnmächtig, ihr Gesicht blaß und verfallen, ihre Augen mit Demut auf eine Bibel geheftet."). Dieser Rollengestus und diese Sprechweise bleiben für den Rest des Textes erhalten, auch wenn sie zu Beginn des Schlußteils (vgl. 78ff.: „Mittlerweile hatte man [. . .]") zunächst etwas zurückgenommen sind. Spätestens durch das „siehe", mit dem die Schlußszene eingeleitet wird (91) und das mit dem „siehe" bei der Einführung des Todes (37) korrespondiert, wird die frühere Tonlage und Haltung wieder aufgenommen. Die Schlußszene selbst ist in doppeltem Sinn theatralisch-pathetisch: einmal durch die ins Beispielhafte gesteigerte Verhaltensweise Marias, und zum andern durch die Anlage als Schauspiel auf öffentlichem Platze. Unter Berücksichtigung dieser aus der Beobachtung der Verhaltensweisen des fiktiven Erzählers gewonnenen Faktoren, denen sich die aus der Beobachtung der Größe fiktiver Adressat gewonnenen subsumieren lassen, kann man statt von einer Drei- von einer *Zweiteilung* des Textes sprechen. Der Beginn der Änderung der Sprechweise des fiktiven Erzählers fällt in den Zeile 34 beginnenden Abschnitt; spätestens das „Gerechter Gott!" in Zeile 44 markiert den Einschnitt. Er wird unterstrichen durch das optische Signal des Gedankenstrichs. Wir setzen hier die Gliederung des Textes in einen Teil 1 (1–44) und einen Teil 2 (44–102) an.

Für diese Textmerkmale ist nun nicht mehr der fiktive Erzähler selbst, sondern das ihm übergeordnete Bewußtsein, der abstrakte Autor (S3), verantwortlich. Das bedeutet, daß die genannten Merkmale allesamt als Ausdruck einer umfassenden Darstellungsabsicht gelesen werden können und müssen. Aus ihnen ist von einem Leser also eine Summe zu ziehen (E4 in der Rolle E3). Wenn wir als reale Leser dem abstrakten Autor eine einheitliche Darstellungsabsicht unterstellen, können wir sagen, daß die zuletzt beschriebene Textgliederung Ausdruck eines Kalküls ist, das auf Überredung zielt. Was wir als Relation fiktiver Adressat – fiktiver Erzähler auf dem Kommunikationsniveau 2 analysiert haben, sehen wir in der Relation abstrakter Autor – abstrakter Adressat auf der Ebene des Kommunikationsniveaus 3 analog wiederholt. Der erste Teil des Textes stellt sich uns in seiner soeben beschriebenen Abweichung vom zweiten Teil (mehr genrehaftes Kleinbild versus theatralische Szenik und emphatisch unterlegtes Argumentieren) nicht als Fremdkörper dar. Von wechselseitig sich ausschließender Art ist die Abweichung im Erzählduktus schon deshalb nicht, weil der fiktive Erzähler im gesamten Text als Wissender und Bewertender anwesend ist und sein Darstellungsverhalten im ersten Teil über sein zentrales Mitteilungsinteresse funktional an den zweiten Teil gebunden ist (vgl. oben, 2.4). Er stellt sich uns nunmehr als kalkuliertes Element zum Aufbau einer Adressatenhaltung dar. Dieser Adressat soll sich mit den Figuren Julius und Maria zunächst rein emotional identifizieren. Seine Haltung wird ab Zeile 44 ff. relativiert und durch Belehrung (Umorientierung des Wertbewußtseins) in eine neue Qualität überführt. Die der Schlußpassage eingeschriebene Adressatenhaltung der Bewunderung, d. h. der durch Wissen kontrollierten Sympathie für Maria, stellt diese neue Qualität dar. Sie enthält die Faktoren affektische Zustimmung und intellektuelle Überzeugung, die wir als die Mittel bezeichnen können, mit denen der abstrakte Autor seine Darstellungsabsicht (Überredung) verwirklicht. Die Kombination der genannten Faktoren in der Schlußszene ist uns Indiz dafür, daß durch die emotionale Bindung des (intendierten) Adressaten an die Figuren

(= affektische Zustimmung) insgesamt die Wirksamkeit, d. h. die Überzeugungskraft der argumentativen Komponenten des Textes gesichert werden soll. (Beispielhaftigkeit des Figurengeschehens.)

3.4 *Das Wertbewußtsein des fiktiven Erzählers*

Der fiktive Erzähler tritt, wie wir bei der Untersuchung des Kommunikationsniveaus 2 festgestellt haben, immer wieder explizit als Kommentierender und Bewertender auf. Seine Wertungen und Deutungen beziehen sich in erster Linie auf den Zustand der Welt und, angesichts der „Betrüglichkeit der menschlichen Hoffnungen" (55), auf die Frage der richtigen Haltung im und zum Leben (44–78). Darüberhinaus können wir feststellen, daß der fiktive Erzähler den Tod zweimal (37 ff. und 91 ff.) zum Gegenstand von Aussagen macht, und daß er durch die Präsentation von Julius und Maria als Liebenden (1 ff.) ein bestimmtes Bild von Liebe vermittelt. Diese Problemkomplexe untersuchen wir auf ihre Gedeutetheit, d. h. auf die Wertvorstellungen hin, die in ihnen enthalten und von denen her sie bestimmt sind.

3.4.1 *Zustand der Welt*

Den Zustand der Welt interpretiert der fiktive Erzähler in der Perspektive christlicher Geschichtsauffassung. Die Welt gilt ihm als „das tausendjährige Reich der Sünde" (76 f.), dem antithetisch ein Zustand gegenübergestellt ist, in dem „die Menschen im neuen Lichte wandeln werden." (77 f.) Sündenfall und Erlösung sind also von den Zeilen 76–78 her die Bestimmungsgrößen seiner Welt- und Wirklichkeitsauffassung. Diese zentralen heilsgeschichtlichen Begriffe bringt er aber nicht in einen unmittelbaren Zusammenhang mit dem Thema Tod, das ja für den Vorfall zu Falun – und damit für die Erzählung insgesamt – von entscheidender Bedeutung ist. Christliches Denken sieht im Tod den Ausdruck der Erbsünde; die ausdrückliche Verbindung von „Tod" und „Reich der Sünde" hätte also nahegelegen. Stattdessen verbindet der fiktive Erzähler die eschatologische Perspektive (Sündenfall/Erlösung) mit einer Detailanalyse welthafter Wirklichkeit: „Unterdessen ging alles, aus einem Jahr in das andere, seinen alten Gang fort" etc. (69–75). Sie gibt sich zwar kritisch: „Die Dummköpfe kamen mit ihrer Dummheit fort, die Einsichtsvollen wurden verfolgt." (74 f.), bleibt aber letztlich bei der Feststellung der Banalität der – philosophisch-poetisch-wissenschaftlichen – Aktivitäten der Menschheit stehen. Mit anderen Worten: Zwischen dem kritischen Gehalt der Analyse historischer – genauer: aus der Sicht des fiktiven Erzählers mehr oder weniger zeitgenössischer – Wirklichkeit und der als Begründung herangezogenen eschatologischen Perspektive sehen wir eine solche qualitative Differenz, daß wir sie nicht als sich wechselseitig bedingend auffassen können. Das „tausendjährige Reich der Sünde“ (76f.) scheint vielmehr als Vorstellung herbeizitiert, um nachträglich das Gewicht der zuvor gegebenen Zeitdiagnose zu steigern; bei dieser wiederum scheint es weniger auf die kritische Schärfe der Aussage anzukommen als darauf, daß sich der fiktive Erzähler gegenüber dem fiktiven Adressaten mit Hilfe solcher Aussagen den Gestus des Welterfahrenen und Weltweisen geben kann. Die wertmäßige Fundierung seiner Aussagen zum Weltzustand stünde damit in umgekehrtem Verhältnis zu der Eindringlichkeit, mit der diese vorgetragen werden. Der belehrend-moralisierende Redegestus, der den fiktiven Erzähler auszeichnet, ist uns daher nicht Ausdruck der Sicherheit, sondern Indiz der Unsicherheit im Wertbewußtsein des fiktiven Erzählers.

Bevor wir diesen Befund verallgemeinern, untersuchen wir die anderen angesprochenen Problembereiche. Erst nach Berücksichtigung aller bewerteten Inhalte ist eine Aussage über das Wertbewußtsein des fiktiven Erzählers insgesamt möglich.

3.4.2 *Haltung zum Leben*

Auch jene Thesen, die der fiktive Erzähler in der (fingierten) Auseinandersetzung mit dem fiktiven Adressaten in den Zeilen 56ff. formuliert, nehmen auf christliche Vorstellungen Bezug. „Wahre Frömmigkeit“ (63) gilt dem fiktiven Erzähler als Voraussetzung für die Haltung, die, durch die Begriffe „Standhaftigkeit“ und „Unterwerfung“ (63f.) näher qualifiziert, als die einzig angemessene angesichts der Todverfallenheit des irdischen Lebens erscheint. Mit dem „Zustand des Glaubens, der Liebe und der Hoffnung!“ (68), den er als den anzustrebenden postuliert, formuliert der fiktive Erzähler dem Wortlaut und dem Sinn nach eine christliche Fundamentalposition. Glaube, Liebe, Hoffnung sind christliche Kardinaltugenden. Allerdings enthält die Argumentation auch Komponenten, die nicht unbedingt christlichen Ursprungs sind. Die „besänftigende Stimme der Vernunft“ (60) weist in rationalistisch-aufklärerische Zusammenhänge; die inhaltliche Spezifizierung des Zustandes des Glaubens, der Liebe und der Hoffnung als ästhetisch vermittelter Gestimmtheit (64ff.: „[. . .] wo uns die Phantasie verlorne Gebilde der Vergangenheit vorgaukelt und unser Herz in eine sanfte Melancholie versetzt [. . .]“) weicht von christlichem Denken schon beträchtlich ab. Die bemerkenswerteste Akzentuierung in diese Richtung enthält der mit „Aber ich glaube [. . .]“ (56f.) beginnende Einleitungssatz. An der Stelle, wo der fiktive Erzähler sich selbst als Belehrender, als moralischer Präzeptor, konstituiert, nimmt er, obwohl er kurz zuvor Gott angerufen (vgl. 44f.: „Gerechter Gott!“) und Maria als mit „Demut auf eine Bibel“ (53) blickend vorgeführt hat, im weiteren auf Gott nicht ausdrücklich

Bezug. Seine Argumentation nähert sich vielmehr einer innerweltlich begründeten Ethik: „[. . .] es sei unsere Pflicht, das mit Geduld zu ertragen, was zu ändern nicht in unserer Macht stehe." (57–59) Das führt uns zu der Frage, ob die christlichen Fundamentalwerte, denen ja ausdrücklich Verbindlichkeit zugeschrieben wird, ausschließliche Bestimmungsgrößen für das Wertbewußtsein des fiktiven Erzählers sind. Wir können die Frage auch so formulieren, ob der Wertbezug des fiktiven Erzählers einheitlich ist und ob man von einer christlich-religiösen Fundiertheit im strengen Sinn sprechen kann.

3.4.3 *Tod*

In den letzten Zeilen des Textes wird der Tod, im Medium der Figurenrede, als Bereich des Schlafes und einer möglichen Wiedervereinigung interpretiert: „‚Nun schlafe wohl, Geliebter, gehe nur voran ins Schlafkämmerlein, ich komme dir bald nach' [. . .]" (99–101). Der fiktive Erzähler stellt dabei ausdrücklich einen Bezug seiner Figur zu Gott her: „und dann blickt sie auf zu Gott!" (101). Der fiktive Erzähler zeigt also an, daß die Interpretation, die Maria dem Tod gibt, im Rahmen christlicher Religiosität stehe. Jedoch weist die der Figur zugeschriebene Vorstellung vom Tod eine Doppelakzentuierung auf. Während Marias Schlußsatz (Redesituation 3) den Tod als positiv gesehenen Bereich erscheinen läßt, ist ihr der Tod zu Beginn der Wiedererkennungsszene (Redesituation 2) noch ein negatives Prinzip: „[. . .] den mir der Tod vor 50 Jahren so grausam raubte [. . .]" (95). Die beiden Akzentuierungen können wir auch als transzendenzbezogene und transzendenzlose bezeichnen. Sie stehen, von Maria her gesehen, nicht in Widerspruch zueinander. Die transzendenzbezogene Auffassung ist Resultat der Wandlung, die Maria durchlaufen hat; die von ihr im Augenblick der Begegnung mit Julius' Leichnam geäußerte transzendenzlose bezeichnet die Auffassung, die sie als junges Mädchen, vor dem Tode ihres Bräutigams, hatte. Das unmittelbare Aufeinanderfolgen der beiden Todesauffassungen im Rahmen der Schlußszene steht in Zusammenhang mit der Demonstrationsfunktion der Figur: in Marias Rede und Verhalten ist das bisher Erzählte noch einmal zusammenfassend gespiegelt, und die von ihr am Ende geäußerte transzendenzbezogene Todesauffassung soll – vom fiktiven Erzähler her gesehen – als die gültige und mithin verpflichtende erscheinen.

Außer in der Schlußszene wird der Tod noch in den Zeilen 38–41 explizit gedeutet. Hier wird die Deutung nicht in Figuren-, sondern in Erzählerrede gegeben. Der Tod wird dabei in allegorisierend-sinnbildlicher Weise vergegenwärtigt. Einer heidnisch-antiken Todesvorstellung (38f.: „Jüngling in der Farbe des Mondes") wird die im christlichen Mittelalter übliche vom Tod als Sensenmann (vgl. 41) gegenübergestellt. Damit ist auch hier die

Einbettung der Todesauffassung in einen christlichen Vorstellungshorizont hergestellt. Auffällig von der soeben erörterten Schlußszene des Textes her ist, daß trotz dieser Einbettung kein expliziter Bezug auf Gott vorgenommen wird. Der fiktive Erzähler stellt den Tod hier nicht aus metaphysischer Perspektive, als mit Heilserwartungen verbundenen Jenseitsbereich, dar, sondern aus diesseitsbezogener Sicht, als unbegreifliches und beängstigendes Faktum des innerweltlichen Lebens: „ein hageres Gespenst, was unbarmherzig seine Hippe gegen die rosigte Jugend schwingt." (40f.) Das hat im Gesamtaufbau des Textes (vgl. 3.2) seine Funktion: die Zerstörung der Lebenshoffnungen von Julius und Maria durch den Tod muß dem intendierten Adressaten als grausam erscheinen können, damit die Lehren, die der fiktive Erzähler in seinem anschließenden Räsonnement formuliert (44ff.), desto stärkere Überzeugungskraft bekommen. Doch steht die Präsentation des Todes als Sensenmann in Gegensatz zu derjenigen, die der fiktive Erzähler bei der Wiederauffindung des unverwesten Leichnams von Julius vornimmt: „man hätte meinen sollen, [Julius] sei erst gestern dem Tode in die Arme gesunken." (84f.). Diese Formulierung läßt den Tod als freundlich erscheinen; sie steht näher bei der Vorstellung vom Tod als Jüngling und Seelenführer als bei der vom Tod als hagerem Gespenst. Auch sie ist vom Gesamtaufbau des Textes her funktional begründbar: sie dient der Vorbereitung der positiven, transzendenzbezogenen Deutung, die in der Schlußszene vorgenommen wird. Allerdings zeigt sie auch, daß die in Erzählerrede formulierten Todesvorstellungen unterschiedlich akzentuiert sind. Wenn wir die unterschiedliche Akzentuierung von der unterschiedlichen Funktion her begründen, die die jeweilige Todesvorstellung im Aufbau des Textes hat, ergibt sich der Schluß, daß nicht die Todesauffassung als vorgängige Wertorientierung den Erzählablauf (das Erzählgeschehen) organisiert, sondern umgekehrt die jeweilige Akzentuierung der Todesvorstellung von der erreichten Phase des Erzählablaufs, von der jeweils erreichten Geschehenskonstellation also, abhängig ist. Die unterschiedliche Akzentuierung kann dann als Indiz einer Unsicherheit des fiktiven Erzählers hinsichtlich seiner Mittel gelten, den Erzählzweck, die transzendenzbezogene Todesdeutung der Schlußszene als gültig und verbindlich erscheinen zu lassen, zu erreichen. Auf den abstrakten Autor bezogen wäre dies ein Indiz der Unsicherheit hinsichtlich der Integration von Stoff und Bewertungsperspektiven zu einem Erzählkonzept. Im Zusammenhang des Wertbewußtseins des fiktiven Erzählers führen uns die gemachten Beobachtungen zu der Frage, ob, gerade angesichts der Bestimmtheit, mit der am Schluß der Tod in positivem Licht, als sinnerfüllter Bereich des Jenseitigen, vorgestellt wird, der fiktive Erzähler sich dieser Deutung vollkommen sicher ist.

3.4.4 *Liebe*

Julius und Maria werden als Liebende im Zustand schuldloser und kindlicher Beziehungen gezeigt: „Wenn dann beide Liebende zusammen waren, dann tändelten sie auf schuldlose Weise, wie die lieben Kinder [. . .]" (10f.). Ihr Verhältnis ist weitgehend unerotisch dargestellt. Nur einmal ist ausdrücklich von Gefühlsregungen die Rede: nach Julius' Erklärung, daß er seine Braut demnächst „an den Altar" (20) führen könne, „schlang sich [Maria] zärtlich um seinen Hals [. . .] und drückte ihm einen heißen Kuß auf die bebende Lippe." (25ff.)

Die Liebe zwischen Julius und Maria wird vom fiktiven Erzähler als Faktum behandelt. Nicht ihre Entstehung und ihre psychische und soziale Auswirkung auf die Beteiligten ist ihm Thema, sondern die Übereinstimmung einer privaten Beziehung mit gesellschaftlichen Normen und Erwartungen. Er thematisiert nämlich weltliche, sinnenhafte Liebe ausschließlich unter dem Aspekt der Ehe. Schon der Einleitungssatz: „Zu Falun, in Schweden, verliebte sich vor etwa 50 Jahren, ein lieber junger Bergknappe, in seine Nachbarin, die Tochter eines Bäckers, und beide Leutchen schienen so füreinander geschaffen, als ob die Engel im Himmel sie schon in den Wiegen für den Ehestand eingesegnet hätten." (1ff.), bringt die entsprechende Akzentuierung. Aber auch der Inhalt der Figurenkommunikation in Redesituation 1 (16ff.) ist auf Ehe und Eheschließung bezogen.

Ehe wird dabei als eine kirchlich sanktionierte soziale Norm vorgestellt. Für Julius und Maria ist es selbstverständlich, daß sie „zum Altare gehen" (32), und die öffentliche Proklamation wird in der Kirche, „von einem ehrwürdigen Geistlichen" (34f.), vorgenommen. Julius und Maria stimmen mit den am Ort geltenden Auffassungen von Liebe und Ehe überein: es ist dies die Voraussetzung dafür, daß ihre Liebe vom gesamten Ort gebilligt wird und gebilligt werden kann (vgl. 6ff.: „Maria war die Zierde des ganzen Orts, wenn sie [. . .]. Alles blieb dann stehen, alt und jung rief ihr zu: Gott segne dich, Maria! und jeder freute sich, daß sie den Julius liebte."). Privates Verhalten und öffentliche Norm decken sich im Falle von Julius und Maria. Das heißt nichts anderes, als daß das Private nicht als ein vom Öffentlichen abgesonderter, ihm möglicherweise gar entgegenstehender Bereich vorgestellt ist. Nicht der Widerspruch zwischen Individuell-Privatem und Öffentlichem, sondern deren Übereinstimmung werden vom fiktiven Erzähler akzentuiert. Dem entsprechen sowohl die Rollenvorstellungen von Mann und Frau, die Julius' Rede enthält, wie die Erwartung von Treue als Bestandteil von Liebe bzw. Ehe. Auf Julius' Äußerung: „damit du mich immer liebest, wie jetzt und mir eine brave Gattin bleibst" (21f.) antwortet Maria mit der Bitte, „nie an ihr zu zweifeln." (25f.) Treue wird vom fiktiven Erzähler als Bestandteil der gesellschaftlichen Norm Ehe dargestellt, genauso wie Liebe als sinnenhaft-gefühlsbezogenes Phänomen ihr subsumiert ist.

Wir können also sagen, daß Liebe den fiktiven Erzähler nicht als ein Problem interpersonaler Art, das gesellschaftliche Implikationen haben kann und hat und dessen neuzeitliches Paradigma etwa ‚Romeo und Julia' ist, interessiert, sondern daß sein Interesse bei der Einführung von Julius und Maria vielmehr darauf gerichtet ist, die moralische Übereinstimmung von Individuum und Öffentlichkeit zu postulieren. Er stellt geltende gesellschaftliche Normen als moralische und moralisch verpflichtende vor. Indem er Liebe als eine sozial integrierte Sphäre menschlichen Lebens thematisiert, thematisiert er indirekt die Möglichkeit von gesellschaftlicher Harmonie. Diese beruht nach den vom fiktiven Erzähler entwickelten Perspektiven darauf, daß gesellschaftliche Normen vom Einzelnen übernommen, akzeptiert und bejaht werden.

Die starke Betonung der Schuldlosigkeit und Kindlichkeit der Liebesbeziehung zwischen Julius und Maria (vgl. 11; 16) sehen wir in funktionalem Zusammenhang mit diesen Wertvorstellungen. Die einzige Abweichung von der auf Übereinstimmung mit Öffentlichem gerichteten Interpretation von Liebe finden wir in der Entlastungsfunktion, die Liebe für Julius in bezug auf seine Tätigkeit als Bergmann hat. (Vgl. 12: „und Julius vergaß darüber seine schwere Arbeit.") Sie wird aber dadurch wieder in den genannten Zusammenhang zurückgeführt, daß Arbeit der Bereich gesellschaftlicher Bewährung ist, welche ihrerseits die von Julius in Aussicht genommene Eheschließung erst ermöglicht.

Der zweite Teil des Textes beschäftigt sich mit der religiös bestimmten Wandlung Marias. Nach Julius' Tod erwacht Maria in einer Welt, „die nun keinen Gegenstand für ihr Herz weiter hatte." (51 f.) Sinnenhafte Liebe existiert für sie nicht mehr. In ihrem „erstorbenen Herzen" (96) regen sich Empfindungen von Liebe erst wieder, als sie den Leichnam ihres ehemaligen Bräutigams wiedersieht. Maria sublimiert und läutert diese Empfindungen im Sinne ihrer religiösen Haltung. Marias Schlußsatz: „Nun schlafe wohl, Geliebter, gehe nur voran ins Schlafkämmerlein, ich komme dir bald nach" (99ff.) spricht von Liebe, indem er andeutet, daß Maria Tod und Grab als den Bereich sieht, in dem die im Irdischen verhinderte Hochzeit nachgeholt werden kann. Liebe ist hier ganz ins Spirituelle verwandelt, sie ist ausschließlich religiöse Kategorie. Sie ist Bestandteil jener „Liebe", die zusammen mit Glaube und Hoffnung (vgl. 68) den Kern von Marias Haltung ausmacht.

Bemerkenswert in diesem Zusammenhang scheint uns zu sein, daß in „Treue Liebe" trotz dieses Schlusses die irdische Liebe nicht als solche negiert wird. Abgelehnt wird die aus einem mangelnden Jenseitsbezug resultierende falsche Einschätzung des Irdischen; nicht Liebe, genauer: Ehe als die sozial sanktionierte Form von Liebe also, sondern die an sie geknüpften Hoffnungen, der mit ihr verbundene „Traum von Glück" (49).

3.4.5 *Interpretatorische Bewertung*

Wir können unsere Beobachtungen dahingehend zusammenfassen, daß sich in den Deutungen und Bewertungen, die der fiktive Erzähler vornimmt, eine Orientierung an heterogenen Wertvorstellungen und Wertsystemen niederschlägt. Insbesondere an der Begründung der richtigen Haltung zum Leben und an den Todesdeutungen wird dies sichtbar. Darüberhinaus wird in der Art der Bezugnahme auf christliche Fundamentalpositionen, auf die hin der fiktive Erzähler den fiktiven Adressaten orientiert, deutlich, daß sie weniger das substantielle Fundament seiner Argumentation als vielmehr ein Mittel sind, sich selbst als Seher und Weltweisen, als moralischen Präzeptor, in Szene zu setzen. Gerade aufgrund der Uneinheitlichkeit seines Wertbewußtseins in weltanschaulich-religiöser Hinsicht kommen wir zu dem Schluß, daß das Sich-Selbst-in-Szene-Setzen im Gestus präzeptoralen Moralisierens die ausschlaggebende Konstituierungsdeterminante in bezug auf den fiktiven Erzähler darstellt. Damit stellt sich die Frage, wie verpflichtend die vom fiktiven Erzähler als verpflichtend vorgetragene Deutung der Welt ist. Die spezifische Ausgestaltung des Wertbewußtseins und der Deutungsaktivitäten des fiktiven Erzählers führt mithin zu der Frage, ob der reale Autor als das für den Text verantwortliche Bewußtsein die textintern als gültig vorgetragenen Postulate und Perspektiven selbst als gültige anerkennt und teilt. Diese Frage berührt das Kommunikationsniveau 4; sie wird deshalb erst an späterer Stelle behandelt.

Lediglich bei der Darstellung der weltlichen Liebe entwirft der fiktive Erzähler ein Bild, das durch andere Bewertungen nicht wieder relativiert wird. Die – religiös abgesicherte – soziale Norm der Ehe mit der ihr immanenten Rollenzuweisung an Frau und Mann wird für den innerweltlichen Bereich als fraglos gültig vorgestellt und behauptet. Auch die Behauptung einer Harmonie zwischen öffentlich geltenden moralischen Normen und den Glücksvorstellungen einzelner Individuen wird durch den Umstand, daß Innerweltliches dem Tod unterworfen ist, nicht außer Kraft gesetzt. Zwar könnte in der Kompensationsfunktion, die Liebe und Ehe für Julius gegenüber der Arbeitswelt haben, ein Widerspruch, nämlich der zwischen realen sozialen Verhältnissen und dem Glücksverlangen des Menschen, angelegt sein. Dieser Aspekt ist im Text aber nicht ausgeführt.

Wir müssen nun allerdings eine terminologische Einschränkung machen. Alles, was wir in diesem Unterkapitel 3.4 über den fiktiven Erzähler sagten, ist gar nicht durch den fiktiven Erzähler selbst bedingt, sondern durch die Darstellungsabsicht, die sich auf das Werkganze bezieht („abstrakter Autor") und die sich des fiktiven Erzählers als eines Mittels zu ihrer Verwirklichung bedient. Unsere Rede vom fiktiven Erzähler ist insofern mißverständlich, als sie den Eindruck erwecken könnte, die genannten Merkmale und Eigenschaften seien solche einer eigenständigen Größe und mit dieser gleichursprünglich. Daß wir vom fiktiven Erzähler so gesprochen haben, als wäre er eine eigenständige Größe, rührt daher, daß er im Text vor allem als Deutender und Kommentierender fungiert. Die Merkmale selbst, um die es hier geht, sind im Text manifestiert als Aktivitäten der Senderinstanz S2 (= fiktiver Erzähler), die im Rahmen des Kommunikationsniveaus 2 beschreibbar sind. Indem wir sie im Rahmen des Kommunikationsniveau 3 erörtern, funktionalisieren wir das Kommunikationsniveau 2 im Hinblick auf das Autorbewußtsein im Text und heben dadurch den Anschein der Selbständigkeit der Größe „fiktiver Erzähler" auf.

3.5 *Verhältnis abstrakter Autor – fiktiver Erzähler*

Die Bedingungen für das Vorhandensein, die Merkmale und die Aktivitäten der Instanz fiktiver Erzähler (S2) liegen bei der Instanz abstrakter Autor (S3). Sie repräsentiert, produktionsseitig gesehen, die Summe der Entscheidungen, die der reale Autor (S4) beim Verfassen eines Textes getroffen hat und die diesen Text in der Form, in der er vorliegt, bestimmen. Da die Instanz fiktiver Erzähler keine selbständige Größe, sondern Funktion der auf das Textganze bezogenen Darstellungsabsicht, d. h. Funktion der Instanz abstrakter Autor, ist, ist jeweils zu untersuchen, in welchem Verhältnis die beiden Größen zueinander stehen. Das im Rahmen des Kommunikationsniveaus 2 Ausgedrückte kann identisch sein mit dem, was im Rahmen des Kommunikationsniveaus 3 als Gesamtbedeutung des Textes von einem Leser formulierbar ist; es kann aber auch vom Kommunikationsniveau 3 her relativiert sein, was nichts anderes heißt, als daß die Gesamtbedeutung des Textes sich über eine komplexere, von Brechungen durchsetzte Relation der Kommunikationsniveaus 2 und 3 konstituiert. In jedem Falle ist das Verhältnis abstrakter Autor – fiktiver Erzähler zu untersuchen, wenn man die Intentionalität eines Textes zu bestimmen versucht; unsere Leitfrage lautet: Sind die Merkmale des fiktiven Erzählers, die wir im Bisherigen erörtert haben, symptomatisch für „Treue Liebe" insgesamt oder erscheinen sie im Rahmen des Textganzen als untergeordnete Mittel zur Generierung einer Bedeutung, die vom Kommunikationsniveau 3 her relativiert wird.

Wir finden in „Treue Liebe" keine Signale, die die Bedeutungsvalenz der dem fiktiven Erzähler zugeschriebenen Merkmale und Aktivitäten einschränken würden. Auch die im vorhergehenden Abschnitt 3.4 erörterte

Uneinheitlichkeit des Wertbewußtseins ist unseres Erachtens kein Indiz für eine solche Relativierung. Sie ist dem fiktiven Erzähler so eingeschrieben, daß sie im Rahmen des Textganzen nicht als Mangel der Instanz S2 erscheint. Die Perspektivierungen und Bewertungen, die der fiktive Erzähler artikuliert, gelten vielmehr für den Text als Ganzes. Mit anderen Worten: zwischen abstraktem Autor und fiktivem Erzähler besteht ein Verhältnis der Übereinstimmung. Die dem fiktiven Erzähler eingeschriebenen Kompetenzen sind so konzipiert, daß sich durch sie hindurch die das Textganze umgreifende Darstellungsabsicht realisiert. „Treue Liebe" stellt sich uns damit als ein Text dar, dem die belehrende Haltung des fiktiven Erzählers als Grundgestus eingeschrieben ist und der, analog den Aktivitäten des fiktiven Erzählers, sich selbst in der Verfassung einer rhetorisch kalkulierten Äußerung präsentiert. Zweck und Ziel dieser Textverfassung ist es, eine hohe Intensität der Suggestion von Wertvorstellungen zu bewirken; Spektrum und Qualität der vorgetragenen Wertsuggestion sind dabei identisch mit dem, was wir soeben in dem Abschnitt „Wertbewußtsein des fiktiven Erzählers" erörtert haben.

3.6 *Die Überschrift „Treue Liebe"*

Wir haben soeben festgestellt, daß die Uneinheitlichkeit in der Wertorientierung des fiktiven Erzählers dem Text insgesamt innewohnt. Sie ist, anders ausgedrückt, Bestandteil der Mitteilung, die „Treue Liebe" darstellt. Der Text enthält aber noch Uneinheitlichkeiten anderer Art. So setzt die Überschrift die Erwartung, daß das Thema des Textes Liebe und Formen von Treue, bzw. deren Möglichkeit oder Unmöglichkeit, sei. Gerade dies ist aber nicht der Fall. Weniger Liebe – vgl. 3.4.4 – ist Thema als vielmehr die Orientierung von Marias Bewußtsein auf Gott, d. h. die Fundierung menschlichen Selbst- und Weltverständnisses in einem christlich bestimmten Jenseitsbezug und damit das Gewinnen einer adäquaten Einstellung zum Irdischen. Demgemäß ist auch Treue, als Attribut von Liebe, nicht eigentlich Gegenstand des Textes. In Teil 1 wird sie nicht thematisiert, sondern als Bestandteil der sozialen Norm Ehe postuliert, d. h. vorausgesetzt. In der Begründung und Beschreibung von Marias Wandlung (Teil 2, 61 ff.) spielen Liebe und Treue keine Rolle; der fiktive Erzähler akzentuiert vielmehr „Standhaftigkeit" und „Unterwerfung" sowie „wahre Frömmigkeit" (62 f.). Marias „Herz", das nach Julius' Tod in der Welt weiter „keinen Gegenstand" hatte (51 f.), ist nach ihrer Wandlung in „eine sanfte Melancholie versetzt" (66). Maria hat ihre Liebe sublimiert und spiritualisiert; sie ist aufgegangen in den „Zustand des Glaubens, der Liebe und der Hoffnung!" (68), in dem Maria sich nunmehr befindet. Wenn der fiktive Erzähler in der

Schlußszene bei der Begegnung Marias mit dem Leichnam ihres ehemaligen Bräutigams ausdrücklich darauf hinweist, daß sich in ihrem „erstorbenen Herzen" die „jugendlichen Empfindungen treuer Liebe" regten (96f.), macht er damit nur deutlich, daß er dieses Motiv weder im ersten noch im zweiten Teil des Textes wirklich entfaltet hat. Dennoch liegt ihm offenbar daran, Marias Verhalten am Schluß als Ausdruck treuer Liebe erscheinen zu lassen. Wir haben es hier mit einer Uneinheitlichkeit zu tun, die wir als Ausdruck für eine Unsicherheit in der auf das Textganze bezogenen Darstellungsabsicht (abstrakter Autor) interpretieren. Diese Unsicherheit läßt sich auch als Kohärenzproblem, als Diskrepanz zwischen Durchführung und dem durch die Überschrift bezeichneten Thema des Textes begrifflich fassen. Genauer und angemessener formuliert ist dieser Sachverhalt in der Frage, was den realen Autor (S4) als Urheber des Textes bewogen hat, trotz der anders akzentuierten Durchführung (beispielhafte Wandlung Marias als Illustration der These von der adäquaten Einstellung zum Irdischen) die Überschrift „Treue Liebe" zu wählen. Denn die von uns soeben dem abstrakten Autor zugewiesene Unsicherheit ist lediglich die textinterne Beschreibung eines Problems, das wesentlich und primär im textexternen Bereich, und zwar beim realen Autor (S4), lokalisiert ist.

Unsicherheiten in der auf das Textganze bezogenen Darstellungsabsicht gibt es noch mehr. So bleibt im Text unklar, ob die Begegnung Marias mit ihrem toten Geliebten reiner Zufall oder, im Sinne einer höheren Fügung und Gerechtigkeit, Belohnung für die „Standhaftigkeit und Unterwerfung" (62f.) ist, zu der sie sich nach Julius' Tod durchgerungen hat. Desgleichen beruht die Möglichkeit für Marias Reden vom Grab als „Schlafkämmerlein" (100), womit sie andeutet, daß die im Irdischen verhinderte Hochzeit mit Julius im Tod vollzogen werden könne und womit der fiktive Erzähler den Aspekt ‚treue Liebe' abschließend noch einmal akzentuiert, allein auf dem in seinem Warum nicht näher erläuterten Umstand des Auffindens der Leiche; in Marias Bewußtsein hat der fiktive Erzähler eine entsprechende Hoffnung vorher nicht eingeschrieben. Unklar bleibt weiterhin, ob die Standhaftigkeit und Unterwerfung, die als Qualifizierung der „wahre[n] Frömmigkeit" (63) gilt, angesichts der „Betrüglichkeit der menschlichen Hoffnungen" (55) oder angesichts des Umstands, daß die Welt als „Reich der Sünde" (76f.) zu gelten hat, angezeigt ist. Auch der Schlußsatz birgt möglicherweise eine Ambivalenz. Wir haben ihn dahingehend interpretiert, daß er eine inadäquate Reaktion der „Zuschauer" auf das Verhalten Marias und damit die Bewußtseinsdifferenz signalisiert, die zwischen diesen „Zuschauern" als Figuren und dem fiktiven Adressaten als dem Kommunikationspartner des fiktiven Erzählers besteht. Ganz eindeutig ist diese Lesart nicht. Der Satz kann auch so gelesen werden, daß die „Zuschauer" aus Rührung über den Zufall der Begegnung Marias mit Julius' Leichnam und über die vorbildliche Standhaftigkeit, mit der Maria diese Probe ihres Gemüts besteht, weinen. Das Weinen könnte dann ein Hinweis darauf sein, daß die „Zuschauer" den Zufall der höheren Fügung Gottes zuschreiben. Wie immer es sich hiermit verhält – die Frage, die der Schlußsatz stellt, lautet, ins Prinzipielle gewendet: soll der Schlußsatz im Rahmen des Textganzen als positive Lesersteuerung fungieren oder als negative? Tritt das für die Darstellung verantwortliche Bewußtsein (S4 in der Form von S3) mit diesem Satz in Distanz zu dem Vorhergehenden (Lesart: ‚der Vorgang ist trotz seiner gedanklichen Ausdeutung im Sinne einer Lehre insgesamt so rührend, daß man einfach weinen muß') oder wendet es sich kritisch gegen den impliziten – und damit gegen einen möglichen realen – Leser, indem diesem unterstellt wird, er hätte die Frömmigkeit und innere Größe noch nicht, die Maria inzwischen gewonnen hat? Offen bleibt weiterhin, ob das im ersten Teil entworfene Bild einer schuldlosen Liebesbeziehung – und zwar schuldlos sowohl unter personalem wie sozialem Aspekt –, angesichts der im 2. Teil explizit formulierten Sündenverfallenheit der Welt als paradiesisches Gegenbild fungieren soll oder ob diese eschatologische Perspektive erst im zweiten Teil der Erzählung im Zusammenhang mit dem sich steigernden rhetorischen Selbstinszenierungsinteresse des fiktiven Erzählers und dem damit gegebenen Begründungszwang entsteht. Aufgrund unserer früheren Überlegungen (vgl. 3.4.4) neigen wir zu dieser Auffassung. Alles in allem weisen diese Textmerkmale auf eine weitreichende Unentschiedenheit in der dem Textganzen zugrundeliegenden Darstellungsabsicht hin, letztlich also auf eine Unentschiedenheit in der Kommunikationsabsicht des realen Autors (S4).

Insbesondere die Uminterpretation des neutestamentlich bestimmten Zustandes „des Glaubens, der Liebe und der Hoffnung" (68) als einer ästhetisch vermittelten Gestimmtheit (64 ff.; vgl. 3.4.2) scheint uns ein Hinweis auf die Bewußtseins- und damit Interessenlage des realen Autors zu sein, von der her die oben beschriebenen Uneinheitlichkeiten des Textes möglicherweise erklärbar sein könnten. Dies muß allerdings bis zur Erörterung des Kommunikationsniveaus 4 zurückgestellt werden. Textintern läßt sich jedenfalls argumentieren, daß an dieser Stelle die größte Abweichung vom herangezogenen christlichen Vorstellungshorizont vorliegt und daß die folgende Passage, die den Zustand der Welt analysiert (69–78), vor allem auf die kulturell-wissenschaftlichen Tätigkeiten der Menschen abhebt. Dabei fällt die zweimalige Erwähnung von Dichtung bzw. Literatur auf („die Dichter mystifizierten"; „die Autoren schrieben Bücher"). Dieser Bereich wird also herausgehoben und, jedenfalls was die Dichter anbelangt, auf spezifische Weise charakterisiert. Während die Philosophen lediglich neue Systeme bilden, die Ärzte Pillen verordnen und die Autoren Bücher schreiben, mithin nur die *Wiederholung* ihrer Tätigkeiten angezeigt wird, heißt es von den Dichtern, daß sie „mystifizierten" (71). Ihre Tätigkeit wird also *inhaltlich* qualifiziert. Ein Textsignal dieser Art muß gerade im Rahmen des Kommunikationsniveaus 3 erörtert werden. „Treue Liebe" selbst ist ja ein Stück Literatur (= „Dichtung"); es präsentiert sich, wie wir ausgeführt haben, insgesamt im Gestus des moralisierenden Räsonierens; es will also unter dem impliziten Anspruch, Recht zu haben, den Leser von etwas überzeugen. Wenn dies Bestandteil der Intentionalität des Textes ist, dann thematisiert der Text mit der Formulierung „die Dichter mystifizierten" sein eigenes Gegenbild und nimmt für sich in Anspruch, das Gegenteil von dem zu tun, was als ein Element der Kritik an der Welt vorgestellt wird. Dem Text scheint damit eine Bedeutungsdimension eingeschrieben, die mit dem in der Überschrift angekündigten Thema nichts, mit dessen religiös-weltanschaulicher Uminterpretation aber sehr viel zu tun hat. Die sich christlich gebende Ausdeutung des Vorfalls zu Falun wäre nämlich eine ‚dichterische' Tätigkeit, die nicht mystifiziert, sondern aufklärt. Der moralisierend-räsonierende Gestus, in dem der fiktive Erzähler sich präsentiert, entspränge dann einem entsprechenden Selbstverständnis des realen Autors (S4) als Dichter und der in ihm gründenden Kommunikationsabsicht, bzw. wäre, textintern gesprochen, Ausdruck jener Voraussetzungen in der Größe S4. Ob sich diese These durch Befunde aus dem textexternen Bereich stützen läßt, muß sich bei der Erörterung des Kommunikationsniveaus 4 zeigen. Wir können als Abschluß unserer textinternen Untersuchungen jedenfalls die Hypothese formulieren, daß „Treue Liebe" sich im Gestus der moralisierenden Beispielgeschichte präsentiert und daß hinter dieser Präsentation möglicherweise ein Anspruch des realen Autors (S4) als Dichter steht, Leistung und Funktion von Dichtung im Medium von Dichtung zu thematisieren und zu formulieren. Dieses Kommunikationsinteresse des realen Autors ist nur lose mit der spezifischen Ausdeutung des Vorfalls zu Falun bzw. mit den diese Ausdeutung bestimmenden Werten und Normen verknüpft. Darin sehen wir eine (mögliche) letzte, als solche aber auch letztbestimmende Uneinheitlichkeit des Textes.

3.7 *Abstrakter Adressat – realer Leser*

Ähnlich wie durch die Aktivitäten des fiktiven Erzählers auf dem Kommunikationsniveau 2 dem Text ein fiktiver Adressat eingeschrieben ist, wird durch die im Rahmen des Kommunikationsniveaus 3 ablaufenden Kommunikationsprozesse als Korrelat zum Sender abstrakter Autor (S3) ein Empfänger abstrakter Adressat (E3) gesetzt. Die Intentionalität eines Textes ist nur dann zureichend beschrieben, wenn auch die dem Textganzen eingeschriebene Empfängerrolle E3 untersucht ist. Da wir bei der Untersuchung der Senderinstanzen festgestellt haben, daß zwischen S2 und S3 keine Diskrepanz, sondern Übereinstimmung vorliegt, können wir sagen, daß die dem fiktiven Adressaten im Rahmen des Kommunikationsniveaus 2 zukommenden Merkmale auch für den abstrakten Adressaten im Rahmen des Kommunikationsniveaus 3 gelten. Das heißt, daß der Text insgesamt die Rezeptionshaltungen, die wir in den Abschnitten 2.2 und 2.4 analysiert haben, als Empfängerverhalten vorformuliert und damit als intendiertes Rezeptionsverhalten einem realen Leser vorschlägt. Vom Kommunikationsniveau 3 her können wir sagen, daß dem Text ein abstrakter Adressat (als idealer Leser) eingeschrieben ist, der den belehrenden Gestus des Textes akzeptiert und der mit den Bewertungen, die der fiktive Erzähler und der abstrakte Autor artikulieren, übereinstimmt. Der abstrakte Adressat wird – mit Ausnahme des letzten Satzes, der ambivalent bleibt – nirgendwo in die Position des kritischen Gegenübers gebracht; er ist vielmehr konstituiert als derjenige, den die Rhetorik des Textes überzeugt und der im Vorfall zu Falun jenes Beispiel sieht, das die moralischen Lehrsätze des fiktiven Erzählers beglaubigt. Das zielt auf einen realen Leser, der bereit ist, der Literatur moralische Erbauung zu entnehmen, die historische und die moralische Welt mit Hilfe christlicher Vorstellungen zu interpretieren und grundsätzlich einen Diesseits/Jenseits-Dualismus zu akzeptieren. Der vom Text angezielte reale Leser muß auch eine soziale Ordnung, wie sie am Beispiel von Falun expliziert wird, bejahen können. Dies alles weist darauf hin, daß hinter dem im Text entworfenen abstrakten Adressaten die Vorstellung eines realen Lesers steht, die nicht nur historisch bedingt – welche Leservorstellung wäre dies nicht –, sondern historisch eingeschränkt ist. Einem heutigen Leser fällt es nicht schwer, aufgrund der genannten Koordinaten das vorauszusetzende Bild des realen Lesers als eines zu bestimmen, das an die erste Hälfte des 19. Jahrhunderts gebunden ist. Sowohl die realgeschichtlichen sozialen Verhältnisse wie deren ideologiegeschichtliches Korrelat legen dies nahe. Ohne Kenntnis der Entstehungszeit und der Entstehungsbedingungen des Textes ist eine endgültige Zuschreibung dieser Art allerdings nicht möglich. Tatsächlich ist der Text 1828 entstanden. Wichtig in unserem, auf die Untersuchung des textinternen Bereichs gerichteten Zusammenhang ist das Resultat, daß die dem Text eingeschriebene Konzeption eines Lesers eine deutliche ideologische Begrenztheit aufweist. Das läßt den Schluß zu, daß das für den Text verantwortliche Urheberbewußtsein S4 selbst in engumgrenzten ideologischen Voraussetzungen befangen war.

4 Kommunikationsniveau 4

4.1 *Orientierung am Modell*

Dem Kommunikationsniveau 4 sind laut Modell die Größen realer Autor (S4) und realer Leser (E4) zugeordnet. Mit der Berücksichtigung dieser Größen ist der textinterne Bereich überschritten. Realer Autor und realer Leser existieren – als konkreter historischer Urheber bzw. als konkreter historischer Rezipient – außerhalb des Textes. Ihre Rollen sind dem Text nicht eingeschrieben, wie es für die den Kommunikationsniveaus 1–3 zugeordneten Sender- und Empfängerrollen der Fall ist. Die Rolle, die der reale Autor in bezug auf den Text einnimmt, ist vielmehr die Bedingung dafür, daß der Text überhaupt vorhanden ist; diejenige, die der reale Leser einnimmt, ist die Bedingung dafür, daß der Text – vom Autor her gesehen ein Kommunikationsangebot – in einen realen Kommunikationsprozeß einbezogen und rezipiert wird.

Textexterner und textinterner Bereich müssen, was das Kommunikationsverhältnis der Sender- und Empfängerinstanzen betrifft, unterschieden werden. Textintern handelt es sich bei Sendern und Empfängern um fiktionale Größen, deren Verhältnis zueinander Folge und Indiz einer Darstellungsabsicht ist. Textextern handelt es sich um voneinander unabhängige und historisch getrennte Größen (vgl. Teil A, Abb. 15 u. 16), die mit Hilfe eines Textes in einen realen, wenn auch unterbrochenen Kommunikationsvorgang eintreten. Auf diesen realen Kommunikationsvorgang bezieht sich das Kommunikationsniveau 4. Das Kommunikationsniveau 4 macht also deutlich, daß ein Text und seine Rezeption geschichtliche Phänomene sind, und daß die – im weitesten Sinne historischen – Bedingungen der Entstehung eines Textes ebenso Untersuchungsgegenstand der Erzähltextanalyse sind wie die – historisch variablen – Bedingungen seiner Rezeption.

Wir werden im folgenden mit Rücksicht auf unser Ziel, die Anwendbarkeit unseres Kommunikationsmodells des Erzählwerks zu demonstrieren, die soeben genannten Fragen nicht eigens erörtern. Wir stellen uns vielmehr in einem ersten Abschnitt die Frage, ob und wie unter Berücksichtigung der Größe S4 das von uns in den vorhergehenden Kapiteln Formulierte präzisiert, genauer begründet oder beantwortet werden kann. Wir fragen, mit anderen Worten, nach dem Verhältnis und dem Zusammenhang von Intentionalität des Textes und Intention des Autors. Mit dieser Fragestellung greifen wir unter den vielen Aspekten, die im Rahmen des Kommunikationsniveaus 4 erörtert werden können, den für uns zentralen auf; wir bleiben mit ihr textbezogen und produktionsorientiert. Anschließend erörtern wir in einem zweiten Abschnitt die Rolle, die wir selbst als reale

Leser (E4) bei der Formulierung der Aussagen zu „Treue Liebe" in diesem Demonstrationsteil eingenommen haben. Damit soll in Ansätzen sichtbar werden, welche Aspekte an den Umstand geknüpft sind, daß im Rahmen unseres Modells bei der Beschreibung eines Textes bewußt auf die Größe realer Leser (E4) als auf einen Faktor der Analyse reflektiert wird.

4.2 *Realer Autor*

Im Sinne der soeben für den ersten Abschnitt formulierten Fragestellung benutzen wir als Material Ergebnisse der Hebbel-Forschung. Wir stützen uns dabei auf zwei Arbeiten:

- Wolfgang Liepe: Unbekannte und unerkannte Frühprosen Hebbels. Untersuchungen zur ersten geistigen Entwicklung des Dichters. In: Hebbel-Jahrbuch 1953. Heide in Holstein o. J. S. 28–79.

  Der für uns relevante Teil des Aufsatzes (S. 28–44) ist im Anhang zu Teil B abgedruckt. Wir zitieren ihn nach unserem Abdruck.
- Wolfgang Wittkowski: Der junge Hebbel. Zur Entstehung und zum Wesen der Tragödie Hebbels. Berlin 1969. (= Quellen und Forschungen zur Sprach- und Kulturgeschichte der germanischen Völker. Neue Folge. 29. [153.])

4.2.1 *Entstehungszeit des Textes*

„Treue Liebe" ist am 11. September 1828 anonym in der friesischen Lokalzeitung „Ditmarser und Eiderstedter Boten" erschienen. Der Text blieb lange Zeit unbeachtet. Erst 1953 hat ihn Wolfgang Liepe als eine Arbeit des jungen Hebbel identifiziert. Seither gilt er als das früheste überlieferte Prosastück Hebbels. Friedrich Hebbel, 1813 in Wesselburen geboren, war zum Zeitpunkt des Erscheinens von „Treue Liebe" fünfzehn Jahre alt. Vierzehnjährig war er als Schreiberlehrling in das Haus des Kirchspielvogts Mohr in Wesselburen gekommen, nachdem er zuvor schon aufgrund eines Geburtstagsgedichts auf Mohr Laufburschendienste für die Vogtei hatte tun dürfen. Aus den Jahren 1828 und 1829 sind neben Gedichten noch einige weitere, ebenfalls anonym erschienene Prosastücke erhalten. Der erste namentlich gezeichnete Prosatext trägt den Titel „Holion, Nachtgemälde" und wurde am 11. November 1830 im „Ditmarser und Eiderstedter Boten" veröffentlicht.

4.2.2 *Literarische Vorlagen und Einflüsse*

„Treue Liebe" ist nach Liepe unmittelbar aus der literarischen Begegnung mit E. T. A. Hoffmanns Erzählung „Die Bergwerke zu Falun" entstanden. Hoffmann hatte in dieser Erzählung, die 1819 im Rahmen des Bandes „Die Serapionsbrüder" erschien, einen Stoff aufgegriffen und ausgestaltet, der zuvor schon von Johann Peter Hebel literarisch bearbeitet worden war („Unverhofftes Wiedersehen", 1811). Vermittelt hatte den Stoff Gotthilf Heinrich Schubert. Seine „Ansichten von der Nachtseite der Naturwissenschaft" (1. Aufl. 1808) enthielten in knapper Form den auf einen realen Vorfall im schwedischen Falun zurückgehenden Bericht von dem nach langen Jahren des Verschüttetseins unversehrt aufgefundenen Leichnam eines Bergmanns und von dessen Identifizierung durch eine alte Frau, die von sich behauptete, zum Zeitpunkt des Unglücks die Verlobte des Verschütteten gewesen zu sein. In E. T. A. Hoffmanns Erzählung findet sich ein ausdrücklicher Hinweis auf Schubert als Quelle. Nach Liepe hat sich Hebbel aufgrund dieses Hinweises Einblick in das – inzwischen in einer neubearbeiteten Ausgabe von 1818 vorliegende – Werk Schuberts verschafft. Er hat nach Liepe zum Zeitpunkt der Abfassung von „Treue Liebe" daher sowohl die Hoffmannsche wie die Schubertsche Fassung des Stoffes gekannt. Daß ihm Hebels „Unverhofftes Wiedersehen" zu diesem Zeitpunkt gleichfalls bekannt gewesen ist, schließt Liepe u. a. aus dem identischen Aufbau beider Texte. Nach Liepe sind Hoffmanns, Hebels und Schuberts Fassungen des Stoffes als unmittelbare literarische Quellen für „Treue Liebe" anzusehen; aufgrund enger Textbezüge zu jeder der drei Fassungen müssen diese sogar als Vorlagen gelten. Darüberhinaus besteht nach Liepes Ansicht für den speziellen Fall der Konzeption und Gestaltung Marias eine Beeinflussung nicht nur durch E. T. A. Hoffmann, sondern auch durch Kleists „Käthchen von Heilbronn" (Liepe, S. 116).

Der junge Hebbel hat keine höhere Schule besucht. Was er an Literatur kennenlernte, lernte er durch die Privatbibliothek des Kirchspielvogts Mohr kennen. Das literarische und philosophische Wissen der Jahre, in die seine schriftstellerischen Anfänge fallen, hat er sich hier als Autodidakt angeeignet. Neben Schiller, mit dessen Gedankenlyrik Hebbel sich ausführlich beschäftigt und dem er bewundernd nachgeeifert hat, haben Schubert – in der Neubearbeitung der „Ansichten" von 1818 waren die naturphilosophischen Gedankengänge mit pietistischen und mystischen Vorstellungen durchsetzt worden – und Christoph August Tiedge, ein heute vergessener, damals jedoch sehr bekannter philosophierender Schriftsteller, maßgeblichen Einfluß auf das Denken des frühen Hebbel gehabt. Tiedges Lehrgedicht „Urania, über Gott, Unsterblichkeit und Freiheit, ein lyrisch-didaktisches Gedicht in sechs Gesängen" war nach Liepe für den frühen Hebbel von zentraler Bedeutung. „Hebbels früheste Lyrik und poetische Prosa ist [. . .] durchdrungen von Ideen und Motiven Tiedges." (Liepe, S. 111.) Liepe sieht in Tiedge einen noch gewichtigeren Einfluß als in Schiller. „Sehr vieles, was man bisher dem Einfluß Schillers zuschrieb, mit dem Tiedge schon von den Zeitgenossen verglichen wurde, floß [Hebbel] aus der ‚Urania' zu. [. . .] Es war die Ideenwelt von Kants ‚Kritik der praktischen Vernunft', die Tiedges popularphilosophische Dichtung in poetische Rhetorik und sentimentale Bilder umsetzte. Was Hebbel in Schillers Gedichten als verstreutes Ideengut ansprach, das trat ihm in Tiedges Lehrgedicht in der Form eines geschlossenen religiösen Weltbildes entgegen." (Liepe, S. 111.) Auch für „Treue Liebe" ist der Einfluß Tiedges bestimmend gewesen. Große Teile der kommentierend-argumentierenden Partien des Textes sind nach Liepe direkt von der „Urania" abhängig.

4.2.3 *Biographisch vermittelte Einflüsse*

Hebbel entstammte einfachen Verhältnissen. Der Vater war Maurer, besaß aber gleichwohl ein kleines Grundstück und eine Kate. Allerdings war dieser Besitz nicht von Dauer. Noch als junger Schüler erlebte Hebbel, wie die Familie Haus und Boden aufgeben mußte und verarmte. Hebbel war Zeuge eines sozialen Abstiegs. Mit diesem Vorgang hat er sich nie abgefunden. Wittkowski entnimmt den biographischen Quellen, daß Hebbel schon früh nach Möglichkeiten suchte, das ärmliche familiäre Milieu zu verlassen und sich einen ihm angemessenen Platz in der Gesellschaft zu erobern. Der Wunsch des Schuljungen, Kirchspielvogt zu werden, kann als Ausdruck dieses sozialen Aufstiegswillens gelten; desgleichen die Energie, mit der er sich als Autodidakt das Wissen, das ihm die Mohrsche Bibliothek bot, aneignete. Hebbel entwickelte nach Wittkowski schon als Schüler ein starkes Selbstgefühl. Als Primus seiner Klasse glaubte er, daß er besondere geistige Fähigkeiten hatte; er entwickelte die Überzeugung, daß diese nicht nur das Mittel, sondern geradezu die Berechtigung zum sozialen Aufstieg waren. Allerdings bestand zwischen subjektiver Überzeugung und objektiver sozialer Realität des agrarischen Landstrichs, in dem Hebbel lebte, ein ständiger Konflikt. Wittkowski sieht in diesem Konflikt einen der Gründe dafür, daß es im Denken des an sich diesseitsgerichteten jungen Hebbel Aspekte der Weltflucht, der idyllischen Jenseits- und Paradiesesvorstellungen gibt (vgl. Wittkowski, S. 39–47). Ihre Grundlage hatten diese Denkmöglichkeiten in den pietistisch gefärbten religiösen Einflüssen, denen Hebbel von der Familie her ausgesetzt war. Aus der familiären Sozialisation heraus wurde die aus christlichen Denktraditionen stammende Überordnung religiössittlicher und jenseitiger Werte über materiell diesseitige bestimmend für den jungen Hebbel; aus der realen sozialen Lage der Familie heraus die Notwendigkeit des Kampfes um gesellschaftlichen Aufstieg und gesellschaftliche Geltung; aus den philosophischen Quellen, in die sich der junge Hebbel als Autodidakt einarbeitete, jene „mehr oder weniger populären Legierungen von christlichem mit aufklärerisch idealistischem Geistesgut

[. . .], die vom 18. Jahrhundert überkommen waren [. . .]" (Wittkowski, S. 45.) und die keineswegs homogene Wertsysteme darstellten. Während er im Spannungsfeld dieser Einflüsse nach einer Selbstdefinition suchte, erschien ihm das Dichten immer mehr als eine Möglichkeit, sich auf autonome Weise selbst zu begründen und zugleich den Kampf um gesellschaftliche Achtung zu führen. Der frühe Hebbel, so sieht es Wittkowski, „war der Sohn eines zugrunde gerichteten Kätners und wurde auch als solcher eingeschätzt. Er aber fühlte sich im Keime schon als das, als was sich dann der reife Dichter wirklich fühlen sollte: als König. Und er ruhte nicht, bis die Könige ihm wie einem König Ehrerbietung zollten; bis Selbsteinschätzung und gesellschaftliches Ansehen einander entsprachen." (Wittkowski, S. 42f.)

4.2.4 *Interpretatorische Bewertung*

Wir setzen nun diese Informationen in Beziehung zu unseren Beobachtungen zur Intentionalität des Textes und bilden folgende Thesen zum Verhältnis Autor – Text. Diese Thesen stellen unsere Entscheidungen im Hinblick auf die von uns bei der Erörterung des Kommunikationsniveaus 3 vorgenommene Zuschreibung von Bedeutungen dar.

These 1

„Treue Liebe" ist einer der ersten Versuche des jungen Hebbel, sich literarisch zu artikulieren. Die anonyme Veröffentlichung des Textes läßt darauf schließen, daß Hebbels Wunsch, als Autor vor die Öffentlichkeit zu treten, ebenso stark gewesen ist wie sein Bedürfnis, sich dieser Öffentlichkeit nicht uneingeschränkt auszusetzen. Der Text ist daher sowohl Ausdruck eines Strebens nach Selbstdefinierung wie Zeugnis einer diesbezüglichen Unsicherheit.

These 2

Der Text nimmt Maß an literarisch so bekannten Namen wie E. T. A. Hoffmann und J. P. Hebel. Er ist damit Ausdruck eines Strebens, sich als Dichter zu definieren und zu erproben. Von allen drei Vorlagen – Hoffmann, Hebel, Schubert – ist „Treue Liebe" durch Umfang, Aufbau und thematische Durchführung am engsten auf Hebels „Unverhofftes Wiedersehen" bezogen. Als Autor von „Treue Liebe" scheint sich der fünfzehnjährige Hebbel also öffentlich vor allem mit Hebel in Beziehung gesetzt haben zu wollen.

These 3

Im Unterschied zu Hoffmann, aber analog zu Hebel gibt Hebbel dem Vorfall zu Falun eine Deutung im Sinne christlichen Jenseitsbewußtseins. In der Durchführung und Begründung dieser Deutung weicht er aber von Hebel ab. Übereinstimmung und Differenz im Gehaltlichen zwischen „Treue Liebe“ und „Unverhofftes Wiedersehen“ sind zunächst Hinweise darauf, daß Hebbel an moralischen und weltanschaulich-religiösen Fragen interessiert war und daß der Fünfzehnjährige glaubte, in solchen Fragen öffentlich mitsprechen zu können.

These 4
Liepe hat gezeigt, daß die in „Treue Liebe“ gegebene Deutung des Vorfalls zu Falun inhaltlich stark von Tiedges „Urania“ abhängig ist. Das gilt für die zentralen Passagen der Geduld-Lehre (54ff.) und der genaueren Beschreibung des Zustands „des Glaubens, der Liebe und der Hoffnung!“ (61ff.) ebenso wie für die unterschiedlichen Todesvorstellungen (Tod als Jüngling, als hageres Gespenst, als Bereich der Geborgenheit und des Schlafes). Die Differenz im Gehaltlichen zwischen „Treue Liebe“ und „Unverhofftes Wiedersehen“ ist daher auch ein Hinweis auf die weltanschauliche Unsicherheit des fünfzehnjährigen Kirchspielschreibers und Autodidakten Hebbel und auf sein Streben nach einer diesbezüglichen Orientierung.

These 5
Unter dem Aspekt des Strebens nach weltanschaulicher Orientierung kann „Treue Liebe“ auch als Versuch Hebbels gelesen werden, tradierte Wertvorstellungen dem eigenen Wertbewußtsein zu assimilieren. Die Proklamation moralischer Lehren und Normen im Text ist dann als Ausdruck eines Interesses des Autors Hebbel zu verstehen, sich dieser Werte im Medium der literarischen Nachformulierung selbst zu vergewissern.

These 6
Das bedeutet im Hinblick auf das Wertbewußtsein des fiktiven Erzählers (S2), daß die Uneinheitlichkeiten, die wir festgestellt haben (vgl. 3.4), Uneinheitlichkeiten im Wertbewußtsein des realen Autors (S4) sind. Sie sind dem Text mithin nicht im Rahmen einer Erzählstrategie eingeschrieben, die mit komplizierten Brechungen zwischen den einzelnen Kommunikationsniveaus arbeitet, sondern im Rahmen einer Strategie, in der der fiktive Erzähler als Senderinstanz weitgehend die Deutungen und Bewertungen des realen Autors zum Ausdruck bringt.

These 7
Daraus folgern wir im Hinblick auf die Intention des realen Autors (S4), daß die dem Text eingeschriebenen Normen- und Wertvorstellungen einem realen Leser (E4) gegenüber als gültig und verbindlich vorgestellt werden

sollen. Hebbel intendiert mit „Treue Liebe“ die Umorientierung des Bewußtseins eines realen Lesers vom Diesseits auf ein als christlich apostrophiertes Jenseits, mithin die Vermittlung einer – seiner Meinung nach – adäquaten Einstellung zum Leben und zur Welt.

These 8
Mit „Treue Liebe“ formuliert Hebbel eine Funktionsbestimmung von Literatur im Sinne moralischer Aufklärung und pastoraler Belehrung („die Dichter mystifizierten“). Als realer Autor (S4) setzt er sich zum realen Leser (E4) – analog dem dem fiktiven Erzähler eingeschriebenen Gestus – ins Verhältnis des moralisierenden Präzeptors. Er artikuliert für sich einen Anspruch auf Weltdeutungskompetenz und begründet mit dieser seine Eigenschaft als Dichter.

These 9
Der Text kann somit auch als ein Versuch Hebbels gelten, seine Vorstellung vom Dichter und seine Vorstellung vom Verhältnis von Literatur und Gesellschaft zu artikulieren. Im Kontext der Lebenssituation des jungen Hebbel bedeutet dies, daß der Text ein Zeugnis seiner Auseinandersetzung mit seiner sozialen Lage ist.

These 10
Durch die enge Bezugnahme auf Hebel stellt sich Hebbel mit „Treue Liebe“ in die Tradition der moralisierend-didaktischen Kalendergeschichte. Er formuliert mit dem Text selbst und mit der Publikation des Textes in einer Zeitung also auch den Anspruch, eine literarische Tradition aufgreifen und fortführen zu können. Die markante Abweichung von Hebel läßt es als möglich erscheinen, daß „Treue Liebe“ als Kontrafaktur zu „Unverhofftes Wiedersehen“ gedacht war. Mangels ausreichender Indizien läßt sich dies allerdings nicht schlüssig behaupten. Auch ist die Abhängigkeit von Hebel in der Gesamtkonzeption (Umfang, Aufbau, thematische Grundrichtung) so groß, daß eine solche Tendenz im Aspekt der Nachahmung ihre scharfe Begrenzung findet. (Vgl. auch Teil C, Punkt 1 und 4.)

These 11
Die starke gedankliche Abhängigkeit von Tiedge ist ein weiteres Indiz dafür, daß Hebbel kein selbständiges Verhältnis zu seinen Quellen hatte. Wir betrachten daher Nachahmung als die maßgebende Bestimmungsgröße für „Treue Liebe“. Die von uns festgestellten Kohärenzprobleme (vgl. 3.6) sind dann ein Zeichen dafür, daß der junge Hebbel aufgrund einer Diskrepanz zwischen Anspruch und künstlerischem und gedanklichem Vermögen ein einheitliches Erzählkonzept tatsächlich nicht entwickeln konnte.

4.3 *Realer Leser*

Die in den vorhergehenden Kapiteln formulierten Feststellungen und Aussagen haben wir als reale Leser (E4) des Textes „Treue Liebe" getroffen. Sie sind allesamt Resultate eines Rezeptionsprozesses, dessen Subjekte wir als konkrete historische Leser des Jahres 1977 sind. Die im Rahmen des Kommunikationsniveaus 4 erforderliche Berücksichtigung der Größe „realer Leser" bedeutet in unserem Zusammenhang also, daß wir auf unsere eigene Rolle als auf die Bedingung und als auf einen Bestandteil der Analyse des Textes reflektieren.

4.3.1 *Textwahl*

Wie bei der Analyse eines jeden Textes, formulierten wir auch bei der Analyse von „Treue Liebe" mit der Benennung von Textmerkmalen und -eigenschaften Text-Sinn. In dieser Formulierungstätigkeit manifestiert sich unsere Rolle als „realer Leser". Was wir zu „Treue Liebe" – und zwar gerade auch in bezug auf den textinternen Bereich – festgestellt haben, ist, da Resultat eines Rezeptionsvorgangs, abhängig von den Interessen und Erkenntnismöglichkeiten, die wir als real existierende Leser in den Leseprozeß eingebracht haben. Unsere vorgängige Fragestellung war dabei weder durch einen inhaltlichen Aspekt des Textes noch durch ein Interesse an seiner Historizität, an seinem Aussagewert im Hinblick auf Hebbel und sein Werk oder im Hinblick auf geistige, literarische oder gesellschaftliche Entwicklungen des frühen 19. Jahrhunderts motiviert. Unser Interesse an „Treue Liebe" ist vielmehr bedingt durch unser Interesse, das Modell der Erzählkommunikation praktisch vorzuführen. Dieses Interesse hat zur Wahl von „Treue Liebe" als Untersuchungsgegenstand geführt.

4.3.2 *Bewertung von „Treue Liebe"*

Wir haben bisher versucht, unter Anwendung der vom Modell zur Verfügung gestellten Kategorien (Kommunikationsniveaus und deren Sender- und Empfängerinstanzen) die dem Text zukommende Intentionalität, genauer: die ihm vom realen Autor (S4) eingeschriebenen Darstellungs- und Mitteilungsabsichten, zu bestimmen und dabei im Rahmen des Möglichen von einer Korrelierung der im Text vorgenommenen Wert- und Weltdeutungssuggestionen mit unseren eigenen Wert- und Wirklichkeitsvorstellungen abgesehen. Als reale, historisch existierende Empfänger der von einem realen, historisch existierenden Sender ausgehenden Kommunikationsabsichten können wir diesen aber nicht einfach passiv gegenüber stehen; wir sind vielmehr gezwungen, auf sie zu reagieren, d. h. Stellung zu ihnen zu nehmen. Dies ist integraler Bestandteil der Rolle, die ein konkreter Leser einem Text gegenüber einnimmt (E4). Um unsere eigene Position in diesem Zusammenhang anzudeuten, fassen wir die bisher formulierten Untersuchungsergebnisse unter Einschluß des im Abschnitt „Realer Autor" (4.2) Gesagten noch einmal abschließend zusammen und bestimmen dann unser Verhältnis zu dem uns als historisches Produkt gegebenen Text „Treue Liebe".

4.3.2.1 *Abschließende Formulierung der Autorintention*
Als grundlegende Merkmale haben wir für „Treue Liebe" festgestellt: Das im Rahmen des Kommunikationsniveaus 2 explizit dargestellte Verhältnis zwischen fiktivem Erzähler (S2) und fiktivem Adressaten (E2), das das des moralisierenden Belehrens ist, ist bestimmend auch für das dem Text implizit eingeschriebene Verhältnis abstrakter Autor (S3) – abstrakter Leser (E3), d. h. für den Text als Ganzes. Der Text soll – vom Kommunikationsniveau 3 her formuliert: seiner Intentionalität, vom Kommunikationsniveau 4 her: der Autorintention nach – als eine Botschaft belehrend-moralisierender Art zwischen realem Autor (S4) und realem Leser (E4) fungieren. Das zentrale Mittel, das diese Art des Fungierens bewirken und sichern soll, ist der deutlich erkennbare Überredungsgestus des Textes. Analog dem fiktiven Adressaten (E2) soll der reale Leser (E4), indem er sich im Rezeptionsprozeß der dem Text eingeschriebenen Rolle des abstrakten Adressaten (E3) nähert, das als reales historisches Ereignis vorgestellte Geschehen zu Falun zum Exempel nehmen, angesichts der „Betrüglichkeit der menschlichen Hoffnungen" (55) die richtige Einstellung zum Leben und zur Welt zu entwickeln. Der im Text mitformulierte „ideale Leser" ist derjenige, der die Bewußtseins- und Verhaltensänderungen von Maria als situationsadäquate einschätzt, die im Text vorgetragene Interpretation des Weltzustandes akzeptiert und die als gültig vorgestellten Wertvorstellungen teilt. Zugleich verpflichtet der Text den „idealen Leser" darauf, Dichtung als ein Medium der Weltdeutung aufzufassen und gerade seinem Urheber die Fähigkeit zuzugestehen, wahre und verpflichtende Aussagen über den Zustand der Welt, die Bestimmung des Menschen sowie über das Wesen des Daseins machen zu können.

Ob es einen realen Leser, der diesem „idealen Leser" entsprach, jemals gegeben hat, wissen wir nicht. Daß Hebbel als Autor mit seiner Möglichkeit gerechnet, mindestens aber sie gewünscht hat, ist durch den Text als Text belegt. Hebbel hat dem Text seinen Anspruch, dem Leser eine Wertorientierung vermitteln zu können und zu dürfen, eingeschrieben. Dieser Anspruch richtete sich auf die Zeitgenossen. Daß der Text in einer Zeitung veröffentlicht wurde, läßt darauf schließen, daß nicht allein der Autor Hebbel, sondern auch das Wirtschaftsunternehmen Zeitungsverlag damit gerechnet haben, daß bei den erreichbaren zeitgenössischen Lesern eine dieser Absicht entsprechende Rezeptionsbereitschaft bestand.

Wir können also sagen, daß der Wunsch, auf seine Zeitgenossen im Sinne der Vermittlung einer Wertorientierung einzuwirken, ein konstitutiver Bestandteil der Kommunikationsabsichten des jungen Hebbel war. Gleiches gilt unserer Meinung nach für den Wunsch, sich durch Auseinandersetzung mit einer den Zeitgenossen vertrauten literarischen Tradition (Schubert/Hebel/Hoffmann; moralisierende Kalendergeschichte) als Dichter zu profilieren. Indem Hebbel glaubte, sich dabei als Präzeptor präsentieren zu können, erhob er nicht nur einen auf sich als Individuum bezogenen Anspruch, sondern definierte zugleich aus seiner Sicht die Rolle des Dichters in der Gesellschaft. Der den Text „Treue Liebe" bestimmende Gestus des moralisierenden Belehrens ist also zugleich Ausdruck für den – bewußten oder unbewußten – Versuch Hebbels, seine persönliche soziale Beziehung zur Mitwelt zu definieren. Indirekt nahm er mit der Formulierung solcher Ansprüche Stellung zu der – von Generation zu Generation neu zu diskutierenden – Frage des Verhältnisses von Literatur und Gesellschaft. Daß sie als Grundsatzproblem die Kommunikationsabsichten des Fünfzehnjährigen bestimmt hätte, ist kaum anzunehmen. Es war dies aber eine Frage, die den Autor Hebbel späterhin ausdrücklich und intensiv beschäftigt hat.

4.3.2.2 *Abschließende Stellungnahme*

Insgesamt erscheint uns „Treue Liebe" als ein Ausdruck tastender Unsicherheit des jungen Hebbel. Die Übernahmen aus literarischen Quellen und Vorlagen, die W. Liepe im einzelnen nachgewiesen hat, sind uns ebenso Indiz hierfür wie die von uns hervorgehobenen Kohärenzprobleme und die Unsicherheiten in der Wertsetzung. Vor allem aber ist es der Gestus des moralischen Belehrenwollens, der dem Text als Ganzem innewohnt. Er scheint uns gerade in der Eindringlichkeit, in der er sich präsentiert, deutlichster Hinweis darauf zu sein, daß der Autor Hebbel in ihm seine eigene Desorientiertheit verbergen wollte.

Wittkowski hat darauf aufmerksam gemacht, daß sich der belehrende Gestus in fast allen Arbeiten Hebbels aus der Entstehungszeit von „Treue Liebe" findet. Wir sehen diesen Gestus über die biographischen Bedingtheiten hinaus auch in Verbindung mit der starken Abhängigkeit Hebbels von Hebel. Indem der fünfzehnjährige Hebbel, Schreiber in der Kirchspielsvogtei in Wesselburen und Autodidakt, in „Treue Liebe" einen Wertekanon aufbaute und explizit zu vermitteln suchte, der ihn, aus seiner Perspektive, auf der Höhe der Zeit (Tiedges „Urania"!) zeigen konnte, wollte er sich als eine geistige Kraft präsentieren, die sich mit dem etablierten Geistlichen und Schulmann Hebel, der als langjähriger Verfasser eines Volkskalenders der Ratgeber so manchen Lesers war, vergleichen konnte. In diesem Zusammenhang können wir vielleicht auch die von uns festgestellte Diskrepanz zwischen Überschrift und thematischer Durchführung in „Treue Liebe" erklären. Bei Hebel ist die Liebe des Mädchens zu ihrem toten Bräutigam das Bindeglied zwischen Unglück und Wiedersehen (Hebel: „sie weinte um ihn und vergaß ihn nie" - vgl. Text im Anhang zu Teil B); die treue Liebe fungiert als eine Voraussetzung der gesamten Geschichte. Hebbel läßt, obwohl er sehr darum bemüht ist, Julius und Maria als Liebende vorzuzeigen, den Aspekt der treuen Liebe mit dem Tod des Julius in den Hintergrund treten. Dies ist bei ihm die Bedingung dafür, daß Maria die Demonstrationsfunktion, die wir an ihr beobachtet haben, bekommt. Die Wiederaufnahme des Motivs in der Schlußszene („und in ihrem erstorbenen Herzen regten sich die jugendlichen Empfindungen treuer Liebe", 95–97) zeigt gleichwohl, daß Hebbel sich von einem strukturbildenden Element seiner Hebelschen Vorlage nicht lösen wollte oder konnte. Überdies kommt das von Hebbel als Überschrift verwendete Begriffspaar „treue Liebe" in Schuberts Fassung des Stoffes wörtlich vor. Dies scheint uns darauf hinzuweisen, daß Hebbel versuchte, mit seiner Fassung des Stoffes die literarischen Vorlagen allesamt zu übertrumpfen und sich damit gegenüber der Tradition als selbständig zu behaupten. Gerade der Versuch der selbständigen Deutung des Stoffes bei gleichzeitigem Verhaftetsein an die Quellen spiegelt aber eine künstlerische und intellektuelle Unsicherheit Hebbels wider, die sich in unserer Sicht vor sich selbst und vor der Öffentlichkeit im literarisch vermittelten Anspruch des Autors auf Autorität („Treue Liebe" als verpflichtende Beispielgeschichte) zu verhüllen suchte.

4.3.3 *Textintentionalität und Leseinteressen heute*

Wenn es ungewiß ist, ob ein realer Leser „Treue Liebe" jemals so rezipiert hat, wie es der dem Text eingeschriebenen Rolle des „idealen Lesers" entspräche, so ist gleichfalls ungewiß, ob ein heutiger Leser „Treue Liebe" in diesem Sinne rezipieren will. Die im Text artikulierten Normen und Werte sind historisch gewordene und unterliegen in ihrer Gültigkeit historisch bedingter Relativierung. Gleiches gilt für die dem Text eingeschriebenen Auffassungen vom Dichter und von der Funktion von Literatur in der Gesellschaft. Insofern ein realer Leser den Text als etwas ihm Fremdes, historisch Distanziertes liest, findet er sich herausgefordert, zu formulieren, warum und wie der Text Gegenstand seines Interesses als Leser und Rezipient wird. Mit einer solchen Fragestellung ist derjenige Bereich der literarischen Kommunikation angesprochen, der im Modell als Kommunikationsniveau 5 bezeichnet ist (gesamter historischer Kontext des realen Lesers E4, der als Bestimmungselement für diesen fungiert). Wir können im Rahmen dieser Demonstration die Frage nicht erörtern, wie wir uns zu der Textintentionalität im einzelnen verhalten. Wohl aber können wir einige Aspekte benennen, die uns als heutigen Lesern an „Treue Liebe" als einem Text aus dem Jahre 1828 interessant erscheinen.

Wir müssen uns dabei auf das beschränken, was wir an „Treue Liebe" im Rahmen unserer bisherigen Demonstration, unter Absehung davon, daß der Text in gesellschaftliche und historische Zusammenhänge im weiteren Sinn eingebunden ist, herausgestellt haben. Da ist zunächst der Aspekt, daß im Jahre 1828 öffentlich ein Rollenverhältnis zwischen den Geschlechtern als gültig behauptet wird, das nur im Sinne einer strengen Unterordnung der Frau unter den Mann aufgefaßt werden kann. Das Problem der Stellung von Mann und Frau in der Gesellschaft ist noch heute virulent; es erscheint inzwischen – Stichwort Emanzipation – in einer Perspektive, die der in „Treue Liebe" zugrundegelegten diametral widerspricht. Ohne nähere Untersuchung der Frage, wie sich die in „Treue Liebe" implizierte Problemlage zum Stand der in zeitgenössischer Literatur entwickelten einerseits und zum Stand der gesellschaftlichen Entwicklung zu Beginn der dreißiger Jahre des 19. Jahrhunderts andererseits verhält, ob sie kritisch auf sie bezogen oder eher affirmativen Charakters ist – eine Untersuchungsfrage, die bei der Beschäftigung mit Literatur als einem historischen Sinnsystem eine wichtige Rolle spielt – können wir sagen, daß dieser Aspekt „Treue Liebe" zu einem Zeugnis macht, an dem für uns die historische Dimension einer aktuellen Problemlage und die historisch vermittelte Differenz zwischen unserer Gegenwart und dem frühen 19. Jahrhundert sichtbar wird. Das Gleiche gilt für den Aspekt der Wertvorstellungen und des Weltbildes, das uns in Form einer Weltdeutung in „Treue Liebe" präsentiert wird. Insbesondere aber kann uns die Funktionsbestimmung von Literatur interessieren, die dem Text deutlich eingeschrieben ist, ohne daß sie von Hebbel explizit zum Thema der Erzählung gemacht worden wäre. Jedem, der sich wissenschaftlich mit Literatur beschäftigt, sollte die Frage des gesellschaftlichen Fungierens von Literatur ein zentrales Problem sein. Und zwar nicht nur unter dem Aspekt der Entstehungsbedingungen von Literatur, sondern auch unter dem ihrer Verwertung, der ökonomischen sowohl wie der ideologischen. Die institutionelle Integration von Literatur ins öffentliche Bewußtsein, wie sie durch das Bildungswesen (Schule und Hochschule) und durch Einrichtungen wie Verlage, Rundfunk- und Fernsehanstalten, Zeitungen, Zeitschriften etc. erfolgt, ist wichtig für die Bestimmung der Möglichkeiten, unter denen das Selbstverständnis einer Gesellschaft zu einem gegebenen historischen Zeitpunkt produziert wird. Die Geschichte des Deutschunterrichts oder die Wissenschaftsgeschichte der Germanistik sind Beispiele für diesen Zusammenhang, die jedem Literaturstudenten unmittelbar zugänglich sind. Wir selbst haben bei der Sinnzuschreibung für „Treue Liebe" in Abschnitt 4.2 den Aspekt der dem Text eingeschriebenen Funktionsbestimmung von Literatur – die uns heute ihrem Inhalt nach fragwürdig erscheint, die aber in der bei Hebbel anzutreffenden Form während der letzten 150 Jahre weit verbreitet und von kaum zu unterschätzenden Konsequenzen war – nicht zuletzt aufgrund einer an solchen Fragen orientierten Interessenbestimmtheit als einen wichtigen Bedeutungsfaktor hervorgehoben.

5 Anhang

5.1 Gotthilf Heinrich Schubert
Ansichten von der Nachtseite der Naturwissenschaft [Auszug] [1808]

Aus: Gotthilf Heinrich Schubert: Ansichten von der Nachtseite der Naturwissenschaft. Vierte großentheils umgearbeitete und sehr vermehrte Auflage. Zweite Ausgabe. Leipzig 1850.

[. . .]

Auf gleiche Weise zerfiel auch ein merkwürdiger Leichnam, von welchem *Hülpher, Cronstedt* und die schwedischen gelehrten Tagebücher erzählen, in eine Art von Asche, nachdem man ihn, dem Anscheine nach in festen Stein verwandelt, unter einem Glasschranke vergeblich vor dem Zutritte der Luft gesichert hatte. Man fand diesen ehemaligen Bergmann in der schwedischen Eisengrube zu Fahlun, als zwischen zwei Schachten ein Durchschlag versucht wurde. Der Leichnam, ganz mit Eisenvitriol durchdrungen, war Anfangs weich, wurde aber, sobald man ihn an die Luft gebracht, so hart wie Stein. Fünfzig Jahre hatte derselbe in einer Tiefe von 300 Ellen in jenem Vitriolwasser gelegen, und Niemand hätte die noch unveränderten Gesichtszüge des verunglückten Jünglings erkannt, Niemand die Zeit, seit welcher er in dem Schachte gelegen, gewußt, da die Bergchroniken so wie die Volkssagen bei der Menge der Unglücksfälle in Ungewißheit waren, hätte nicht das Andenken der ehemals geliebten Züge eine alte treue Liebe bewahrt. Denn als um den kaum hervorgezogenen Leichnam das Volk, die unbekannten jugendlichen Gesichtszüge betrachtend, stand, da kommt an Krücken und mit grauem Haar ein altes Mütterchen, mit Thränen über den geliebten Todten, der ihr verlobter Bräutigam gewesen, hinsinkend, die Stunde segnend, da ihr noch an den Pforten des Grabes ein solches Wiedersehen gegönnt war, und das Volk sah mit Verwunderung die Wiedervereinigung dieses seltenen Paares, von dem das Eine im Tode und in tiefer Gruft das jugendliche Aussehen, das Andere bei dem Verwelken und Veralten des Leibes die jugendliche Liebe treu und unverändert erhalten hatte, und wie bei der fünfzigjährigen Silberhochzeit der noch jugendliche Bräutigam starr und kalt, die alte und graue Braut voll warmer Liebe gefunden wurde.

[. . .]

5.2 Johann Peter Hebel
Unverhofftes Wiedersehen [1811]

Aus: Johann Peter Hebel: Erzählungen und Aufsätze des Rheinländischen Hausfreunds. Der Gesamtausgabe zweiter Band. Herausgegeben, eingeleitet und erläutert von Wilhelm Zentner. Karlsruhe 1968.

In Falun in Schweden küßte vor guten fünfzig Jahren und mehr ein junger Bergmann seine junge, hübsche Braut und sagte zu ihr: „Auf St. Luciä wird unsere Liebe von des Priesters Hand gesegnet. Dann sind wir Mann und Weib und bauen uns ein eigenes Nestlein." – „Und Friede und Liebe soll darin wohnen," sagte die schöne Braut mit holdem Lächeln, „denn du bist mein Einziges und Alles, und ohne dich möchte ich lieber im Grab sein, als an einem andern Ort." Als sie aber vor St. Luciä der Pfarrer zum zweiten Male in der Kirche ausgerufen hatte: „So nun jemand Hindernis wüßte anzuzeigen, warum diese Personen nicht möchten ehelich zusammenkommen," da meldete sich der Tod. Denn als der Jüngling den andern Morgen in seiner schwarzen Bergmannskleidung an ihrem Haus vorbeiging, der Bergmann hat sein Totenkleid immer an, da klopfte er zwar noch einmal an ihrem Fenster und sagte ihr guten Morgen, aber keinen guten Abend mehr. Er kam nimmer aus dem Bergwerk zurück, und sie saumte vergeblich selbigen Morgen ein schwarzes Halstuch mit rotem Rand für ihn zum Hochzeitstag, sondern als er nimmer kam, legte sie es weg und weinte um ihn und vergaß ihn nie. Unterdessen wurde die Stadt Lissabon in Portugal durch ein Erdbeben zerstört, und der Siebenjährige Krieg ging vorüber, und Kaiser Franz der Erste starb, und der Jesuitenorden wurde aufgehoben und Polen geteilt, und die Kaiserin Maria Theresia starb, und der Struensee wurde hingerichtet, Amerika wurde frei, und die vereinigte französische und spanische Macht konnte Gibraltar nicht erobern. Die Türken schlossen den General Stein in der Veteraner Höhle in Ungarn ein, und der Kaiser Joseph starb auch. Der König Gustav von Schweden eroberte russisch Finnland, und die französische Revolution und der lange Krieg fing an, und der Kaiser Leopold der Zweite ging auch ins Grab. Napoleon eroberte Preußen, und die Engländer bombardierten Kopenhagen, und die Ackerleute säeten und schnitten. Der Müller mahlte, und die Schmiede hämmerten, und die Bergleute gruben nach den Metalladern in ihrer unterirdischen Werkstatt. Als aber die Bergleute in Falun im Jahr 1809 etwas vor oder nach Johannis zwischen zwei Schachten eine Öffnung durchgraben wollten, gute dreihundert Ellen tief unter dem Boden, gruben sie aus dem Schutt und Vitriolwasser den Leichnam eines Jünglings heraus, der ganz mit Eisenvitriol durchdrungen, sonst aber unverwest und unverändert war, also daß man seine Gesichtszüge und sein Alter noch völlig erkennen konnte, als wenn er erst vor einer Stunde gestorben oder ein wenig eingeschlafen wäre an der Arbeit. Als man ihn aber zu Tag ausgefördert hatte, Vater und Mutter, Gefreundte und Bekannte waren schon lange tot, kein Mensch wollte den schlafenden Jüngling kennen oder etwas von seinem Unglück wissen, bis die ehemalige Verlobte des Bergmanns kam, der eines Tages auf die Schicht gegangen war und nimmer zurückkehrte. Grau und zusammengeschrumpft kam sie an einer Krücke an den Platz und erkannte ihren Bräutigam; und mehr mit freudigem Entzücken als mit Schmerz sank sie auf die geliebte Leiche nieder, und erst als sie sich von einer langen heftigen Bewegung des Gemüts erholt hatte, „es ist mein Verlobter," sagte sie endlich, „um den ich fünfzig Jahre lang getrauert hatte und den mich Gott noch einmal sehen läßt vor meinem Ende. Acht Tage vor der Hochzeit ist er auf die Grube gegangen und nimmer gekommen." Da wurden die Gemüter aller Umstehenden von Wehmut und Tränen ergriffen, als sie sahen die ehemalige Braut jetzt in der Gestalt des hingewelkten kraftlosen Alters und den Bräutigam noch in seiner jugendlichen Schöne, und wie in ihrer Brust nach fünfzig Jahren die Flamme der jugendlichen Liebe noch einmal erwachte; aber er öffnete den Mund nimmer zum Lächeln oder die Augen zum Wiedererkennen; und wie sie ihn endlich von den Bergleuten in ihr Stüblein tragen ließ, als die einzige, die ihm angehöre und ein Recht an ihn habe, bis sein Grab gerüstet sei auf dem Kirchhof. Den andern Tag, als das Grab gerüstet war auf dem Kirchhof und ihn die Bergleute holten, schloß sie ein Kästlein auf, legte sie ihm das schwarzseidene Halstuch mit roten Streifen um und begleitete ihn in ihrem Sonntagsgewand, als wenn es ihr Hochzeitstag und nicht der Tag seiner Beerdigung wäre. Denn als man ihn auf dem Kirchhof ins Grab legte, sagte sie: „Schlafe nun wohl, noch einen Tag oder zehen im kühlen Hochzeitbett, und laß dir die Zeit nicht lang werden. Ich habe nur noch wenig zu tun und komme bald, und bald wird's wieder Tag. Was die Erde einmal wiedergegeben hat, wird sie zum zweiten Male auch nicht behalten," sagte sie, als sie fortging und noch einmal umschaute.

5.3 Petra Kipphoff und Wilfried Bauer (Photos)
Zum Beispiel Falun [Auszug]
[1975]

Aus: ZEITmagazin. 10. 10. 1975.

Warum nicht Falun: als ich beschloß, den Denkmalschutz und seine Folgen nicht in Ephesus oder Limerick und auch nicht in Conques oder Rothenburg, sondern in Falun ausfindig zu machen, da gab es überhaupt keinen besonderen Grund für diesen Entschluß und allenfalls ein sonderbares Motiv, die Erinnerung an die Geschichte „Das Bergwerk von Falun". Der romantische Naturphilosoph Gotthelf Heinrich von Schubert hat sie zum erstenmal im Deutschen erzählt, in den „Ansichten von der Nachtseite der Naturwissenschaft" (1808), dann nahmen Johann Peter Hebel (in „Unverhofftes Wiedersehen", 1810), E. T. A. Hoffmann (in „Die Bergwerke zu Falun", 1819) und Hugo von Hofmannsthal (in dem Drama „Das Bergwerk zu Falun", 1933) die rührende Geschichte von dem toten, im Vitriolwasser des Berges jung gebliebenen Bergmann und seiner in Treue alt gewordenen Braut wieder auf. In Schweden selber ist aus diesem Paar, dessen Geschichte auf eine wahre Begebenheit zurückgeht, nie Poesie geworden. In Deutschland hat es nicht nur Dichter, sondern auch den Komponisten Franz von Holstein zu der Oper „Heideschacht" (1896) inspiriert und den romantischen Maler Carl Vogel von Vogelstein zu dem tränenseligen Historienbild „Der Bergmann von Falun".

[. . .]

Im Bergwerk von Falun führt das vorbildlich blonde Schwedenmädchen zu der Felsenspalte, in der er 1719 gefunden wurde, der über das Menschenmögliche hinaus jung gebliebene, über das Menschenübliche hinaus geliebte Bergmann.

Der junge Tote hieß Mats Israelsson. „Fet-Mats" wurde er genannt wegen einiger Leibesfülle. Und ob die alte Frau, die über seiner Leiche in Tränen ausbrach, seine Braut war, ist mehr als fraglich. Denn auf alle toten Männer, die der Berg wieder hergab, stürzten sich lebende Frauen: Nur für einen vorhandenen Toten gab es eine Rente, erhielten Witwen und ewige Bräute die Lizenz, eine Kneipe aufzumachen.

5.4 Wolfgang Liepe
Unbekannte und unerkannte Frühprosen Hebbels. Untersuchungen zur ersten geistigen Entwicklung des Dichters [Auszug]
[1953]

Aus: Hebbel-Jahrbuch 1953. Heide in Holstein o. J. S. 28–79.

Hier: S. 28–44.

Die Erzählungen Hebbels stehen an dichterischem Wert hinter seinem lyrischen und dramatischen Werk zurück. Er selbst hat sie später als „die ersten schüchternen Versuche eines sich selbst noch nicht verstehenden Talents" bezeichnet (B. VI, 8)[1]. Die Form der Prosaerzählung versiegt, sobald der

Dramatiker sich selbst gefunden hat. Bis dahin aber erfüllt sie für den Dichter die Aufgabe, die später sein Drama übernehmen wird, Deutung des Lebens im Spiegel des dichterischen Symbols zu sein. „Nur wo ein *Problem* vorliegt, hat Eure Kunst etwas zu schaffen", ruft Hebbel im Vorwort zur „Maria Magdalene" den dramatischen Dichtern zu. Er legt damit den Lebensnerv seines gesamten Schaffens frei. Schon sein Wesselburener Frühwerk, so offensichtlich es auch von fremden Vorbildern und Ideen abhängig ist, lebt aus dem Problematischen und kreist um dieselben Grundfragen, die noch den reifen Dichter beschäftigen werden. In seiner Frühzeit bereits war es nicht der literarische Zufall, der diese Probleme an ihn herantrug. Aus der Fülle des ihm zur Verfügung stehenden literarischen und philosophischen Bildungsmaterials, das weit größer war, als man gemeinhin annahm, wählt er das ihm Gemäße aus. In der Form der Annahme, der Ablehnung und der Diskussion betätigt sich sein erster Drang nach schöpferischer Selbständigkeit, die dem Autodidakten der frühen Wesselburener Jahre naturgemäß versagt bleiben mußte.

In der weltanschaulichen Diskussion seiner Tage, mit der er sich seit seinen schriftstellerischen Anfängen vertraut zeigt, erkennt er wie in einem Spiegel die Dialektik des eigenen Erlebens wieder. An der Spannung, die der geistesgeschichtlichen Lage der dreißiger Jahre des 19. Jahrhunderts innewohnt, erwächst ihm die Spannung des eigenen Innern zu erster Bewußtheit. Als geistigen Verwandten jener Männer fühlt er sich, die ihm im Ringen um die Klärung der Welträtsel die erste geistige Nahrung reichen, und was er aus ihrem Ideenkreis dem eigenen Denken und Erleben anverwandelt, das nimmt er als eigenen Besitz für die Dauer seines Lebens in Anspruch. Es sind, wie ich anderorts nachgewiesen habe[2] und hier bestätigen werde, vor allem die Schriften des Schellingschülers Gotthilf Heinrich Schubert und die Erstlingsschrift des Hegelschülers Ludwig Feuerbach, die die geistige Entwicklung des Dichters in Wesselburen bestimmen und noch für sein späteres Weltbild grundlegend bleiben werden. Im Alter von 15 Jahren beginnt er das Studium Schuberts, zwei Jahre später das Feuerbachs. Beide Autoren werden bis in die Reifezeit hinein stete aber verschwiegene Begleiter seiner weltanschaulichen Kämpfe und Krisen bleiben. Durch die frühe Bekanntschaft mit ihnen erklärt sich uns nun Hebbels selbstbewußtes Wort, daß er seit seinem 22. Lebensjahr, d. h. seit seinem Weggang von Wesselburen, „nicht eine einzige wirklich neue Idee gewonnen" habe: „alles, was ich schon mehr oder weniger dunkel ahnte, ist in mir nur weiter entwickelt und links und rechts bestätigt oder bestritten worden" (B. V, 42).

Schubert, der als romantischer Naturphilosoph in der Nachfolge Schellings begann, hatte sich im weiteren Verlauf seiner Entwicklung unter der Einwirkung Baaders, Böhmes und St. Martins der christlichen Mystik zugewandt und seinen früheren Ideenkreis in das Licht seines pietistischen Bekehrungserlebnisses gestellt. Es war dieser Schubert der pietistischen Wende, den Hebbel zunächst kennen lernte. Die erste Schubertsche Schrift, zu der er griff, die „Ansichten von der Nachtseite der Naturwissenschaft" (erstmalig 1808 erschienen) las er in der von Schubert im Geiste des christlichen Jenseitserlebnisses neubearbeiteten Ausgabe von 1818.

In diese Richtung wirkte auch Hebbels frühe Bekanntschaft mit einer philosophischen Lehrdichtung, die damals in den Kreisen der religiös und philosophisch Gebildeten einen Ehrenplatz neben der Bibel einnahm. Es ist C. A. Tiedges „Urania, über Gott, Unsterblichkeit und Freiheit, ein lyrisch-didaktisches Gedicht in sechs Gesängen", erstmalig erschienen im Jahre 1801. Merkwürdigerweise hat die Forschung auch diese für die früheste weltanschauliche Bildung Hebbels wesentliche Quelle völlig übersehen. Da die Übernahme Tiedgescher Ideen, Motive und Stileigentümlichkeiten ein Merkzeichen frühhebbelscher Dichtung ausmacht und uns daher als eines der Kriterien für die Feststellung der Autorschaft Hebbels an anonym überlieferten Dichtungen dienen wird, müssen wir uns mit Hebbels Verhältnis zu Tiedges Werk wenigstens in vorläufigem Überblick beschäftigen.

Tiedges „Urania" hatte bis zum Jahre 1828, in dem wir die ersten Spuren seiner Einwirkung auf den jugendlichen Hebbel feststellen werden, sieben Auflagen erlebt. Erst mit der 18. Auflage vom Jahre 1862 ebbt seine Wirkung ab. Noch am 25. Februar 1824 bekannte Goethe zu Eckermann, er habe von Tiedges „Urania" „nicht wenig auszustehen gehabt; denn es gab eine Zeit, wo nichts gesungen und nichts deklamiert wurde, als die ‚Urania'. Wo man hinkam, fand man die ‚Urania' auf allen Tischen; die ‚Urania' und die Unsterblichkeit war der Inhalt jeder Unterhaltung". In der geistigen Umwelt des jungen Hebbel und in den ihm zugänglichen Büchersammlungen nahm das Werk natürlicherweise die Stelle eines Klassikers der deutschen Literatur ein. Hebbels früheste Lyrik und poetische Prosa ist denn auch durchdrungen von Ideen und Motiven Tiedges. Sehr vieles, was man bisher dem Einfluß Schillers zuschrieb, mit dem Tiedge schon von den Zeitgenossen verglichen wurde, floß ihm aus der „Urania" zu. Die Mißleitung der Forschung erklärt sich aus der Gemeinsamkeit ihres in Kant wurzelnden Weltbildes. Es war die Ideenwelt von Kants „Kritik der praktischen Vernunft", die Tiedges popularphilosophische Dichtung in poetische Rhetorik und sentimentale Bilder umsetzte. Was Hebbel in Schillers Gedichten als verstreutes Ideengut ansprach, das trat ihm in Tiedges Lehrgedicht in der Form eines geschlossenen religiösen Weltbildes entgegen.

Tiedges Schrift vermittelte Hebbel damit eine erste populäre Einführung in das Weltbild des deutschen Idealismus kantischer Prägung. Diese war um so wirksamer, als der Verfasser jedem Gesang eine Inhaltsangabe in gemeinverständlicher Prosa vorangestellt hatte. So hat Hebbel, um nur ein

Beispiel unter vielen anzuführen, aus der Prosaeinführung zum 6. Gesang die Gegenüberstellung von „Tat" und „Begebenheit", wie sie Tiedge aus Kants „Prolegomena" kannte, in seine Theorie des Dramas übernommen. Sie findet sich zuerst in dem Aufsatz über Körner und Kleist vom Jahre 1835 (IX, 39) und geht dann als konstitutives Element in seine erste dramaturgische Abhandlung „Ein Wort über das Drama" von 1843 über (XI, 5f.).

Reicht die Einwirkung Tiedges, trächtig von Kantischen Ideen wie sie war, im Einzelnen weit in Hebbels spätere Entwicklung hinein, so trennt er sich frühzeitig nicht nur von der sentimental verblasenen Diktion des Uraniadichters, sondern auch von seiner weltanschaulichen Gesamtkonzeption. Die Mitte des Jahres 1833, das überhaupt als das weltanschauliche Krisenjahr des Wesselburener Hebbel zu gelten hat, bringt, wie wir noch sehen werden, die ausgesprochene Absage an Tiedge.

Diese erfolgt zu der Zeit, da sich der Dichter zum ersten Male bewußt von dem christlich traditionellen Weltbild und seinen Jenseitshoffnungen loslöst und unter dem Einfluß Feuerbachs eine neue positive Wertung der diesseitigen Wirklichkeit findet. Hebbel selbst hat später Uhland als den ersten Führer bezeichnet, der ihn „aufs Leben" verwies (B. I, 67), und gewiß hat Uhlands Vorbild der Frühlyrik Hebbels eine, wenn auch sehr allmähliche und bescheidene, Richtung aufs Gegenständliche verliehen. Hinter der Wendung zu Wirklichkeit und Leben aber steht als mächtigerer Beweger der ungenannte Feuerbach. Selbst Uhlands Dichtertum stellt Hebbel 1833 in dem an den verehrten Meister gerichteten Sonett in das Licht der Feuerbachschen Weltsicht[3].

Noch einem andern seiner frühen dichterischen Wegweiser hat Hebbel den Dienst, ihn aufs Leben verwiesen zu haben, zugeschrieben. „Hoffmann", so notiert er am 9. Januar 1842 im Tagebuch, „gehört mit zu meinen Jugendbekannten, und es ist recht gut, daß er mich früh berührte; ich erinnere mich sehr wohl, daß ich von ihm zuerst auf das Leben, als die einzige Quelle echter Poesie, hingewiesen wurde." E. T. A. Hoffmann hat den jugendlichen Dichter in der Tat beträchtlich früher berührt als Uhland und Feuerbach, und wenn sich auch seine Weisung auf eine realistischere Darstellungsweise erst langsam in Hebbels Erzählungen bemerkbar machen wird, so war es doch die literarische Begegnung mit Hoffmann, die dem 15jährigen Anfänger im Jahre 1828 den Anstoß zur Abfassung seiner ersten Erzählung gab.

Die im Folgenden behandelten frühen Prosastücke Hebbels stehen deutlich unter dem Einfluß der Schriften Schuberts, Tiedges und Hoffmanns. Die ersten vier Stücke erschienen ohne den Namen des Verfassers. Quellenkritische Erkenntnisse, wie sie der bisherigen Forschung verborgen geblieben sind, verbunden mit einer vergleichenden Betrachtung des beglaubigten Werkes Hebbels, werden mit innerer Notwendigkeit die

Verfasserschaft Hebbels auch für die noch anonym veröffentlichten ersten vier Stücke ergeben.

Das erste der hier behandelten Prosastücke „Treue Liebe“ erschien unter dem 11. September 1828 im „Ditmarser und Eiderstädter Boten“, es folgten: „Der Traum“ am 12. Februar 1829, „Antenors Traum“ am 20. Mai 1830, „Die beiden Träume“ am 3. Juni 1830. Mit dem 11. November 1830 schließt sich dann als wesensverwandtes Stück die erste mit Hebbels Namen gezeichnete Prosaveröffentlichung an: „Holion, Nachtgemälde“. Einige Monate später, wie sich uns ergeben wird, wurde dann das nur in einer Abschrift von fremder Hand erhaltene Stück „Des Greises Traum“ verfaßt. Als Nachzügler dieser frühen Traumdichtungen stellt sich schließlich das in der ersten Hälfte des Jahres 1833 verfaßte, aber erst 1835 in Amalia Schoppes „Iduna“ veröffentlichte Märchen „Die Einsamen Kinder“ dar. Es wurzelt tief in Schuberts Ideenkreis und nutzt neben Einzelnem aus Hoffmann besonders die Enthüllungen, die Schubert auf dem Gebiete des parapsychischen Zwischenreichs gemacht hatte.

Während die Forschung das erste Stück, „Treue Liebe“, von 1828 überhaupt nicht beachtet hat, sah man in den 1829 und 1830 erschienenen Traumstücken, „Der Traum“, „Antenors Traum“ und „Die beiden Träume“ eine damals angeblich im Schwunge befindliche Traummode, so daß Hebbels „Holion“, wie Werner es ausdrückte, „nur den Anregungen dieses engeren Literaturkreises sich an schließt“[4]. Nicht gewahr der inneren und wesenhaften Zusammenhänge, die alle Stücke untereinander und mit dem späteren Werke Hebbels verbinden, hielt man diese frühesten Erzeugnisse Hebbels für Vorbilder, die der jugendliche Anfänger im „Holion“ nachgeahmt habe. Das Merkwürdige an dieser behaupteten Traummode ist nur, daß sie beginnt, kurz bevor Hebbel im „Boten“ zum ersten Mal mit seinem Namen (mit dem Gedicht „Sehnsucht“ am 18. Juni 1829) hervortritt, und daß sie mit dem von Hebbel namentlich gezeichneten „Holion“ im November des Jahres 1830 wieder verschwindet. Schon dieser Tatbestand hätte den Gedanken nahe legen sollen, daß diese sogenannte Mode eine Hebbelsche Individualmode ist, und daß wir in diesen Traumstücken die erste Periode frühhebbelscher Prosadichtung vor uns haben. Sie ist der Niederschlag einer geistigen Haltung, die sich auch in der gleichzeitigen Lyrik Hebbels ausspricht und den Dichter in den Traumsphären Schuberts und Tiedges sowie in der phantastischen Welt Hoffmanns zu Hause zeigt.

In dem Bemühen, dieser mysteriösen Traummode auf den Grund zu kommen und den frühest möglichen literarischen Spuren Hebbels nachzugehen, unterzog ich den Jahrgang 1828 des „Boten“ einer eingehenden Prüfung[5]. Von der Traummode war in diesem Jahrgang nichts zu finden, wohl aber entdeckte ich zu meiner Überraschung, neben anderem mit dem jugendlichen Hebbel in Zusammenhang stehendem Material, die Erzählung „Treue Liebe", die in Stoff, Stil und Gedankenmotiven unbezweifelbar von den gleichen Vorbildern abhängig ist, unter deren Geleit der frühe Hebbel seine ersten Versuche in Lyrik, Prosa und Aphorismen unternimmt. Eine noch anfängerisch ungelenke Erzählungstechnik bewegt sich in den von Schubert, Hoffmann und Tiedge vorgezeichneten Bahnen. Hinzu kommt in diesem besonderen Falle noch das Vorbild des damaligen Meisters der Kurzgeschichte, des Verfassers des allverbreiteten „Schatzkästleins", Johann Peter Hebels.

Treue Liebe

Die Erzählung „Treue Liebe"[6] (vgl. S. 71 dieses Jahrbuchs) ist eine Bearbeitung der Geschichte vom Bergmann von Falun, die Schubert erstmalig in der achten Vorlesung seiner „Ansichten von der Nachtseite der Naturwissenschaft" veröffentlicht hatte. Der knappe Bericht Schuberts erzählt von der Bergung einer unversehrt jugendlichen Bergmannsleiche, die nach 50 Jahren von einem greisen Mütterchen als die ihres einstigen Verlobten wiedererkannt wird.

Schubert hatte die kleine Geschichte als Beispiel „von lange unverwesten Leichnamen" erzählt. Interessant und zugleich bewegend, wie sie den Leser in dieser ersten Form ansprach, wurde sie seit den Tagen der Romantik der Ausgangspunkt einer langen Reihe von Bearbeitungen[7]. Die bekanntesten sind die Erzählung E. T. A. Hoffmanns „Die Bergwerke von Falun", zuerst 1819 in den „Serapionsbrüdern" erschienen, und das auf Hoffmann beruhende Drama Hugo von Hofmannsthals.

Hoffmann hatte über dem schlichten Bericht Schuberts ein farbenreiches Bild vom bergmännischen Leben in Falun aufgebaut. Wie in Tiecks „Runenberg" wird die Glanzpracht der unterirdischen Gesteinswelt und ihre dämonisch verlockende Gewalt geschildert. Ihr unterliegt der Held, der wenige Stunden vor der Hochzeit in die Teufe hinabsteigt, um der vergeblich warnenden Braut den kirschrot funkelnden Almadin als Hochzeitsgabe ans Licht zu fördern. Er verfällt dem Bann der elementarischen Geister, die den, der sich mit ihnen einläßt, ganz für sich fordern. Erst der Schluß der Hoffmannschen Erzählung schließt sich dann dem kurzen Tatsachenbericht Schuberts an.

Es war die selbstkritische Schlußbemerkung Hoffmanns, die dem Wesselburener Anfänger den Gedanken eingab, die Geschichte neu und anders zu erzählen[8]. Sie wies ihn auch unmittelbar auf die Schubertsche Quelle und damit auf das Studium der Schriften Schuberts überhaupt hin. Nach Verlesung der Novelle nämlich spricht Theodor im Gespräch mit den Serapionsbrüdern die Zweifel des Autors aus: „Ich merke es wohl, daß euch meine Erzählung nicht ganz recht ist", und Ottomar erwidert: „Es ist nicht anders, deine Erzählung läßt einen sehr wehmütigen Eindruck zurück, aber, aufrichtig gestanden, will mir all der Aufwand von schwedischen Bergfrälsebesitzern, Volksfesten, gespenstischen Bergmännern und Visionen garnicht recht gefallen. Die einfache Beschreibung in Schuberts ‚Ansichten von der Nachtseite der Naturwissenschaft', wie der Jüngling in der Erzgrube zu Falun gefunden wurde, in dem ein altes Mütterchen ihren vor fünfzig Jahren verschütteten Bräutigam wiedererkannte, hat viel tiefer auf mich gewirkt."

Hebbel nahm den Hinweis auf, verschaffte sich Schuberts „Ansichten"[9] und machte sich daran, die Geschichte vom Bergmann von Falun in kürzerer Form und unter Vermeidung des von Hoffmann breit ausgemalten Beiwerks und des der Quelle fremden Ideenhintergrundes neu zu erzählen. Bei der natürlichen inneren Unsicherheit des 15jährigen Anfängers und Autodidakten, der eine erste druckfähige Erzählung zu schreiben unternimmt, sieht er sich dafür nach erfahrener Hilfe um. Er findet sie in der Bearbeitung der Schubertschen Quelle, wie sie J. P. Hebel im „Schatzkästlein des Rheinischen Hausfreundes" gebracht hatte. Das „Schatzkästlein" war zu Hebbels Zeiten in Familien-, Lehrer- und Pastorenbibliotheken weit verbreitet[10].

Der Gewohnheit Hebels, den allgemeinen Gehalt der Erzählung schon im Titel kenntlich zu machen, folgt Hebbel in der Wahl der Überschrift. „Unverhofftes Wiedersehn" heißt sie dort, „Treue Liebe" hier. Beide Motive waren schon in der Schubertschen Quelle vorgebildet. Die Greisin segnet da die Stunde, „da ihr an den Pforten des Grabes ein solches Wiedersehn vergönnt war", sie hatte „bei dem Verwelken und Veralten des Leibes die jugendliche Liebe, treu und unverändert erhalten"[11].

Im Gesamtaufbau seiner Erzählung lehnt sich Hebbel an den Verlauf bei Hebel an, wobei er die einzelnen Phasen des Ablaufs aus eigenen Mitteln aufweitet oder diesen und jenen Einzelzug aus Schubert beziehungsweise Hoffmann verwendet. Bestimmend für seine Darstellungsweise ist der Wunsch, die knappen Umrisse Hebels mit mehr realistischem Detail zu versehen und mit frisch angelesenen Ideen aus Tiedge moralisierend zu beleuchten. So entsteht, wie bei der Jugendlichkeit des Verfassers nicht anders zu erwarten, wahrlich kein Kunstwerk, wohl aber ein für seine geistige Haltung und die des Publikums, für das er schreibt, charakteristisches Stück, geprägt von der biedermeierlichen Neigung der Zeit zu bürgerlichem Realismus und konventioneller Sentimentalität.

Die Vorgeschichte der Katastrophe, von der bei Schubert nicht die Rede ist, war im „Schatzkästlein" in wenigen Strichen ergänzt worden. Mit lapidarer Kürze beginnt der Meister der Kurzgeschichte: „In Falun küßte vor guten fünfzig Jahren und mehr ein junger Bergmann seine junge hübsche Braut und sagte zu ihr: ‚Auf Sankt Luciä wird unsere Liebe von des Priesters Hand gesegnet. Dann sind wir Mann und Weib und bauen uns ein eigenes Nestlein'." Der Verfasser von „Treue Liebe" weitet diesen Eingang aus zu einer bürgerlich gemütvollen Beschreibung des Lebenskreises des jungen Paares: „Zu Falun, in Schweden, verliebte sich vor etwa 50 Jahren ein lieber junger Bergknappe in seine Nachbarin, die Tochter eines Bäckers, und beide Leutchen schienen so für einander geschaffen, als ob die Engel im Himmel sie schon in den Wiegen für den Ehestand eingesegnet hätten." Dann folgt eine Schilderung des Mädchens, die der bei Hoffmann ähnelt. Dieser hatte sie als das von allen Bergleuten bewunderte „fromme schöne Himmelskind" geschildert: „Das nette schmucke Mieder mit reichen Spangen zusammengenestelt, ging sie daher in der höchsten Anmut der blühenden Jugend." Die Beschreibung der Hoffmannschen Ulla aber rief in Hebbel die Erinnerung an ein anderes „frommes Himmelskind" wach, das er nach eigenem Bekenntnis in seiner Jugend schwärmerisch geliebt hatte (T. III, 3323). Es ist Kleists Käthchen von Heilbronn. Die Schilderung Käthchens, wie sie Theobald am Beginn des Dramas gibt: „Ein Kind recht nach der Lust Gottes . . . Ging sie in ihrem bürgerlichen Schmuck über die Straße . . . das schwarzsamtene Leibchen, das ihre Brust umschloß, mit feinen Silberkettlein behängt, so lief es flüsternd von allen Fenstern herab: das ist das Käthchen von Heilbronn . . . als ob der Himmel von Schwaben sie erzeugt . . .", wirkt hier zum Teil wörtlich in die Beschreibung von Hebbels Maria hinein: „Maria war die Zierde des ganzen Orts, wenn sie in ihrem engen Mieder, mit silbernen Knöpfchen besetzt, über die Straße ging. Alles blieb dann stehen, Alt und Jung rief ihr zu: Gott segne Dich Maria!" Wie bei Kleist sind die jungen Leute Nachbarskinder, und auch ihre Hochzeit ist auf Ostern angesetzt, und wie die Verbindung des Grafen vom Strahl mit Käthchen, so ist auch die des junghebbelschen Liebespaares im voraus „im Himmel eingesegnet".

Einzelzüge sind aus Hoffmann aufgenommen, so etwa der ehrliche Werkmeister, der Julius eine bessere berufliche Zukunft voraussagt, oder der Zug, daß bei der Auffindung der Leiche die Kleider noch unversehrt waren und Ähnliches. Auch auf Schubert weisen Einzelheiten unmittelbar zurück, wenn etwa erwähnt wird, daß die Haut des Leichnams anfangs noch weich war. Das schwarze Tüchlein, das der Bräutigam seinem Mädchen überreicht, spielt schon bei Hebel eine Rolle. Bezeichnend für die belustigend täppische Art, mit der der Anfänger die Handlung realistisch zu beleben sucht, ist Hebbels Zusatz: „noch in Papier war's gewickelt".

Bei dem Zentralmotiv des Ganzen, dem des Todes, verweilt Hebbel bezeichnenderweise ausführlicher. Hebel hatte es als „Überraschungsmotiv" eingeführt. Nach dem kirchlichen Aufgebot des Paares heißt es bei ihm: „. . . da meldete sich der Tod. Denn als der Jüngling den andern Morgen in seiner schwarzen Bergmannskleidung an ihrem Haus vorbeiging – der Bergmann hat sein Totenkleid immer an – da klopfte er zwar noch einmal an ihrem Fenster und sagte ihr guten Morgen, aber keinen guten Abend mehr. Er kam nimmer aus dem Berg zurück". Bei Hebbel wird daraus: „. . . siehe, da erschien am folgenden Morgen der – Tod, nicht als Jüngling in der Farbe des Mondes gekleidet, um unsere letzten Seufzer in höhere Welten zu tragen, sondern als ein hageres Gespenst, was unbarmherzig seine Hippe gegen die rosigte Jugend schwingt": In dieser doppelseitigen Konzeption des Todes stammt jedes Motiv aus der Seufzerlyrik Tiedges, deren Töne die dichterischen Anfänge Hebbels geleiten, und deren durchgehendes Motiv der seufzende Aufblick des Erdenpilgers zu den „höheren Welten" ist. Tiedge hatte den Tod unter doppeltem Aspekt beleuchtet, als Friedensengel und als Zerstörer. Hinter dem Tod als Jüngling, der in der Farbe des Mondes unsere letzten Seufzer gen Himmel trägt, steht Tiedges Auffassung des Todes als des Liebesblickes Gottes, der uns im Sternenhimmel anspricht. Er sendet „der dunklen Stelle, wo dies Leben endet, / Noch seinen Friedensengel zu!":

> Unsre Herzen sind voll Totenmale,
> Wie der Rasen im Zypressentale.
> Zwischen Gräbern seufzen wir hinauf:
> „Hehre Lichtflur, nimm uns rettend auf! (4. Gesang, V. 263ff.)

Den Tod als „das Graun einer ewigen Zerstörung", der scheinbar „sinnlos an die Tür des Lebens" klopft, hatte Tiedge im ersten Gesang unter dem Gesichtspunkt des Zweiflers beschworen. Das ist das Gespenst, dessen grausame Hippe den Bergmann Hebbels trifft. Das Beiwort „hager", das dieser Tod trägt, stammt aus Hoffmanns Stilbereich, der es als ständiges Beiwort für Tod, Teufel und Gespensterwelt braucht.

Die Doppelseitigkeit des Todeserlebnisses, in der sich Hingabe und Grauen vor der Auflösung gegenüberstehen, wird Hebbels gesamtes lyrisches Werk durchwirken. Sie wird sich späterhin geradezu als die Grundspannung seines Welterlebens enthüllen. Schon in der krassen Entgegensetzung der beiden Aspekte des Todes, die der noch knabenhafte Dichter im Gefolge Tiedges vollzieht, meldet sich dieses Grunderlebnis an. In dem wenige Monate späteren ersten Traumstück und in „Holion" wird es bereits charakteristisch hebbelsche Prägung gewinnen. Drei Jahre später nimmt der Dichter in dem Gedicht „An einen Verkannten", das Motive Tiedges und Schuberts verwebt[12], die frühe Kontrastierung des milden und des hageren Todes aus „Treue Liebe" wieder auf:

> Einst bereitet dir, nicht ernst und hager,
> Sanft und mild der Tod ein ruhig Lager. (VII, 41)

Mit den Trostgründen, die Tiedge in der „Urania" bereitgestellt hatte, richtet sich denn auch die vom Schicksal gebrochene Heldin in „Treue

Liebe" wieder auf. Die Seufzer über die „Betrüglichkeit der menschlichen Hoffnungen" und der an „die Töchter der Trübsal" gerichtete Rat, „das mit Geduld zu ertragen, was zu ändern nicht in unserer Macht steht", klingen für einen Fünfzehnjährigen reichlich salbungsvoll und pastoral. Aber gerade hierin haben wir den Stil des noch nicht zu sich selbst erwachten Hebbel vor uns, der noch in und aus der religiösen Konvention seiner Erziehung lebt, und dem es schon etwas Großes bedeutet, daß er dieses Weltbild mit Tiedge philosophisch und poetisch verklären und über die Nüchternheiten der sonntäglichen Predigt erhöhen kann. „Von dem Kampfe und dem Triumphe der Geduld" hatte er bei Tiedge gelesen, und auch seine Ausführungen über die „Bewegungen der Natur", die Leidenschaften, die sich erst legen müssen, „ehe die besänftigende Stimme der Vernunft Gehör finden kann", gründen sich auf Tiedges Vorbemerkung zum 6. Gesang. In Marias Haltung stellt der Dichter ein Musterbeispiel Tiedgescher Lebensweisheit auf: „Es trat jener Zustand ein, wo uns die Phantasie verlorene Gebilde der Vergangenheit vorgaukelt und unser Herz in eine sanfte Melancholie versetzt, die fern von allen Ausbrüchen der Ungeduld unser Leben wie durch Mondenschein erhellt. Es ist der Zustand des Glaubens, der Liebe und der Hoffnung!" Denn so hatte er Tiedge die Heilkraft der Erinnerung preisen hören:

Es werde hell um die geliebten Trümmer,
Und träumend sinke die Erinnerung,
Wie eine weiße Nacht voll Mondenschimmer
Auf jede Stelle deiner Huldigung.
Laß die Vergangenheit – und ob dein Herz auch breche –
Mit allem, was sie war, o laß sie auferstehn,
Daß jeder Nachhall noch zu deinem Herzen spreche:
Die Tugend kann nicht untergehn. (6. Gesang, V. 614)

Vorher, im 4. Gesang, hatte Tiedge die Phantasie als Lebenspenderin der Erinnerung, der Hoffnung und der Liebe gepriesen. Die Heilkraft der Erinnerung hat der frühe Hebbel in Tiedges Diktion immer wieder in Lyrik und Aphorismen behandelt. Die Reihe der lyrischen Stücke beginnt bereits in einem kurz vor „Treue Liebe" im „Boten" am 4. September 1828 anonym veröffentlichten und bisher unbeachteten Gedicht, das „Schmerz und Mitlied" überschrieben und aus Tiedges Motivenschatz zusammengewebt ist. Selbst ins Jenseits – auch das ist ein Gedanke, auf den Tiedge mit moralischer Betonung Wert legte – will der Dichter den Erinnerungsschatz seiner Kämpfe hinübernehmen, wie es die Schlußstrophe mit jugendlichem Aplomb ausspricht:

Sind Gefahren einmal überstanden
Hold ist der Erinnerung Gesicht;

Bin ich frei einst von der Erde Banden,
Aus dem Lethe trink ich nicht![13]

Die Reihe setzt sich dann fort in „Erinnerung" (VII, 12) von 1829, „Erinnerung und Hoffnung" (VII, 65) von 1832 und dem dritten der Aphorismen (IX, 16) von 1833. Schon im ersten dieser Aphorismen aber wird die Wandlung deutlich, die sich im Sommer 1833 in den Anschauungen des Dichters vollzieht, wenn er trauernd auf die Wahngebilde der Phantasie zurückblickt, die einst den Lenz unseres Lebens verschönerten. Bereits das Jahr 1832, in dem die von Feuerbach genährten Zweifel leidenschaftlich aufzuklingen beginnen, symbolisiert die Erinnerung in dem gleichnamigen Gedicht als verführerische „lange dunkle Fei": „Sie singt von einem Himmel / Und wirft dich in ein Grab!" (VII, 68). Sie ist der Vampyr, der dem „Armen die Seele aus seiner Brust" entsaugt. Hier wird, wie ein Jahr später in „Lebewohl", der ins Jenseitige strebenden Phantasiewelt Tiedges abgesagt, die die Gegenwart den Idolen der Vergangenheit opfert. Im Sommer 1833 gewinnt dann im Sonett „An Uhland" die Erinnerung wieder positive Bedeutung, nun aber im Sinne Feuerbachs als das Reich verewigender Menschheitserinnerung, das Reich der Kunst, in dem der Dichter lebt – und fortlebt[14].

Fünfzig Jahre nach seiner Verschüttung wurde der Leichnam des Bergmanns nach Schuberts Bericht aufgefunden. Um diese Zeitdauer den Lesern eindringlich vor Augen zu führen, hatte Hebel die weltgeschichtlichen Ereignisse des halben Jahrhunderts in rascher Folge aufgezählt, um dann mit den ewig gleichen menschlichen Tagewerken den Übergang zu der Schlußszene seiner Erzählung zu gewinnen: „. . . und die Ackerleute säten und schnitten. Der Müller mahlte, und die Schmiede hämmerten, und die Bergleute gruben nach Metalladern . . .". Der Ehrgeiz des fünfzehnjährigen Autodidakten ersetzt diese Tätigkeiten durch lauter geistig gehobene Berufe: „Unterdessen ging alles, aus einem Jahre in das andere, seinen alten Gang fort . . . Die Philosophen bildeten neue Systeme, die Dichter mystifizierten, die Ärzte verordneten Pillen, die Autoren schrieben Bücher und die Buchdrucker druckten . . ." Der jugendliche Verfasser gefällt sich hier in der Rolle des Weltweisen, der auf den immer gleichen Ablauf der geistigen Kultur überlegen herabschaut. Am interessantesten für den Anschauungskreis Hebbels ist uns die Wendung „die Dichter mystifizierten". Denn diese hier noch leicht hingeworfene Wendung birgt den Keim zu Hebbels Idee vom Wesen des Dichtertums. Die Idee, daß die dichterische Phantasie ein in die Tiefen des Weltgeheimnisses herabreichendes Organ des Seinsgrundes ist, bleibt bis in sein Todesjahr hinein die unerschütterte Grundlage seiner dichterischen Existenz. In Schuberts Mysterienwelt fand er sie zuerst formuliert. In den Charaden und Logogryphen, wie sie der „Bote" reichlich brachte, fand die Vorstellung vom Dichter als dem Verwalter eines Geheimnisses erste Nahrung.

Unzählige Male hat es der Dichter später ausgesprochen, daß die Poesie die Sprache des Rätsels spricht, und daß es dieses ist, „das uns allein interessiert", nicht „die nackte kahle Auflösung" (T. II, 2265). Zahlreiche seiner frühen und späten Gedichte sind in diesem Sinne Rätselgedichte. Besonders sinnfällig wird der esoterische Charakter[15] schon der Wesselburener Lyrik auf ihrem Höhepunkt, in dem Hymnus „Das höchste Lebendige" (später „Proteus" genannt, VI, 253), in der logogryphartigen Selbstcharakteristik des Sprechers: „Ich bin's, der die Welle des Lebens bewegt . . .". So wie der Weltgeist nach Schubert ein „versteckter Poet" ist, so ficht er auch in Hebbels Gedicht mit den gewöhnlichen Menschen einen „neckischen Strauß", er mystifiziert sie. Sein Organ, der Dichter, wird damit zum versteckenden, zum mystifizierenden Poeten.

Wie sehr mußten solche Anschauungen den angehenden Kirchspielschreiber, der sich in der Wesselburener Amtstube selbst als versteckten Poeten betrachtete, in den Anfängen seines Dichtertums bestärken. Mystifizierte er nicht seine amtliche Umwelt schon durch die Doppelexistenz als Hilfsschreiber und heimlicher Poet! Aus diesem Versteckspielen erklärt es sich, daß der Fünfzehnjährige seine lyrischen und prosaischen Erstlinge anonym veröffentlichte. Er mystifiziert die Leserschaft des heimischen Wochenblättchens, ja er mystifizierte noch die Nachwelt, indem er nach seinem eigenen Bericht frühe „Manuskripte . . . zur Überraschung der Nachwelt im Archiv [der Kirchspielvogtei] versteckte" (XV, 16)[16]. Das alles ist ihm denn auch prachtvoll gelungen, selbst die Hebbelforschung hat er bis heute mystifiziert.

Wie der Poet sich zunächst bewußt hinter dem Amtsschreiber versteckt, so blickt aber auch in Hebbels Erstlingsnovelle der Amtsschreiber gelegentlich dem Poeten über die Schulter. Schon im Alter von 15 Jahren mit amtlichen Verrichtungen betraut[17], wußte er wohl Bescheid, wie man mit unidentifizierten Leichnamen zu verfahren habe. Anläßlich der Auffindung der Bergmannsleiche fügt er daher einen Zug ein, für den er in keiner seiner Quellen eine Andeutung fand. Im Amststil berichtet er: „Demnach machte man, der Angehörigen wegen, den Vorfall bekannt, und legte zugleich die aufgefundene Leiche öffentlich aus".

Der Kreis der Beweisgründe für die Autorschaft Hebbels an der Erzählung „Treue Liebe" hat sich geschlossen. Quellen, Ideenhintergrund, poetische Motive und Stil wurzeln in eben den literarischen Vorbildern, denen auch sein unmittelbar folgendes, ja noch sein späteres Werk verpflichtet sein wird. Motive und Ideen sind im besonderen mit dem beglaubigten Frühwerk so unlöslich verzahnt, daß dieses als natürliche Fortsetzung, Vertiefung und künstlerische Erhöhung des 1828 Begonnenen erscheint.

Hebbel war sich noch später der Bedeutung seines frühen Eintauchens in die schimmernde und vielseitig anregende Atmosphäre, die die Geschichte des Bergmanns von Falun bei Schubert und Hoffmann umgab, wohl bewußt. Als er am 18. September 1835 sich von Hamburg aus anschickt, dem Freunde Schacht rückblickend „über den Inhalt ganzer Jahre mit dem unendlichen Gefolge derselben“ zu berichten, da beginnt er: „Es ist ein fast unheimliches Gefühl, welches mich in diesem Augenblick beschleicht“, und alsbald drängt sich, verhüllt aber übermächtig, die Erinnerung an die „Nebel“ seiner Anfänge auf, die ihn in Schuberts Welt umfingen. Die Bergwerkskatastrophe von Falun taucht innerhalb eines auch sonst der achten Vorlesung der Schubertschen „Ansichten“ verpflichteten Gedankenzusammenhangs auf: „Wir sind doch eigentlich Bergleute, die sich bei der Einfahrt in den dunklen Schacht flüchtig begrüßen und dann oft erst dann etwas wieder von einander erfahren, wenn sie verschüttet worden sind . . . Was ich Dir bisher geschrieben habe, könnte Unsinn scheinen, ist es aber wenigstens für mich nicht, denn ich weiß, was ich mir dabei gedacht“ (B. I, 34).

Die Eindrücke, die Hebbel von der achten Vorlesung der Schubertschen Ansichten und dem Schlusse der vorhergehenden, die die Farbenpracht der unterirdischen Gesteinswelt schildert, empfangen hatte, wirken ebenso wie die von Schubert angeregten Schilderungen Hoffmanns weit in Hebbels späteres lyrisches und dramatisches Werk hinein. Noch die mythische Atmosphäre seines Nibelungendramas ist diesen Quellen vielfältig verpflichtet. Ja, das visionär Gewaltigste, was Hebbel geschrieben hat, die Visionen Brunhilds auf Island, schöpfen wieder aus den Quellen, die schon die Phantasie des jugendlichen Beginners vom Jahre 1828 erregt hatten.

Schubert hatte in der achten Vorlesung der „Ansichten“ die Polargegend als „das Geburtsland einer sehr vollkommenen organischen Welt“ bezeichnet, hatte dann aber weiterhin die traurige Vereisung dieser Gegenden, besonders Islands, beschrieben. „Auf ödem Gebirge . . . singt der Mensch noch immer . . . die alten Lieder seiner Väter.“ Denn jene „nördlichen Himmelsstriche . . ., wo die Sonne auf einige Zeit abwesend ist“, hatte Schubert als den einstigen „Aufenthalt jenes vorzüglich gebildeten Urvolks“ der Menschheit in Betracht gezogen. In diesem Zusammenhang berichtete er von einem Mythos, der erzählt, daß „die Halbgötter . . ., von denen das jetzige Menschengeschlecht abstammt . . . sich anfangs in einem Lande, wo keine Sonne war, das heißt in der langen Polarnacht“ befanden, „in einer langen Dämmerung, wie sie an den Polen herrscht“.

Hebbel griff diese Hinweise auf, um seiner Brunhild, die er als halbgöttliches und zugleich dämonisches Wesen beschreibt, den mythischen Hintergrund, den er für sie brauchte, zu geben. Wenn er in dem Brief an Üchtritz vom 21. XI. 1856 bekennt: „Die schwerste Aufgabe war Brunhild, die in das Ganze, wie eine nur halb ausgeschriebene Hieroglyphe hineinragt", so weist schon dieser aus Schuberts stilistischem Arsenal gewählte Ausdruck auf die Verbundenheit Brunhilds mit der Mysterienwelt Schuberts hin. Es sind denn auch die Töne Schuberts, die in Volkers Beschreibung der Heimat Brunhilds hineinklingen: „Im tiefen Norden, wo die Nacht nicht endet, und wo das Licht . . . nicht von der Sonne kommt" (IV, 14), Schuberts und Hoffmanns Farben untermalen dann die großartige Beschreibung Brunhilds:

Bei Eis und Schnee, zur Augenweide
Von Hai und Walfisch, unter einem Himmel,
Der sich nicht einmal recht beleuchten kann,
Wenn nicht ein Berg aus unterirdischen Schlünden
Zuweilen seine roten Blitze schickt,
Ist aller Jungfrau'n herrlichste erblüht. (IV, 15)

Ein Kind des Berges ist Brunhild, denn die „toten Götter", von denen sie nach Friggas Erzählung abstammt, hausen im Berge: Hebbel hat sie zu Hoffmannschen Elementargeistern gemacht. Als Elementargeist wird Brunhild auch durch Siegfrieds Beschreibung charakterisiert: „Nun, sie ist ganz wie's Element", sie tötet „wie der Blitz, der keine Augen hat, / Oder der See, der keinen Schrei vernimmt" (IV, 33f.). Als Elementarwesen ist Brunhild – so wenig wie die Elementargeister des Wesselburener Dichters im „Lied der Geister" – auch der Zeit nicht unterworfen. Sie ist nicht geboren, der Geist des Berges hat sie einer Menschenmutter in den Arm gelegt, aus der Tiefe des isländischen Vulkans Hekla stammt sie:

Im Hekla, wo die alten Götter hausen,
Und unter Nornen und Walkyrien
Such' dir die Mutter, wenn du eine hast! (IV, 52)

und sie wird nicht sterben, wie es ihr am Schluß ihrer großen Vision gewiß wird: „Dies ist das Dritte, daß der Tod nicht kommt!" (IV, 59). In dieser Vision offenbart sich Brunhild, „hoch aufgerichtet mit starren Augen", in somnambuler Schau Schubertscher Prägung die Tiefenwelt ihrer elementarischen Heimat:

Der Boden vor mir
Hat sich in Luft verwandelt! Schaudernd reiß' ich
Das Roß herum. Auch hinter mir. Er ist
durchsichtig. Farb'ge Wolken unter mir
wie über mir . . .
Der Erdball wurde zum Kristall für mich,
Und was Gewölk mir schiene, war das Geflecht
Der Gold- und Silberadern, die ihn leuchtend
Durchkreuzen bis zum Grund. (IV, 58)

Bis in Einzelheiten hinein hat sich Hebbels Phantasie hier von den entsprechenden Schilderungen in Hoffmanns „Bergwerken von Falun" befruchten lassen. Auch Hoffmanns Bergmann träumt, als wölbe sich über ihm ein dunkler Wolkenhimmel und erkennt dann, daß das, was er für den Wolkenhimmel gehalten, funkelndes Gestein ist. Er wirft sich „auf den kristallenen Boden nieder. Aber der wich unter ihm, und er schwebte wie in schimmerndem Äther"[18].

Wie tief sich Hebbel die mythische Atmosphäre seiner Nibelungentragödie mit der Untertagwelt des Bergmanns von Falun verwob, das spiegelt sich noch in einer brieflichen Wendung vom Jahre 1860 wider: „. . . der letzte Vers meiner Nibelungen-Trilogie ist geschrieben und ich bin so froh, wie ein Bergmann, der endlich das Tageslicht wieder sieht" (B. VI, 319).

Der Kreis zwischen Hebbels Erstlingserzählung und seinem letzten abgeschlossenen Drama hat sich über 32 Jahre hinweg geschlossen. Die hier aufgedeckten Zusammenhänge werfen neues Licht auf Hebbels Hinweis über die frühen Keime seines Nibelungendramas: „Die Vorstudien reichen noch nach Wesselburen hinüber" (B. VII, 150).

[. . .]

Anmerkungen

1 Hebbels Schriften werden, wo nicht anders bemerkt, nach der Ausgabe von R. M. Werner angeführt, und zwar die Werke mit Band und Seitenzahl, die Tagebücher als T. mit Bandzahl und Nummer der Eintragung, die Briefe als B. mit der Seitenzahl. Der textkritische Apparat und die Anmerkungen Werners werden nach den Bänden XIII–XV der zweiten Auflage angeführt.

2 W. Liepe, „Der Schlüssel zum Weltbild Hebbels: Gotthilf Heinrich Schubert", Monatshefte, A Journal Devoted to the Study of German Language and Literature, Madison, Wisconsin, Bd. 43 (1951) S. 117ff. und: „Hebbel zwischen G. H. Schubert und L. Feuerbach, Studien zur Entstehung seines Weltbildes", Deutsche Vierteljahrsschrift für Literaturwissenschaft und Geistesgeschichte, Jg. 26 (1952), Heft 4, S. 447ff. Ferner: W. Liepe: „Hebbel und Schelling", Deutsche Beiträge zur geistigen Überlieferung, hersg. von A. Bergsträsser, München u. Chikago 1953, S. 121ff.

3 Vgl. meinen angeführten Aufsatz in Deutsche Viertelsjahrsschrift Jg. 26, S. 464f.

4 Euphorion, Bd. 6 (1899), S. 804; vgl. auch Werners Einleitung zum 8. Band seiner Ausgabe, S. XIf. Ebenso Bornstein, Der junge Hebbel II, 229f.

5 Werner sah den „Boten" erst vom Jahrgang 1829 an durch, wie er in der Einleitung zu Bd. IX, S. IX mitteilt.

6 Herrn Bürgermeister Schmidtborn, Friedrichstadt, der für mich freundlichst eine genaue Abschrift herstellen ließ, bin ich zu besonderem Danke verbunden.

7 G. Friedmann, Die Bearbeitungen der Geschichte vom Bergmann von Falun, Berliner Diss. 1887, und K. Reuschel in Studien zur vergleichenden Literaturgeschichte, Bd. 3 (1903), S. 1ff. Beiden ist die entlegene Version im „Boten" unbekannt geblieben.

8 1827 war die zehnbändige Auswahl der Hoffmannschen Schriften bei Reimer erschienen. Aus ihr schöpfte Hebbel offenbar seine sich in den nächsten Jahren schnell erweiternde Hoffmannkenntnis. „Die Bergwerke von Falun" fand er gleich im ersten Bande.

9 Die Schriften Schuberts waren damals über den ganzen deutschen Sprachbereich verbreitet. Der Sekretär der Hebbelgesellschaft, Herr Detlef Cölln, macht mich darauf aufmerksam, daß Klaus Groth während seiner Heider Lehrzeit durch den Tellingstedter Pastor Petersen mit Schubert bekannt gemacht wurde; vgl. die für Groths Freundin Louise Petersen geschriebene und von D. Cölln herausgegebene Lebensskizze, S. 37.

10 Am zugänglichsten ist es heute in der Ausgabe von Reclams Universalbibliothek, wo die Erzählung „Unverhofftes Wiedersehn" auf S. 273ff. abgedruckt ist.

11 Sämtliche Verweisungen auf die Schubertsche Version finden sich auf S. 220/21 der 2. Auflage der „Ansichten".

12 Mit Uhland, wie Bornstein, Der junge Hebbel, Bd. II, 245, meint, hat es nichts zu tun.

13 Vgl. dazu die Münchner Tagebucheintragung vom 3. 4. 1838: „Es gibt Momente, die nur den Samen der Freude ins Herz streuen, die der Gegenwart Nichts bringen als einen leisen Schmerz und die im eigentlichsten Verstande erst unter dem Brennglase der Erinnerung in ihrer Bedeutung, ihrem Reichtum aufgehen. Mancher dieser Momente mag mit einer Stunde, die uns erst jenseits des Grabes erwartet, korrespondieren" (T. I, 1084); vgl. auch T. I, 1434.

14 Aus der von Feuerbach angeregten Auffassung der Erinnerung als des einzigen Bereichs, in dem die Toten fortleben, versteht sich nun auch das Gedicht „Requiem" (VI, 149) von 1840. – In dem im römischen Tagebuch verzeichneten Vierzeiler „Bei der Abreise von der Erde":

> Die Aussicht ſand ich schön genug,
> Die Sternschrift konnt ich zwar nicht lesen;
> Auch schrieb ich mich in's große Buch
> Zum Zeichen, daß ich da gewesen (T. III, 3372).

verbindet Hebbel die Auffassung Feuerbachs vom Reiche der Kunst als dem der Menschheitserinnerung, in die sich der Dichter einschreibt, mit der Polemik gegen Tiedges „Sternenschrift".

15 Paul Bastier, L'Esoterisme de Hebbel, Paris 1910, hat schon auf den esoterischen Charakter der Hebbelschen Dichtung aufmerksam gemacht; er verstand diesen allerdings nur als Verhüllung biographischer Züge.

16 Wahrscheinlich die Mirandolahandschrift, vgl. Werners Einleitung zu Bd. V, S. XIV.

17 R. M. Werner, Hebbel, 2. Aufl. Berlin 1913, S. 34.

18 E. T. A. Hoffmanns Werke, hersg. von G. Ellinger, Bong, Bd. V, S. 204f. Auf diese Vergleichsstellen mit Hoffmann hat schon Reuschel a.a.O. S. 21, hingewiesen, freilich ohne die Folgerungen für die Deutung der Brunhildgestalt zu ziehen.

TEIL C

Konstitutionsmerkmale des Erzähltextes. Begriffe zu ihrer Beschreibung.

0 Vorbemerkung

Figuren, Geschehen, Zeit und Raum sind Darstellungsmittel, die einem Autor zur Verwirklichung seiner Kommunikationsabsicht, d. h. zur Konstituierung einer fiktionalen Redesituation zur Verfügung stehen. Wir sprechen also von Figuren, Geschehen, Zeit und Raum als von Konstitutionsmerkmalen des Erzähltextes, um anzuzeigen, daß wir sie als Indikatoren der Kommunikationsabsicht eines Autors im Hinblick auf seinen vorgestellten Leser *im Text* und damit als Indikatoren der Textintentionalität auffassen. Damit ist gesagt, daß Figuren, Geschehen, Zeit und Raum einmal Begriffe für die Analyse von textinternen Sachverhalten sind, und daß sie zum andern, insofern sie auf reale Kommunikationsvoraussetzungen beim realen Autor zurückverweisen, Begriffe der Analyse des historischen Bezugs sind.

Teil C konzentriert sich auf den ersten dieser beiden Aspekte, da der Schwerpunkt dieser Einführung auf der Analyse des Erzähl*textes* liegt; der zweite Aspekt, der bei jeder literaturgeschichtlich orientierten Interpretation eine Rolle spielt, wird jeweils mit angedeutet.

Der Terminologie nach nehmen wir in Teil C Bezug auf vorhandene, meist umfangreichere Kataloge von Erzähltext-Elementen. Die vier Konstitutionsmerkmale, die wir hier erörtern wollen, werden jeweils in Bezug auf das Kommunikationsmodell des Erzählwerks und im Hinblick auf die einzelnen Kommunikationsniveaus differenziert. Abschließend werden jeweils die entwickelten Begriffe unter Bezugnahme auf Interpretationsergebnisse in Teil B ansatzweise am Erzähltext „Treue Liebe“ von Friedrich Hebbel erläutert. Bei den Detailanalysen ergibt sich verschiedentlich die Möglichkeit, zusätzliche Aspekte zur Textintentionalität bzw. Autorintention zu formulieren.

Damit belegen Teil B und C zusammen Thesen von Teil A zur Rezeption bzw. Interpretation des Erzählwerks und verweisen auf den Zusammenhang von Leseprozeß und Bedeutungsgenerierung.

1 Erzähltes Geschehen, Erzählvorgang und Erzählkonzept als Begriffe der Erzähltextanalyse

1.1 *Terminologische Unterscheidungen*

1.1.1 *Vorbemerkung*

Für Erzähltexte ist das Vorkommen von erzähltem Geschehen konstitutiv. Daß erzählte Figuren in einen Geschehenszusammenhang integriert sind, ja daß sich Geschehenszusammenhang und erzählte Figuren wechselseitig konstituieren und konturieren, ist eines der tradierten Gattungsmerkmale von Erzähltexten. Das bedeutet zugleich, daß Raum und Zeit notwendige Darstellungsmittel und kategoriale Voraussetzung für die Konstituierung einer erzählten Welt sind; denn Geschehen und Figuren sind nur als räumlich und zeitlich situiert vorstellbar. Für die Analyse von Erzähltexten ist daher die Untersuchung dessen, was als erzählte Welt vorgestellt und wie diese erzählerisch hervorgebracht wird, von zentraler Bedeutung.

In den Kategorien unseres Kommunikationsmodells des Erzählwerks gesprochen, bezieht sich der erste der genannten Untersuchungsaspekte auf den Bereich der erzählten Figuren (N1); der zweite dagegen auf die Aktivitäten und Funktionen der Senderinstanzen fiktiver Erzähler und abstrakter Autor. Entsprechend unterscheiden wir terminologisch zwischen

- erzähltem Geschehen auf Kommunikationsniveau 1;
- Erzählvorgang auf Kommunikationsniveau 2;
- Erzählkonzept auf Kommunikationsniveau 3.

Während die Begriffe Erzählvorgang und Erzählkonzept umfassenden, integrativen Charakter haben, da sie sich auf die Art des Erzählens und den Akt der Hervorbringung der erzählten Welt beziehen, bezeichnet der Begriff erzähltes Geschehen nur ein *Teilmoment* dessen, was als erzählte Welt im Rahmen des Kommunikationsniveaus 1 erscheint. Er wird hier als Analysekategorie herausgegriffen und definiert, weil das mit ihm Bezeichnete im Rahmen von N1 insofern von zentraler Bedeutung ist, als Raum, Zeit und Figuren immer an dessen erzählerischer Konstituierung beteiligt sind. Insofern ist die Untersuchung des erzählten Geschehens ein besonders geeigneter Ansatzpunkt für die Analyse des Kommunikationsniveaus 1, der erzählten Welt insgesamt.

1.1.2 *Erzähltes Geschehen*

Aus dem Bedeutungszusammenhang erzählte Welt (N1) läßt sich ein Darstellungskomplex aussondern, der bestimmt ist durch die Komponenten

– Figurenverhalten und
– Ereignisse.

Figurenverhalten umfaßt sowohl die Reaktion von Figuren im Text auf ihre Umwelt als auch das Verhalten von Figuren im Text gegenüber ihrer Umwelt mit dem Ziel der Einwirkung (Figurenhandeln). Unter Ereignissen sind figurenunabhängige Einwirkungen auf Mensch und Natur im Text zu verstehen, z. B. Zufälle, Naturvorgänge etc. Den Zusammenhang von Figurenverhalten und Ereignissen nennen wir das *erzählte Geschehen*.

Geschehen ist stets Ablauf von etwas; es hat Anfang und Ende und ist inhaltlich konstituiert als *Sinnbezug* zwischen Anfang und Ende. Formal ist Geschehen bestimmbar als Menge von Teilgeschehen.

Folgende Bestimmungskriterien für erzähltes Geschehen lassen sich formulieren:
– Sinnbezug zwischen Anfang und Ende;
– Gliederung in Teilgeschehen;
– Anordnung und Verknüpfung von Teilgeschehen.

Bestimmungskriterien für Teilgeschehen sind:
– Abgrenzbarkeit;
– Sinnbezug zwischen jeweiligem Anfang und Ende;
– Beziehbarkeit auf andere Teilgeschehen.

Das erzählte Geschehen ist, wie die gesamte erzählte Welt, Funktion der Mitteilungsabsicht des fiktiven Erzählers. Es ist also stets auf diese Mitteilungsabsicht hin zu funktionalisieren und interpretatorisch zu bewerten. Als Funktion der Mitteilungsabsicht des fiktiven Erzählers kann das erzählte Geschehen bzw. die erzählte Welt überhaupt auch als die inhaltliche Konkretisation des Bezugs des fiktiven Erzählers zum fiktiven Adressaten bezeichnet werden (vgl. 1.1.3).

Mit der Einführung des Begriffs erzähltes Geschehen verzichten wir auf die Verwendung des Begriffs Handlung, der oft unscharf definiert ist und durch seine Nähe zum Verbum „handeln" Assoziationen zu bewußten, intentionalen und realen Akten nahelegen kann, wodurch er dazu verleitet, das damit Bezeichnete als von seinem Erzähltsein losgelöst, d. h. *nicht* als *fiktionalen Funktionszusammenhang* zu begreifen. Auch ist Erzählen als Handlung etwas kategorial anderes als das Handeln der Figuren oder die Figurenhandlung.

1.1.3 *Erzählvorgang*

Das Kommunikationsniveau 1, die erzählte Welt, wird vom fiktiven Erzähler hervorgebracht. Diese Hervorbringung der erzählten Welt ist der *Erzählvorgang*.

Der fiktive Erzähler stellt die erzählte Welt durch Erzählerrede her. Seiner Erzählerrede ist der Bezug zum fiktiven Adressaten implizit. Insofern läßt sich die erzählte Welt (N1) als inhaltliche Konkretisation des Adressatenbezugs des fiktiven Erzählers definieren (N2).

Im Begriff Erzählvorgang sind demnach zwei Aspekte enthalten:
- der Bezug des fiktiven Erzählers zum fiktiven Adressaten im Rahmen des Kommunikationsniveaus 2;
- die Hervorbringung und Bewertung der erzählten Welt als inhaltliche Konkretisation dieses Bezugs.

Der Adressatenbezug des fiktiven Erzählers realisiert sich in zwei prinzipiell unterscheidbaren Erzählaktivitäten:
- im Erzählen des Erzählten (adressatenbezogene Hervorbringung der erzählten Welt);
- im Erzählen über das Erzählen (adressatenbezogene Thematisierung des Hervorbringens und adressatenbezogene Bewertung des Erzählten, z. B. Kommentieren, Belehren, Räsonieren).

Die Untersuchung des Erzählvorgangs richtet sich somit immer auf die Art der (adressatenbezogenen) Hervorbringung und Bewertung der erzählten Welt und ist zu funktionalisieren und interpretatorisch zu bewerten im Hinblick auf die Darstellungsabsicht des abstrakten Autors, d. h. im Hinblick auf das Erzählkonzept und die Intentionalität des Textes (N3).

1.1.4 *Erzählkonzept und Erzählkonzeption*

Innerhalb unseres Modells haben wir die Instanz des abstrakten Autors als denjenigen Punkt bezeichnet, in dem der jeweilige Rezipient seine Rezeptionsbefunde als Indizien der Anwesenheit des Autorbewußtseins im Text konzentriert und sie damit auf eine einheitliche Darstellungsabsicht (Intentionalität des Textes) bezieht. Erzählvorgang und erzähltes Geschehen sind ihrerseits bedingt durch diese Instanz.

Voraussetzung für die Hervorbringung von Erzählvorgang und erzähltem Geschehen ist die Entscheidung über den Erzählstoff und der Entwurf einer fiktionalen Redesituation (Erzählsituation des S2). Diese Entscheidung geht dem Text voraus, sie liegt beim realen Autor.

Diese Entscheidung geschieht also im textexternen Bereich, im Text selbst ist sie wahrnehmbar als Erzählvorgang und erzähltes Geschehen.

Den Entscheidungszusammenhang, auf den Erzählvorgang und erzähltes Geschehen zurückgehen, nennen wir *Erzählkonzept*. Dieser Begriff ist der Instanz abstrakter Autor (S3) zugeordnet. Für die textexterne Größe realer Autor (S4) verwenden wir den Begriff *Erzählkonzeption*.

1.1.5 *Erzählkonzeption und Stoff*

Stoff ist die Bezeichnung für Wirklichkeitszusammenhänge, die, in welcher Form auch immer, außerhalb des Textes existieren und vom realen Autor bei der Produktion des Textes aufgegriffen und zur Erzählkonzeption verarbeitet werden.

Zum Entwurf einer Erzählkonzeption gehört die Funktionalisierung eines Stoffes im Hinblick auf eine Erzählabsicht. Das Ergebnis dieser Funktionalisierung erscheint im textinternen Bereich als Erzählkonzept.

1.2 *Textbezogene Erläuterungen und Anregungen*

Wir wollen als Beispiel für die Anwendung der in diesem Abschnitt eingeführten Kriterien nun eine Analyse des *erzählten Geschehens* von „Treue Liebe“ in Ansätzen durchführen. Wir bestimmen im folgenden zunächst Teilgeschehen und fragen nach ihren Verknüpfungen untereinander. Hierunter fällt auch die Herstellung des Zusammenhangs zwischen Anfang und Ende, ein Schritt, der besonders geeignet ist, auf die Funktion der Analyse des erzählten Geschehens für die Interpretation aufmerksam zu machen.

1.2.1 Zur Bestimmung von *Teilgeschehen* werden Erzähleinheiten auf diejenigen Merkmale hin untersucht, die sie in sich abschließen und selbständig machen. Da erzähltes Geschehen immer in einem dargestellten Zeitablauf angeordnet ist, sind Merkmale der Zeitgliederung grundlegend für die Abgrenzung. Weitere Merkmale sind Raumdarstellungen und Figurenkonstellationen. Für diese drei Kriterien können wir auf die entsprechenden Abschnitte dieses Teils C verweisen. Das vierte Kriterium ist der Geschehensaspekt: Teilgeschehen sind konstituiert durch Anfang und Ende, aufeinander bezogen durch Handeln oder Ereignisse, die zwischen ihnen stattfinden.

Mit diesen Kriterien, die jeweils unterschiedliches Gewicht haben, können in „Treue Liebe“ vier Teilgeschehen unterschieden werden:
A: Zeile 1–44
B: Zeile 44–68
C: Zeile 69–78
D: Zeile 78–102
Die Teilgeschehen haben folgende Merkmale, die wir hier nur stichwortartig zusammenstellen und die als Anregungen zum Weiterarbeiten gedacht sind.
Teilgeschehen A:
Zeit: Lebensgeschichte der Hauptfiguren bis zu ihrer Trennung; *Raum:* Falun; *Figurenkonstellation:* Julius, Maria, die Ortsbewohner, der Tod; *Geschehen:* Liebe (Planung einer dauerhaften Beziehung) – Auflösung der Beziehung durch den Tod.
Teilgeschehen B:
Zeit: Neueinsatz stark markiert, kein Abschluß („Zustand“); *Raum:* gleichbleibend Falun; *Figurenkonstellation:* Maria allein; *Geschehen:* Ver-

lust der Hoffnung – Wiedergewinnung der Hoffnung durch Sieg der Frömmigkeit über die „Natur".

Teilgeschehen C:

Zeit: kein markierter Einsatz; *Raum:* unspezifisch, die Welt; *Figurenkonstellation:* sieben Gruppen von gleichen Figuren; *Geschehen:* Anfang und Ende nur insofern einander zugeordnet, als dem orientierungslosen Funktionieren der Menschen als Hoffnung eine Zeit des Heils entgegengesetzt wird. Abschluß: Ausblick in die Zukunft jenseits der Geschichte.

Teilgeschehen D:

Zeit: vom Auffinden der Leiche bis zum Begräbnis; *Raum:* ein öffentlicher Platz; *Figurenkonstellation:* Maria, der Leichnam des Julius, Zuschauer. *Geschehen:* Auffinden der unbekannten Leiche – Wiedererkennen durch die altgewordene Braut.

Zeitliche Anordnung der Teilgeschehen:

Chronologische Abfolge. Erstreckung: Lebenslauf der Maria. D und C überlagern sich, C umgreift das gesamte Geschehen.

Verknüpfung der Teilgeschehen:

A und B:

Durch die Figur der Maria und das Motiv der Hoffnung, die in A zerstört und in B wieder aufgebaut wird. Durch die Metapher Mondschein: in A Kennzeichnung einer alternativen, positiven Todesvorstellung – in B Kennzeichnung des gewonnenen Zustands der Seelenruhe.

B und C:

Zeitlich ist B der Anfang von C, durch „Zustand" geht B in C über; keine Verknüpfung durch Raum oder Figuren, aber wiederum durch das Motiv Hoffnung (s. unter C).

C und D:

Zeitlich ineinandergreifend; Kontrast zum Leerlauf in C ist das unerhörte Ereignis; eine neue Generation als Kontrast zum Figurenbestand und seinem Verhalten in C.

B und D:

Das Geschehensschema „Von ‚natürlicher' Leidenschaft zu Seelenruhe (= Bewährung des höheren Wertes)" gilt auch für D, insofern Maria, als sie den Leichnam des Julius erkennt, zuerst weint und den Tod als grausam erinnert, dann nicht mehr weint und zu Gott aufblickt. Dadurch stellt sich eine Verbindung her zwischen dem „Mondschein" als Signum des freundlichen Todes in A, dem Zustand der Seelenruhe in B und der Todesauffassung am Schluß: Der Tod verliert seinen Schrecken, seine „Grausamkeit", für Maria, indem sie ihn als Weg zur Wiedervereinigung im Jenseits akzeptiert. Dieser Vorgang läuft auf engstem Raum in der Schlußszene noch einmal ab, strukturgleich mit dem Ablauf in B. In denselben Zusammenhang gehört die Verbindung zwischen B und D über den Gedanken des Absterbens (das „erstorbene Herz") für die Welt. In diesem Sinne geschieht in D am Schluß eine Wiederbelebung („regten sich die jugendlichen Empfindungen"), die darauf hinweist, daß irdische und jenseitige Hoffnung zusammengeführt werden, aber nicht im Sinne einer Erfüllung, sondern einer Aufhebung der irdischen Hoffnung in der jenseitigen.

A und C:

Kaum verknüpft, lediglich durch das Angebot einer Zuordnungsmöglichkeit: Unter der in B gewonnenen Perspektive (= Wertmaßstab) kann das in A ablaufende Geschehen in die in C aufgeführte Geschehensreihe eingeordnet werden, und zwar als: Die Liebenden lieben sich und versprechen einander, sich immer zu lieben. Auch dies kann, wie das Geschehen in C, als orientierungslos, leer usw. kritisiert werden, als Indiz könnte die Redundanz in der Kennzeichnung der Figuren und ihres Verhältnisses zueinander in A in Anspruch genommen werden, ebenso die für die Figurenkommunikation wenig aussagekräftige, weil formelhafte Ausdrucksweise von Julius und Maria im Liebesgespräch (vgl. Teil B, Punkt 1). Das „alles" am Anfang von C gestattet dem fiktiven Adressaten eine Ergänzung der angeführten Reihe von Beispielen.

A und D:

Insofern A und D Anfang und Ende des Gesamtgeschehens bilden, sind die Beziehungen zwischen diesen beiden Teilen auch indizial für die Gesamtbedeutung des Textes. Sowohl die Bestimmung der Teilgeschehen als auch der Aufweis der Verknüpfung haben im Gang einer Untersuchung Hilfsfunktion für die Herstellung der Beziehung zwischen Anfang und Ende.

Verknüpfungen zwischen Anfang und Ende werden auf der Grundlage einer Integration der zwischen ihnen liegenden Teilgeschehen hergestellt.

Zeit: vom Anfang („Wiege") bis zum Ende („Grab") des Lebens der Figuren, in C eingeordnet in den heilsgeschichtlichen Zusammenhang; Raum: Falun, in C eingefügt in den Weltzusammenhang; Figurenkonstellation: Trennung und Zusammenführung von Julius und Maria. Anfang und Schluß zeigen außerdem Öffentlichkeit, aber am Schluß: „eine neue Generation"; figurähnliche Größe, die Trennung und Zusammenführung motiviert: der Tod; Geschehen: ‚Natürliche' Liebe – ‚übernatürliche' Liebe; Planung der Hochzeit – uneigentlicher, zeichenhafter Vollzug der Hochzeit (durch die Signale Tuch und Schlafkämmerlein); Bezugsgrößen des Lebens im Figurenbewußtsein: am Anfang beziehen sie sich aufeinander, allerdings auf der Basis eines Selbstverständnisses, das sich vom Institutionenkontext, in dem sie stehen (Ort, Arbeit, Ehe usw.), herleitet, wobei die wichtigste Institution die Kirche ist; außerdem auf das Schicksal (der Stich in den Finger als böses Omen), wodurch Unsicherheit angedeutet wird. – Am Ende steht Sicherheit durch die Orientierung auf Gott (keine Mitwirkung der Kirche).

Die Treue der Liebe ist also, trotz Unterbrechung der irdischen Beziehung, möglich, indem Maria für die Welt „stirbt", sich auf Gott hin orientiert. Analog dazu schließt und öffnet sich die „Grube" über Julius, er erscheint auf (für die Braut) wunderbare Weise noch einmal, in einer Form von Auferstehung. Die Zusammenführung am Ende geschieht nach dem Schema der Wiedergeburt, sie entspricht einem Geschehensschema, wie es die Bibel mehrfach aufweist: Jonas im Wal, Christus im Grab, Lazarus im Grab.

Soweit der Aufriß des erzählten Geschehens von „Treue Liebe". Es ist deutlich, in welchem Maße die Analyse, als Auffassen, Zueinanderordnen und Funktionalisieren von Textbestandteilen, auch Interpretation im Sinne der Hypothesenbildung über Mitteilungs- und Darstellungsabsicht des Textes ist. Jede Formulierung einer Beziehung zwischen Textbestandteilen ist partielle Bedeutungsgenerierung, die auf eine Gesamtbedeutung des Textes zielt.

1.2.2 Analyseergebisse zum *Erzählvorgang* finden sich sowohl in Teil B, Punkt 2 (zum Kommunikationsniveau 2) als auch in diesem Teil C, Punkt 1 (zur Erzählsituation). Diese Ergebnisse wären zusammenzuführen und im Zusammenhang mit Befunden zum erzählten Geschehen zu interpretieren.

1.2.3 Die Frage nach dem Konstituierungsverhältnis zwischen dem erzählten Geschehen und dem Erzählvorgang ist zugleich die Frage nach dem *Erzählkonzept*. Sie muß die Analyseergebnisse zum Verhältnis erzähltes Geschehen/Erzählvorgang zusammenführen mit den Informationen zur Erzählkonzeption des realen Autors Hebbel, d. h. in diesem Zusammenhang vor allem: mit dem Stoff (Schubert) und der literarischen Vorlage (Hebel) von „Treue Liebe". Zur Ermittlung der Autorintention kann dabei z. B. ein Vergleich zwischen den erzählten Geschehen in den drei Texten dienen. Wir fügen als Anregung eine Analyse des erzählten Geschehens in der Fassung von Schubert ein (Textabdruck s. Teil B, Punkt 5.1):

Absicht ist die Unterrichtung eines interessierten Lesers über das Naturphänomen der Konservierung eines Leichnams. Der Text ist der Bericht über ein Beispiel hierfür. Der Bericht besteht aus zwei aufeinanderfolgenden Teilen:

- Auffindung, Konservierung und Verfall eines unverwesten jugendlichen Leichnams (Teil 1);
- Wiedererkennung eines jugendlichen, unverwesten, unbekannten Leichnams durch eine Frau, die sich als frühere Braut des Verstorbenen zu erkennen gibt (Teil 2).

Beziehung zwischen den Teilen: Beide Teile sind als Geschehen für sich abgeschlossen, haben Anfang und Ende, die jeweils durch Ereignis (Teil 1) bzw. Figurenhandeln (Teil 2) aufeinander bezogen sind.

Verknüpfung zwischen den Teilen:

Zeitaspekt: Teil 1 umgreift Teil 2 zeitlich, Teil 2 als Bestandteil von Teil 1 ist sozusagen extrapoliert, nachgetragen.

Raumaspekt: Jeweils gleichbleibend Fahlun.

Figurenbestand: Verbindende Funktion hat der getötete Bergmann; die beiden Teile sind gleichzeitig dadurch voneinander getrennt und aufeinander bezogen, daß Teil 1 das Problem der Bestimmung der Zeitspanne der Konservierung aufwirft und Teil 2 die Umstände der Klärung dieser Frage nachträgt. Die klärende und damit eigentlich verbindende Funktion hat dabei die treue Liebe der Frau in Teil 2, kraft deren sie den Leichnam erkennt.

Der Schluß von Teil 2 ist eine Reflexion des Berichterstatters, die zwar an die Perspektive des „Volks" gebunden ist, aber durch den kunstvollen Gebrauch von Parallel- und Gegensatzstrukturen eine gewisse Selbständigkeit gewinnt. Er schließt zwar Teil 2 ab, aber nicht folgerichtig Teil 1, dessen integrierter Bestandteil Teil 2 ist; Anfang und Ende des gesamten Berichts sind also nicht aufeinander bezogen, der Text bildet keine Einheit. Es lassen sich vielmehr zwei verschiedene Mitteilungsabsichten unterscheiden: naturwissenschaftliche Information und philosophisch-moralisches Räsonnement.

2 Figur als Begriff der Erzähltextanalyse

2.1 *Terminologische Unterscheidungen*

2.1.1 *Vorbemerkung*

Der Begriff Figur verweist auf Hergestelltheit und Geplantheit. In diesem Sinne ist er gebräuchlich in verschiedenen Bereichen, z. B. Bildende Kunst, Geometrie, Rhetorik.

Figur als Begriff der Erzähltextanalyse bezieht sich auf dargestelltes menschliches Bewußtsein. Er umfaßt sowohl erzählte menschliche Wesen wie nichtmenschliche Träger von Bewußtsein, die im Erzähltext in menschenähnlicher Funktion vorkommen (Tiere, Fabelwesen, Dinge etc.). Darüber hinaus umfaßt er das Bewußtsein, das den erzählten Figuren übergeordnet ist.

Als dargestelltes Bewußtsein sind Figuren Manifestationen des realen Autorbewußtseins. Da Figuren hergestellt sind, kann man sie auch als intendierte Kombinationen von bedeutungstragenden Merkmalen definieren. Das Vorhandensein von Figuren ist konstitutiv für Erzähltexte; neben anderen Merkmalen sind sie es im wesentlichen, die den Erzähltext als fiktionale Verwirklichung der Kommunikationsabsicht eines realen Autors ausweisen.

Im Rahmen unseres Kommunikationsmodells des Erzählwerks differenzieren wir den Begriff Figur und sprechen von
- erzählten Figuren auf dem Kommunikationsniveau N1;
- erzählenden Figuren auf dem Kommunikationsniveau N2;
- Figurenkonzept auf dem Kommunikationsniveau N3.

2.1.2 *Erzählte Figuren*

Die Gesamtheit der in einer erzählten Welt vorkommenden menschlichen und nichtmenschlichen Beteiligten am erzählten Geschehen (s. d.) nennen wir *erzählte Figuren.* Sie sind, wie die erzählte Welt insgesamt, Medium der Mitteilungsabsicht des fiktiven Erzählers. Mit ihrer Hilfe initiiert und motiviert er das erzählte Geschehen.

Der fiktive Erzähler stellt die Figuren erzählend her. Er hat zwei grundsätzlich verschiedene Möglichkeiten, sie zu konturieren:
- durch Erzählerrede;
- durch Figurenrede.

Konturierung durch Figurenrede heißt, daß der Erzähler die Merkmale von Figuren durch diese selbst aussprechen läßt oder an ihrer Rede ablesbar macht. Auf diese Weise kann er Merkmale und Bewußtsein von erzählten Figuren darstellen, ohne sie selbst zu beschreiben.

Konturierung durch Erzählerrede heißt, daß der Erzähler die Merkmale von Figuren selbst ausspricht und die Figuren durch ihre Handlungen und Haltungen vermittelt herstellt. Er hat dabei die Möglichkeit, die Figuren zu kommentieren. Er kann mit ihrem dargestellten Selbstverständnis einverstanden sein oder nicht.

Die Art der Figurenkonturierung gibt Auskunft über die Mitteilungsabsicht des fiktiven Erzählers.

Die Verwendung der Konturierungsmittel Figurenrede oder Erzählerrede ist ein Kriterium für die Bestimmung der Erzählsituation des fiktiven Erzählers.

2.1.3 *Erzählende Figuren*

Als erzählende Figur bezeichnen wir den fiktiven Erzähler. Der Begriff Figur wird verwendet, obwohl die Senderinstanz S2 selten als Figur konturiert, sondern zumeist als dem Erzählten implizites Subjekt vorhanden ist.

Sein Erzählen, die *Erzählerrede,* gliedert sich in zwei Formen:
- das Erzählen über das Erzählen (Kommentare, Belehrungen, Leseranreden etc.) und

– das Erzählen des Erzählten (Herstellung der erzählten Welt).

Ihr quantitatives Verhältnis, ihr funktionales Aufeinanderbezogensein und ihre Aufeinanderfolge im Text machen den Erzählvorgang aus.

Innerhalb der zweiten Form (Erzählen des Erzählten) kann sich der fiktive Erzähler in der Form der Figurenrede als einer besonderen Form der Erzählerrede äußern.

Das Erzählen des Erzählers läßt stets eine Reihe von erzähltechnischen und bewußtseinsmäßigen Voraussetzungen erkennen. Diese Voraussetzungen sind vom abstrakten Autor S3 konzipiert.

Die Summe der dem fiktiven Erzähler für die zwei Formen der Erzählerrede eingeschriebenen Voraussetzungen nennen wir die *Erzählsituation*. Sie ist konstituiert durch zwei Bezugsverhältnisse des fiktiven Erzählers:

– den Bezug zum fiktiven Adressaten;
– den Bezug zur erzählten Welt.

Diese Bezugsverhältnisse gelten im Rahmen der Grundvoraussetzung, daß mit dem fiktiven Erzähler eine Erzählgegenwart konstituiert ist, von der aus er eine erzählte Welt als eine vergangene Welt konstituiert. Graphisch dargestellt ergibt sich das Schema Abb. 24 (S. 139).

Wir unterscheiden als Merkmale der Erzählsituation:

– im Hinblick auf das Bezugsverhältnis des fiktiven Erzählers zur erzählten Welt den *Standort* des fiktiven Erzählers;
– im Hinblick auf das Bezugsverhältnis zum fiktiven Adressaten den *Standpunkt* des fiktiven Erzählers.

Standort bezeichnet die Summe der Konstituierungsvoraussetzungen für die erzählte Welt (erzähltechnische Komponente).

Standpunkt bezeichnet die Summe der Voraussetzungen für die Wertungen des fiktiven Erzählers (Wertungskomponente).

(Abb. 25, S. 139.)

Für jedes der Bezugsverhältnisse, die zusammen die Erzählsituation ausmachen, gibt es eine Reihe von Bestimmungskriterien.

(a) Bestimmungskriterien für den *Standort* des fiktiven Erzählers:

– *Ich-Erzähler oder Er-Erzähler.*

  Ein Ich-Erzähler äußert sich beim Erzählen des Erzählten in der 1. Person; ein Er-Erzähler in der 3. Person. Diese Unterscheidung zielt auf das Verhältnis zwischen der Welt des fiktiven Erzählers (Kommunikationsniveau N2) und der erzählten Welt. Ein Ich-Erzähler erzählt die erzählte Welt als ein an ihr beteiligt Gewesener. Ein Er-Erzähler konstituiert eine erzählte Welt als eine, an der er nicht beteiligt gewesen ist. Unabhängig von dieser Alternative kann das Erzählen *über* das Erzählte in der 1. und/oder 3. Person stehen.

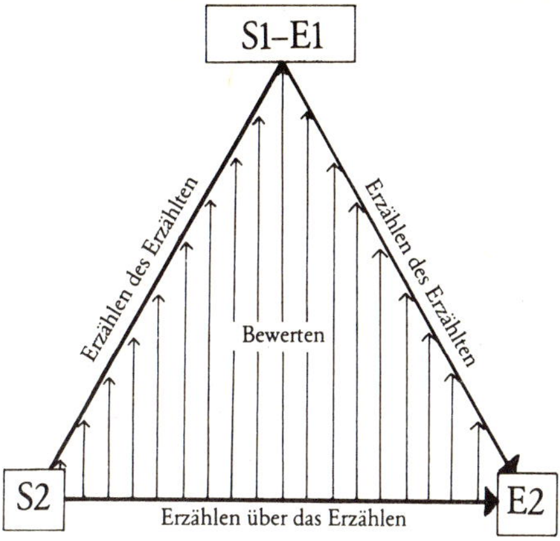

Im Schema wird durch das Stichwort „bewerten“ und die zugehörigen Pfeile angezeigt, daß das Erzählen über das Erzählen zugleich die permanente explizite Bewertung des Erzählten mit Bezug auf den fiktiven Adressaten (E2) enthält; eine implizite Bewertung liegt aber auch in der Darstellungsweise der erzählten Welt vor.

Abb. 24

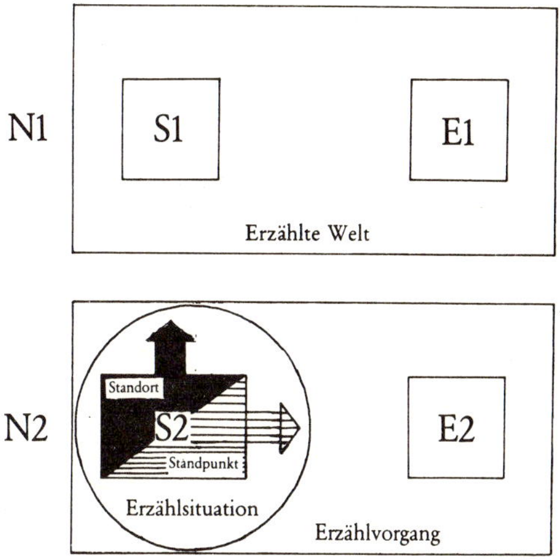

Abb. 25

- *Innen- oder Außenposition.*
  Diese Unterscheidung zielt auf die Position des fiktiven Erzählers gegenüber den erzählten Figuren. Innenposition bezeichnet eine Darstellungsweise, in der der Erzähler das erzählte Geschehen aus der Perspektive der erzählten Figuren erzählt und seine Anwesenheit nicht durch eine ‚eigene' Sichtweise des Geschehens kundgibt.
  Außenposition bezeichnet eine Darstellungsweise, in der der fiktive Erzähler das erzählte Geschehen in seiner von der der erzählten Figuren abweichenden, ‚eigenen' Perspektive erzählt.
- *Informiertheit des fiktiven Erzählers über die erzählte Welt.*
  Die Erzählweise des fiktiven Erzählers kann seine Informiertheit als über das Erzählte hinausgehend, ihm adäquat oder ihm gegenüber unzulänglich ausweisen. Mit Füger [Zur Tiefenstruktur des Narrativen. In: Poetica 5. 1972. S. 268–292.] kann dies bezeichnet werden als: situationsüberlegen, situationsadäquat oder situationsdefizitär.

Diese drei Kriterien für den Standort des fiktiven Erzählers können in unterschiedlicher Weise kombiniert sein. Es ergeben sich dadurch verschiedene Bestimmungsmöglichkeiten des Bezugsverhältnisses zur erzählten Welt als Merkmal der Erzählsituation des fiktiven Erzählers. Die folgende Abbildung (nach Füger) stellt dies schematisch dar:

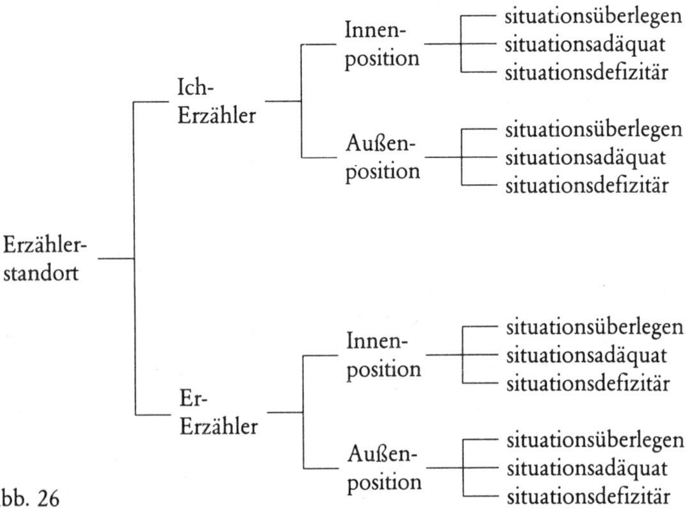

Abb. 26

(b) Bestimmungskriterien für den *Standpunkt* des fiktiven Erzählers: Bestimmungskriterien für den Standpunkt des fiktiven Erzählers sind die Merkmale seines Wertbewußtseins.

Der Erzählerstandpunkt manifestiert sich im Erzählen der erzählten Welt durch die jeweiligen, an der Konstitutionsweise einzelner erzählter Details ablesbaren *Erzähleinstellungen*. Dieser Begriff bezeichnet die Bewertetheit von Teilgeschehen (s. d.) und anderen Konstitutionsmerkmalen der erzählten Welt im Hinblick auf ihre Funktion bei der sukzessiven Vermittlung des Erzählerstandpunkts an den fiktiven Adressaten.

Der Erzählerstandpunkt manifestiert sich auch in den expliziten Bewertungen im Erzählen über das Erzählen.

Die Kriterien, die für den fiktiven Erzähler gelten, gelten auch für erzählte Figuren, sofern diese vom fiktiven Erzähler mit erzählender Figurenrede ausgestattet sind, d. h. selbst wiederum Figuren erzählend hervorbringen. In diesem Fall entsteht Erzählung in der Erzählung.

2.1.4 *Figurenkonzept*

Der Komplex von Merkmalen des fiktiven Erzählers, den wir unter den Begriff Erzählsituation zusammengeschlossen haben, sowie die Summe der Merkmale des Bestands an erzählten Figuren ist vom abstrakten Autor (S3) konzipiert. Diese Instanz ist selbst keine Figur, insofern auf sie keine Sätze entfallen. Vielmehr ist sie Manifestation des Autorbewußtseins im Text und repräsentiert als Bedingung der Textintentionalität die Entscheidungen des realen Autors, die dessen Erzählkonzeption (s. d.) bestimmen. Die den Figurenbestand betreffenden Entscheidungen im Rahmen dieser Konzeption sind im Text als funktionaler Zusammenhang der erzählten Figuren mit dem fiktiven Erzähler (vertikales Verhältnis N1/N2 mit seinen Implikationen) wahrnehmbar; sie sind bei der Analyse als *Figurenkonzept* des abstrakten Autors formulierbar.

2.2 *Textbezogene Erläuterungen und Anregungen*

2.2.1 Die Analyse von *erzählten Figuren* bezieht sich immer auf deren Konstituierung, Konturierung und Funktionalisierung.

Die Zeilen 61–68 von Hebbels „Treue Liebe“ (Textabdruck am Ende des Buches) zeigen, wie ein fiktiver Erzähler den Zusammenhang zwischen einer erzählten Figur und ihren Merkmalen im Rahmen seiner Mitteilungsabsicht handhaben kann. Nach der räsonierenden Leseranrede nimmt der fiktive Erzähler den Faden der Geschichte wieder auf, indem er die zuvor abstrakt vorgetragenen Überlegungen auf die dem fiktiven Adressaten inzwischen bekannte Krisensituation der Hauptfigur anwendet. Mit dem Satz: „Nachdem Maria [. . .]“ schreibt der fiktive Erzähler das, was Element der Leserbelehrung (Beruhigung und Einverständnis) war, der Figur als Merkmal zu. Die Figur ist Subjekt des Satzes. Der folgende Satz bezieht sich ebenfalls auf Maria, indem er etwa als „Es trat jener Zustand *[bei ihr]* ein“ zu lesen ist. Gemeintes Subjekt ist also Maria; grammatisches Subjekt ist aber der – positiv bewertete – Zustand. Im letzten Satz (68) kommt die Figur nicht mehr vor; Subjekt ist „der Zustand“. Das Präsens („ist“ statt: war) zeigt an, daß der fiktive Erzähler schon wieder über das Erzählte erzählt und seinen Leser direkt anspricht, also Figur und Merkmal (= Zustand) schon wieder voneinander getrennt hat. Die Figur ist also nicht Integrationspunkt der Merkmale; die Merkmale fungieren vielmehr als integrierte Bestandteile der Leserbelehrung. Der Zusammenhang zwischen Merkmalen und Figur ist lose und jederzeit, nach Maßgabe der Mitteilungsabsicht des fiktiven Erzählers, auflösbar. Durch dieses Verfahren erhält die Figur die Funktion des Demonstrationsbeispiels sowohl für die Richtigkeit als auch für die Wirkung der Lehre.

Als Hinweise auf Untersuchungsansätze stellen wir hier einige der Fragen zusammen, die bei der Analyse des Kommunikationsniveaus 1 in Teil B schon benutzt worden sind:

- Anzahl der Figuren?
- Art ihrer Identifizierung (z. B. Name, Personalpronomen)?
- Hierarchisierung im Erzählzusammenhang (Haupt- und Nebenfiguren, Einzelne, Gruppen)?
- Anzahl und Kriterien der Figurengruppierungen?
- Verhältnisse der Gruppen zueinander?
- Verhältnisse von Figuren innerhalb der Gruppen?

Diese Fragen betreffen lediglich den Figurenbestand. Anderen Aussagen bei der Analyse des Kommunikationsniveaus 1 liegen Merkmale der Gestaltung der Figurenrede durch den fiktiven Erzähler zugrunde: Im Hebbel-Text z. B. eröffnet die Beobachtung, daß das Liebesgespräch (16–33) eigentlich gar kein Gespräch ist, insofern wörtliche Rede nur der männlichen Figur zugeteilt, während die Reaktion der weiblichen Figur auf diese Rede vom Erzähler zusammenfassend berichtet wird, die Möglichkeit, eine Hypothese über die in der dargestellten Situation wirksame Erzähleinstellung zu bilden, die wiederum Material bei der Ermittlung der Intentionalität des Textes ist.

Andere Befunde zu N1 benutzen Merkmale des Bewußtseinsinhalts der erzählten Figuren (Zeitbewußtsein, Auffassung von Liebe und Tod, etc.), um ihre Funktion im Rahmen der Mitteilungsabsicht des fiktiven Erzählers zu klären: Illustration oder Differenzierung seiner Position. Außerdem enthält der Hebbel-Text ein Beispiel für eine nichtmenschliche Figur: Der

Tod, hier Ende des Lebens und der irdischen Liebe, wird als allegorische Personifikation in das als real erzählte Geschehen eingeführt. Er wird unter zweierlei Bewertungsperspektiven konturiert (grausam und freundlich). Bei der Konstituierung der Figur gibt der fiktive Erzähler dem fiktiven Adressaten beide Bewertungen vor, ohne ihr Verhältnis zueinander zu klären (38–41). Die Hauptfigur – und mit ihr der fiktive Adressat – gelangt im Verlauf des erzählten Geschehens zur Einsicht, daß die Doppelrolle des Todes als freundlicher Bote der höheren Welten und als grausamer Zerstörer menschlicher Bindungen kein Widerspruch ist.

2.2.2 Bei den folgenden Beobachtungen zur *Erzählsituation* verfahren wir getrennt nach Aspekten des *Erzählerstandorts* und des *Erzählerstandpunkts*. Die Grundzüge der Erzählsituation eines Erzähltextes sind in der Regel schon am Erzähleingang erkennbar. Der fiktive Erzähler weist dabei dem fiktiven Adressaten seine Position im Hinblick auf das Erzählte an.

(a) *Erzählerstandort*

Mit der Orts- und Zeitangabe: „Zu Falun, in Schweden [. . .] vor fünfzig Jahren" wird die Position des fiktiven Erzählers gegenüber dem Erzählten als Außenposition gekennzeichnet. Eine Figurenperspektive ist noch gar nicht eingeführt. Voraussetzung des Erzählens ist eine räumlich-zeitliche Distanz des Erzählten zur Erzählgegenwart.

Als weiteres Merkmal der Erzählsituation ergibt der erste Satz eine Situationsüberlegenheit des Erzählers: „beide Leutchen schienen so füreinander geschaffen, als ob die Engel im Himmel sie schon in den Wiegen für den Ehestand eingesegnet hätten." (3 ff.) Der Satz weist den fiktiven Erzähler als eine Instanz aus, die sowohl Informationen über die Vergangenheit als auch über die Zukunft der Figuren besitzt, die diesen selbst nicht zugänglich sind und die auch dem erzählten Wirklichkeitsausschnitt nicht zu entnehmen sind. Der fiktive Erzähler kennzeichnet die Figurenbeziehung in gewissem Sinne als zwangsläufig, da durch Vorsehung bestimmt. Gleichzeitig zeigt er mit „schienen" (statt: erschienen) den hierzu in Spannung stehenden negativen Ausgang an. Zur Situationsüberlegenheit des Erzählers gehört auch die Verfügung über innere Vorgänge seiner Figuren, über deren gesamten Bewußtseinsinhalt; er kann also die Figuren u. a. durch Sätze herstellen, die in verschiedenen grammatischen Formen (z. B. direkte Rede, berichtete Rede) deren Bewußtseinsinhalt aussagen.

Die grammatische Form, in der sich der fiktive Erzähler im ersten Satz äußert, ist die 3. Person; damit ist als Merkmal der Erzählsituation und Voraussetzung des Erzählens eine Diskontinuität zwischen erzähltem Geschehen und Erzählgegenwart angezeigt. Der fiktive Erzähler ist selbst nicht Bestandteil der erzählten Welt. Er verfügt über das Erzählte so, daß die (fiktive) Faktizität der erzählten Welt als von ihm gesetzt erscheint (vgl.: zu den erzählten Figuren; zur Zeitdarstellung). Hauptmerkmal seiner Erzählsituation ist, daß das Erzählen über das Erzählte, also die direkte Belehrung des fiktiven Adressaten, dem Erzählen des Erzählten, der Herstellung der erzählten Welt, übergeordnet ist. Im Rahmen der Erzählsituation fallen die Sätze auf: „Wie könnte ich die Töne von Jammer und Weh beschreiben, welche man überall hörte?“ und „Da lag sie ohnmächtig . . .“ (45ff.). Sie implizieren nämlich, daß der fiktive Erzähler an dem Geschehen beteiligt gewesen ist. Hinzu kommt die grammatische Form des Ausrufs, die traditionellerweise unmittelbare emotionale Anteilnahme ausdrückt. Unter dem Aspekt des Adressatenbezugs der Erzählerrede kann dieser Wechsel allerdings nicht als eine grundlegende Veränderung des Erzählerstandorts aufgefaßt werden. Die Beziehung zwischen dem fiktiven Erzähler und dem fiktiven Adressaten ist als fiktionale Verwirklichung der Kommunikationsabsicht des realen Autors konstant zu denken: die Kommunikationsabsicht manifestiert sich textintern in der Instanz des abstrakten Autors, dem der abstrakte Rezipient als Rezipientenbewußtsein im Text zugeordnet ist. Dieses formiert sich in der Auseinandersetzung mit dem eingeschriebenen Adressatenbezug der Erzählerrede. Voraussetzung dafür ist beim realen Leser die Erwartung, durch den Erzähltext insgesamt als mit sich selbst identische Größe angesprochen zu sein. Ein Wechsel der Erzählsituation würde aber als Wechsel der Identität des fiktiven Erzählers einen Wechsel in der Identität des fiktiven Adressaten bedeuten.

In unserem Text fungiert also der vorgeführte Wechsel von der Er- zur Ich-Form lediglich als Wechsel des Mitteilungsverfahrens, nicht der Erzählsituation, hier: des Erzählerstandorts. Er ist als Mittel der Intensivierung und Emotionalisierung des Adressatenbezugs zu lesen, das auf der Grundlage der zuvor durch das Er-Erzählen gesicherten fiktiven Faktizität des erzählten Geschehens nun, als Vorbereitung der direkten Leseranrede, den fiktiven Erzähler als engagierte, am erzählten Geschehen um des Lesers willen und also in bestimmter Hinsicht interessierte Instanz ins Spiel bringt.

Diese wenigen Beobachtungen zum Erzählerstandort zeigen, daß dessen einzelne Kriterien (Ich-/Er-Erzählen, Außen-/Innen-Position, Informiertheit) zwar tatsächlich die Voraussetzungen des fiktiven Erzählers für die Konstituierung der erzählten Welt erfassen, daß sie aber nur unter Berücksichtigung des durch sie indizierten Adressatenbezugs für die Interpretation richtig ausgewertet sind.

(b) *Erzählerstandpunkt*

Der Erzählerstandpunkt als Wertbewußtsein des fiktiven Erzählers in „Treue Liebe“ ist in Teil B ausführlich und im Hinblick auf den fiktiven

Adressaten wie auf den realen Autor erörtert worden. Wir greifen ein Beispiel für das Verhältnis zwischen Erzählerstandpunkt und Erzähleinstellungen auf, da dieser Beobachtungsaspekt besonders geeignet ist, Wertsuggestionen der Erzählerrede auf Bewertungsstrategien zurückzuführen.

Der unbestimmte Figurenkontext in „Treue Liebe", zu Anfang als „Ort" (6), am Ende als „Zuschauer" bezeichnet und durch das Adverb „öffentlich" (35 und 91) in seiner gleichbleibenden Funktion für die Hauptfiguren zusammengehalten, wird an den beiden Stellen unterschiedlich bewertet: zu Anfang positiv, insofern der „Ort" die Beziehung zwischen Julius und Maria mit Wohlwollen und guten Zukunftswünschen umgibt (8–10; auch 35 f.); am Ende negativ, insofern die Reaktion der „Zuschauer" auf das Ereignis hinter der Haltung der Hauptfigur geistig/moralisch zurückbleibt (101/102, wichtigstes Indiz: „Aber . . .", adversativ auf die Darstellung des Figurenverhaltens bezogen). Die beiden unterschiedlichen Erzähleinstellungen sind jedoch subsumierbar unter die in Teil B aufgestellte Hypothese über den Standpunkt des fiktiven Erzählers, der als der eines metaphysisch orientierten Moralisten bezeichnet werden kann. Die oben angeführte positive und negative Bewertung dient der Präsentation der Hauptfigur; beide illustrieren deren Entwicklung zwischen Ausgangs- und Endpunkt, die ihrerseits als Hauptargument in der Mitteilung des fiktiven Erzählers fungiert. Indem der fiktive Adressat mit unterschiedlich bewerteten Bestandteilen der erzählten Welt konfrontiert wird, kann der reale Leser durch Vergleichen Einsicht in den Wertmaßstab des fiktiven Erzählers (Rangfolge der Werte) gewinnen.

2.2.3 Überlegungen zum *Figurenkonzept* in „Treue Liebe" könnten – als Aufgabe gestellt – die Beobachtungen zu den erzählten und erzählenden Figuren mit den Informationen über den realen Autor aus Teil B verknüpfen.

3 Zeit als Begriff der Erzähltextanalyse

3.1 *Terminologische Unterscheidungen*

3.1.1 *Vorbemerkung*

Zeit ist erkenntnistheoretisch eine Voraussetzung dafür, daß die Welt unter den Kategorien Sein, Werden und Vergehen vorgestellt werden kann. Es wird zwischen der physikalisch meßbaren (objektiven) Zeit und der im Bewußtsein des Menschen auf Grund seiner Erlebnisse registrierten, d. h. gedeuteten und bewerteten Zeit unterschieden. Zeit in beiden Bedeutungen ist ein konstitutives Moment für Geschichte und Geschichtserfahrung.

Zeit als literaturwissenschaftliche Kategorie bezieht sich auf fiktional dargestellte Zeit. In Erzähltexten kommt Zeit vor als

- Konstitutionsbedingung dargestellter Welt;
- Bewußtseinsinhalt dargestellter Figuren (N1 und N2).

Daraus ergeben sich für die Analyse von dargestellter Zeit in Erzähltexten zwei Gesichtspunkte:

- Als Konstitutionsbedingung dargestellter Welt hat die Zeit eine *formale Funktion*: Sie ist organisierender Faktor sowohl des erzählten Geschehens als auch des Erzählvorgangs. Ihre Ausgestaltung ist beschreibbar in Analogie zur meßbaren realen Zeit; sie kann realer Zeitmessung analog oder konträr eingesetzt sein. Sie stellt in jedem Fall eine Bezugnahme auf reale Zeit dar.
- Als Faktor des Bewußtseins dargestellter Figuren hat Zeit eine *inhaltliche Funktion*. Zeit bezeichnet hier gedeutete und bewertete Zeit; als solche ist sie Medium der Darstellung der Zeiterfahrung von Figuren. Insofern Zeiterfahrung konstitutives Moment für Geschichtserfahrung ist, kann die Darstellung der Zeiterfahrung von Figuren der Vermittlung von Geschichtserfahrung dienen.

Im Hinblick auf das Modell des Erzählwerks differenzieren wir nun dargestellte Zeit sowohl nach Kommunikationsniveaus als auch nach den Aspekten der Zeitorganisation und der Zeiterfahrung. Wir stellen die terminologischen Zuordnungen in einer Graphik dar. (Abb. 27, S. 147 .)

3.1.2 *Erzählte Zeit im Text*

Das erzählte Geschehen eines Erzähltextes ist Funktion der Mitteilungsabsicht des fiktiven Erzählers. Die Gesamtheit der Zeitangaben, die das erzählte Geschehen, dessen allgemeinster Inhalt eine Veränderung ist, als Prozeß und als Geschichte, d. h. Situierung einer Sache in der Zeit, erkennbar machen, nennen wir die *erzählte Zeit im Text*.

Wir unterscheiden zwischen

- *erzählter Zeiterfahrung* als Bestandteil des Bewußtseins erzählter Figuren und
- *Zeitorganisation* des erzählten Geschehens.

Die Zeitorganisation des erzählten Geschehens umfaßt dessen zeitliche Erstreckung, Situierung, Gliederung in Phasen und deren chronologische bzw. nicht-chronologische Anordnung sowie die Verfahren der Zeitdarstellung wie Dehnung, Raffung und sonstige Abweichungen von realer Zeitmessung.

Für beide Aspekte der erzählten Zeit im Text gilt, daß sie sowohl durch Figurenrede als auch durch Erzählerrede angezeigt werden können.

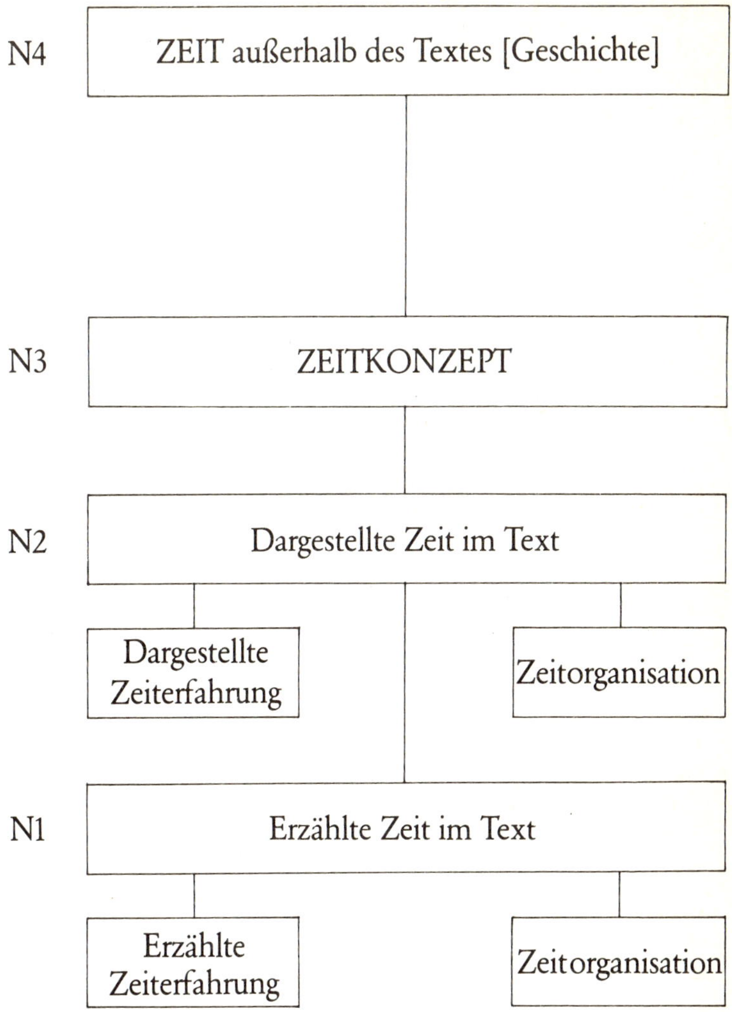
N4
ZEIT außerhalb des Textes [Geschichte]
N3
ZEITKONZEPT
N2
Dargestellte Zeit im Text
Dargestellte Zeiterfahrung
Zeitorganisation
N1
Erzählte Zeit im Text
Erzählte Zeiterfahrung
Zeitorganisation

Abb. 27

3.1.3 *Dargestellte Zeit im Text*

Das Erzählen des fiktiven Erzählers konstituiert außer der erzählten Zeit im Text auch die zeitliche Dimension seiner fiktiven Redesituation (Erzählsituation), die *dargestellte Zeit im Text.* Sie macht das Erzählen selbst als Vorgang darstellbar und rezipierbar.

Wir unterscheiden für das Kommunikationsniveau 2 zwischen der *dargestellten Zeiterfahrung* als der Gesamtheit der durch den fiktiven Erzähler vorgenommenen Deutungen und Bewertungen von Zeit und der *Zeitorganisation,* auf die die oben angeführten Kriterien für Zeitorganisation auf dem Kommunikationsniveau 1 anzuwenden sind.

Der fiktive Erzähler erzählt stets in einer Erzählgegenwart. Das erzählte Geschehen ist für ihn vergangen. Sein Verhältnis zum fiktiven Adressaten ist insofern zukunftsbezogen, als der fiktive Adressat am Ende des Erzählvorgangs über das erzählte Geschehen informiert ist und es in der Bewertung des fiktiven Erzählers sieht.

Das erzählte Geschehen ist als vergangenes Manifestation der Zeiterfahrung des fiktiven Erzählers, und zwar sowohl hinsichtlich der Zeitorganisation als auch hinsichtlich der erzählten Zeiterfahrung. Außerdem kann der fiktive Erzähler seine Zeiterfahrung im Erzählen über das Erzählen direkt äußern. Die Zeitorganisation des Kommunikationsniveaus 2 geht auf das Zeitkonzept des abstrakten Autors zurück. Der fiktive Erzähler kann, als eine weitere Möglichkeit, seine Zeiterfahrung zu dokumentieren, im Erzählen über das Erzählen die Zeitorganisation von Niveau 2, also seine Erzählgegenwart, thematisieren.

3.1.4 *Zeitkonzept*

Die Gesamtheit der Zeitdarstellung eines Erzähltextes und der durch sie vermittelten expliziten und impliziten Deutung und Bewertung von Zeit ist Funktion der Darstellungsabsicht des Autorbewußtseins im Text, d. h. Merkmal der Intentionalität. Voraussetzung für die Konstituierung und Funktionalisierung von erzählter Zeit im Text und dargestellter Zeit im Text ist die aus der Intention des realen Autors resultierende Erzählkonzeption, im Text wahrnehmbar als Erzählkonzept. Dieses Erzählkonzept umfaßt auch den Entwurf der zeitlichen Organisation des Erzähltextes und sein Verhältnis zur historischen Zeit als Geschichte. Diesen in der Gesamtheit der Zeitdarstellung eines Textes manifesten Entscheidungszusammenhang nennen wir das *Zeitkonzept* eines Erzähltextes.

Bei der Frage nach der eine Erzählkommunikation bestimmenden Intention muß das Zeitkonzept, als Funktion der Erzählkonzeption, mit der Zeiterfahrung des realen Autors in Verbindung gebracht werden. Als Bezugsfeld kann das je zeitgenössische gesellschaftlich vorherrschende Zeitbewußtsein angesetzt werden.Es bildet einen wichtigen Ansatzpunkt für die Frage nach dem Geschichtsbewußtsein. Faktoren dieses Bezugsfeldes können in einem Erzähltext intentional verarbeitet oder nichtintentional wirksam sein.

Bei der Rezeption tritt der Erzähltext in die Zeitbezüge eines realen Lesers ein. Dargestellte Zeit wird rezipiert, indem der Leser sie auf die eigene Zeitwahrnehmung und Zeitbewertung bezieht. Bezugsfeld ist dabei das dem Rezipienten zeitgenössische gesellschaftlich vorherrschende Zeit- und Geschichtsbewußtsein.

Die ältere Erzählforschung hat unter Fragen der Rezeption von Erzähltexten noch ein anderes Problem behandelt: das Verhältnis zwischen Erstreckung und Gestaltung der erzählten Zeit im Text und der Lesezeit, der Zeitspanne nämlich, die das Lesen des Textes beansprucht. Fiktive Zeit und reale Zeit wurden dabei gemessen und verglichen, letztere z. B. in Seitenzahlen pro Zeiteinheit. Hierbei handelt es sich aber um ein eher lesepsychologisches Problem bzw. einen Erklärungsversuch für das Phänomen der Spannung bei der Lektüre von Erzähltexten.

3.1.5 *Zeit als Bezugsgröße der Erzählkommunikation*

Außerhalb des Problemfeldes der dargestellten Zeit ist Zeit, im Sinne von realer Zeit, eine fundamentale Bezugsgröße für Erzähltexte. Im Rahmen seiner Erzählkonzeption wendet ein realer Autor Zeitkategorien auf einen Stoff an und strukturiert diesen dadurch zeitlich. Dieser strukturierte Stoff erscheint im Rahmen der fiktionalen Erzählrede als ein in der Vergangenheit situierter Weltzusammenhang. Da die fiktionale Erzählrede des realen Autors sich an einen realen Rezipienten richtet, hat sie durch den ihr innewohnenden Adressatenbezug eine Zukunftsdimension; der reale Leser integriert bei der Rezeption des Erzähltextes die darin als vergangen situierte dargestellte Welt in seinen eigenen realen Zeit- und Geschichtshorizont und macht das zu einem bestimmten Zeitpunkt in der realen Geschichte als vergangen Vorgestellte (Produktion des Erzähltextes) an einem beliebigen späteren Zeitpunkt realer Geschichte jeweils gegenwärtig.

In der Instanz des abstrakten Autors ist textintern dieser Zusammenhang zwischen der Vergangenheit der dargestellten Welt und der Zukunftsorientiertheit des Empfängerbezuges manifest. Der Kommunikationsvorgang zwischen fiktivem Erzähler und fiktivem Adressaten (Erzählvorgang) konstituiert eine textinterne Form von Gegenwart.

3.2 *Textbezogene Erläuterungen und Anregungen*

Fragen wir zunächst nach der erzählten Zeiterfahrung, also der Zeiterfahrung der erzählten Figuren in „Treue Liebe“: Der fiktive Erzähler konturiert, wie wir schon mehrfach festgestellt haben, das Figurenbewußtsein nur schwach bzw. in direkter Entsprechung zur Mitteilungsabsicht (Illustration). Im ersten Teilgeschehen (s. d.) ist der Begriff Zeiterfahrung als Kriterium für das Figurenbewußtsein schwierig anzuwenden; weder durch Figurenrede noch durch Erzählerrede wird dem Figurenbewußtsein überhaupt eine Beziehung zur Vergangenheit eingeschrieben: „Julius vergaß [über dem Beisammensein mit Maria] seine schwere Arbeit“ und „arbeitete fleißig mit Hammer und Schaufel, bis der goldene Abend herbeikam“. Diese Sätze des Erzählers bezeichnen vielmehr eine Gegenwarts- bzw. Zukunftsorientiertheit. Das Liebesgespräch (Figurenrede) enthält ausschließlich Zeitbestimmungen, die in die Zukunft weisen: „nur noch eine kurze Zeit“; „dann“; „immer“; „wie jetzt“; „bleibst“; „nie“; „am nächsten Sonntage“; „zum Säumen“; „das bedeutet nichts Gutes“; „am heil. Osterfeste, dann“.

Im zweiten Teilgeschehen zeigt sich, inwiefern diese Ausgestaltung des Figurenbewußtseins Funktion einer dargestellten Zeiterfahrung (des fiktiven Erzählers) ist, nämlich der der „Betrüglichkeit der menschlichen Hoffnungen“. Das eindimensional zukunftsorientierte Figurenbewußtsein kann nun, durch den Verlust dieser Zukunft – sie wird zum „Traum von Glück“, zu „eingebildeter Freude“ – an einem Nullpunkt der Welt- und Zeitorientierung („und sie erwachte in einer Welt, die nun keinen Gegenstand für ihr Herz weiter hatte.“) gezeigt werden. Auf dieser Basis kann der Figur nun die Umorientierung ihres Zeitbewußtseins auf eine christlich begründete Zukunft hin zugeschrieben werden. Gleichzeitig wird, wiederum in der Erzählerrede, die Dimension der Vergangenheit in das Figurenbewußtsein eingeführt (65). Auch dieser Schritt der Herstellung der erzählten Zeiterfahrung erhält seine Funktion im Kontext der dargestellten Zeiterfahrung: Der fiktive Erzähler macht am Ende des erzählten Geschehens die Figur zum Darstellungsmittel der seinem eigenen Bewußtsein eingeschriebenen Zeiterfahrung und damit seiner Geschichtskonzeption. Diese strukturiert schon insgesamt das dritte Teilgeschehen, in dem er – wie zuvor am Beispiel der Figur – im Weltmaßstab eine allgemeine Leere und Orientierungslosigkeit der menschlichen Zeiterfahrung darstellt und in eine heilsgeschichtliche Zukunftsperspektive als in eine Hoffnung münden läßt. Damit weist er sein Zeitbewußtsein als umfassend aus. Seine Geschichtsauffassung läßt sich mithin formulieren als Überzeugung davon, daß die menschliche Geschichte in der Heilsgeschichte aufgehoben ist. Analog dazu wird am Ende die Lebensgeschichte der Maria, indem sie erinnert wird („‚Ja!' ruft sie aus, ‚es ist mein Geliebter, den mir der Tod vor 50 Jahren so grausam raubte'"), als Zeiterfahrung der Figur dargestellt und in deren Jenseitsgewißheit als in einer heilsgeschichtlichen Zeitdimension aufgehoben. Maria ist in der Schlußszene geradezu ein Sinnbild einer heilsgeschichtlich orientierten Geschichtsauffassung.

Im dritten Teilgeschehen liegt eine widersprüchliche Zeitorganisation vor, indem einerseits das Vergehen von Zeit („Unterdessen ging alles, aus einem Jahr in das andere [. . .]"; „So ging also alles fort [. . .]") betont wird, andererseits durch Füllung dieser Zeit mit der durativen Wiederholung gleichbleibender Tätigkeiten ein Stillstand oder Leerlauf dargestellt wird, wobei noch die Form der figura etymologica, inhaltlich der Tautologie angenähert (z. B. „die Buchdrucker druckten"), unterstützende Funktion hat. Mit der Zeitorganisation, die der fiktive Erzähler diesem Zeitabschnitt des erzählten Geschehens gibt, bewertet er den Inhalt dieser Zeit, und zwar unabhängig von der Art der mitgeteilten Tätigkeiten. „Sünde" (77) ist hier, daß die Menschheit tut, was sie ist, und ist, was sie tut, sich also in der vergehenden Zeit nicht verändert, nicht auf höhere Werte hin fortschreitet.

Die Gegenfigur zu diesem Zeitbild ist wiederum Maria, insofern sie sich verändert, d. h. höhere Werte erkennt und ihr Leben auf sie hin umorientiert. Die Art der Zeitorganisation in diesem Abschnitt des erzählten Geschehens signalisiert der Ausdruck „Zustand" (64 und 68). Die Wandlung der Maria wird nicht als in einer bestimmten Zeitspanne vorsichgehend, sondern sozusagen zeitlos erzählt: Sie „*nahm* [. . .] Standhaftigkeit und Unterwerfung *an*", sie sind ihr *eingepflanzt*, und „Es *trat* jener Zustand *ein*" (Hervorhebung von uns). Keines der drei Verben bezeichnet Zeitablauf. Der „Zustand des Glaubens, der Liebe und der Hoffnung", der die christlichen Kardinaltugenden als Orientierungswerte, aber auch deren Verwirklichung durch die erzählte Figur im erzählten Geschehen zum Inhalt hat, wird mit dem letzten, der Wandlung Marias gewidmeten Satz („Es ist" statt: es war) aus dem erzählten Geschehen ausgesondert und damit als zeitlos dargestellt. Damit ist auch für Maria die vergehende Zeit außer Kraft gesetzt; die Figur wird auch hier zum Sinnbild, und zwar für erfüllte, der Geschichte nicht unterworfene Zeit. Sie bildet damit den Maßstab, an dem die oben analysierte Geschichtsdarstellung der Zeilen 69–78 zu messen ist.

Als Zeitkonzept kann man die Gegenüberstellung von sinnleerer Zeit (orientierungsloser Leerlauf der Geschichte) und sinnerfüllter Zeit (heilsgeschichtliche Gewißheit) bezeichnen; dargestellt mit den Mitteln der Zeitausdehnung und des Zeitstillstands (Zeitorganisation). Im Hinblick auf den Adressaten fungiert die Vorstellung von der sinnerfüllten Zeit als Zeitentwurf.

4 Raum als Begriff der Erzähltextanalyse

4.1 *Terminologische Unterscheidungen*

4.1.1 *Vorbemerkung*

Ähnlich wie Zeit ist Raum erkenntnistheoretisch eine Bedingung menschlicher Wirklichkeitsvorstellung. Alles Reden über Menschliches und Dingliches sagt stets eine räumliche Dimension mit aus, und zwar im Hinblick auf den Redenden, den Angeredeten und den Gegenstand des Redens.

Im Erzähltext ist Raum Voraussetzung für das erzählte Geschehen. Die dargestellten Figuren, Gegenstände, Aktivitäten und Ereignisse (das erzählte Geschehen) haben ihre fiktionale Wirklichkeit (fiktionales In-der-Welt-Sein) dadurch, daß sie als in bestimmten Räumen befindlich bzw. vor sich gehend dargestellt werden.

Zu unterscheiden ist also zwischen Raum als allgemeiner Kategorie (Voraussetzung der Dargestelltheit des erzählten Geschehens) und Räumen als darstellungstechnischem Mittel (Landschaften, Innenräume, Gärten, Städte etc.).

Raum ist dabei stets Funktion der Textintentionalität, somit intentional hergestellt und bedeutungstragend.

Wir erörtern im folgenden überwiegend Raum im Sinne der allgemeinen Kategorie, und bestimmen seine Erscheinungsformen auf dem jeweiligen Kommunikationsniveau.

Wir unterscheiden:
- erzählter Raum (N1);
- Erzählraum (N2);
- Raumkonzept (N3);

4.1.2 *Erzählte Räume*

Die Welt der erzählten Figuren eines Erzähltextes (N1) ist eine Funktion der Mitteilungsabsicht des fiktiven Erzählers. Die Gesamtheit der erzählten Räume, die das erzählte Geschehen als einen Welt- und Wirklichkeitszusammenhang rezipierbar machen, nennen wir den *erzählten Raum.*

Der fiktive Erzähler hat zwei grundsätzlich verschiedene Möglichkeiten, Raum auf N1 zu konstituieren:
- durch Figurenrede;
- durch Erzählerrede.

Figurenrede kann bezogen sein auf Räume, die der Erzähler in Erzählerrede vorgängig herstellt. Sie kann aber auch Räume konstituieren, die in der Erzählerrede noch nicht konstituiert sind.

Erzählerrede konstituiert Raum und Raumverhältnisse unmittelbar. Art und Umfang der Herstellung von Raum durch Erzählerrede hängen von

der Erzählsituation ab. Er kann hergestellt werden
- durch direkte Beschreibung des Erzählers (Einführung eines Schauplatzes);
- durch indirekte Darstellung, indem er Figuren in einem Raum handeln läßt, ohne daß die Figuren diesen Raum durch Figurenrede herstellen.

Von den hier beschriebenen Formen der Raumkonstituierung und der Funktion von Raum ist zu unterscheiden die Verwendung von Wörtern und Ausdrücken, die Raum bezeichnen, aber uneigentlich verwendet werden, z. B. „Von dem höchsten Gipfel eingebildeter Freude, war sie jetzt in den Abgrund des höchsten Elends hinabgestürzt" (Z. 47–48).

4.1.3 *Erzählraum*

Das Erzählen des fiktiven Erzählers konstituiert außer den erzählten Räumen auch den *Erzählraum*, d. h. die räumliche Dimension seiner fiktiven Redesituation (Erzählsituation). Der Erzählraum ist ebenso wie die Erzählzeit Voraussetzung und Bedingung der Situierung der Senderinstanz fiktiver Erzähler und damit des Erzählvorgangs. Beim Erzählraum kann die konkrete Ausgestaltung weitgehend ausgespart sein, es läßt sich aber eine Verbindung zum Realitätskontext des Autors wie des Lesers herstellen. Der fiktive Erzähler im Hebbel-Text sagt „ich" und spricht Leser an. Der damit zu denkende Erzählraum ist nicht gestaltet. Bei der Bedeutungsgenerierung durch den Rezipienten wird der Erzählraum von den historischen Bedingungen des Rezipienten her aufgefüllt.

4.1.4 *Raumkonzept*

Das Konzept für die Gesamtheit der Darstellung von Raum und Raumverhältnissen geht auf die Darstellungsabsicht des abstrakten Autors zurück. Voraussetzung für die Konstituierung von Erzählraum und erzählten Räumen ist die von der Intention des realen Autors abhängige Entscheidung über das Erzählkonzept. Das Raumkonzept ist begründet in der Erzählkonzeption.

Die Entscheidung geschieht also im textexternen Bereich, im Text selbst ist sie wahrnehmbar in der Darstellung des Erzählraums und der erzählten Räume. Diesen Entscheidungszusammenhang, auf den Erzählraum und erzählte Räume zurückgehen, nennen wir das *Raumkonzept.*

Die Wahrnehmung von Raum in der biographischen Realität des realen Autors ist nicht unvermittelte Voraussetzung für das Raumkonzept als Merkmal des Erzähltexts. Für die Unterscheidung des Autors in seiner allgemeinen Lebensrolle (S5) und in seiner spezifischen Rolle als *Produzent* eines bestimmten Textes (S4) ergeben sich zwei Bezugsfelder:
- das Bezugsfeld der zu einem gegebenen historischen Zeitpunkt vorfind-

lichen Manifestationen von Raumwahrnehmung im allgemeinen gesellschaftlichen Bewußtsein (Wissenschaft, Ökonomie, Philosophie, Theologie etc.);
- das Bezugsfeld der literarisch konventionalisierten Raumdarstellungen (z. B. idyllische oder heroische Raumbilder; Raumkonstellationen wie Innenraum/Außenraum oder oben/unten).

Beide Bezugsfelder können intentional verarbeitet werden oder nichtintentional wirksam sein. (Vgl. Teil A, Punkt 4.3.2.)

Bei der *Rezeption* wird – entsprechend den im Modell vorgesehenen Empfängerrollen E5 und E4 – die Raumdarstellung eines Erzähltextes in Bezug gesetzt
- zu der eigenen, historisch vermittelten Raumwahrnehmung des Rezipienten;
- zu der literarischen Erfahrung des Rezipienten.

Literarisch konventionalisierte Raumdarstellungen wie z. B. die symbolische Opposition von oben und unten sind von solcher Stabilität, daß sie sich auf minimale Signale im Text hin als Rezeptionsmuster beim Rezipienten einstellen. Der Vergleich literarischer Traditionen und Konventionalisierungen mit ihrer Verarbeitung in einem Erzähltext führt zur Einsicht in Prozesse der Umsemantisierung literarischer Formen und in die geschichtlichen Bedingungen solcher Prozesse.

Beide Bezugsfelder des Rezipienten bedingen und steuern die Rezeption von Raumdarstellungen in Erzähltexten und die Generierung ihrer Bedeutung.

4.2 *Textbezogene Erläuterungen und Anregungen*

Ausgangspunkt für Raumbeobachtungen an einem Text kann nicht das sprachliche Material der Raumdarstellungen sein, sondern nur die Thesenbildung über die Raumverwendung, wie sie sich aus der Analyse der Kommunikationsniveaus ergibt.

4.2.1 In unserem Text gibt es kaum Darstellungen von *erzählten Räumen*, die durch Figurenrede konstituiert sind. Raum erscheint lediglich implizit in anderen Redeinhalten, z. B. ist durch „beschwerliche Arbeit" – „Aufseher" – „Bergmeister" das Bergwerk, durch „brave Gattin" das Haus evoziert. Beide werden vom Leser eher als Organisationsformen bzw. Institutionen wahrgenommen, denn als Räume. Der Kirchenraum wird durch Raumdetails („Altar" – „Kanzel") als Raum angedeutet. Er wird aber nicht als Raum ausgestaltet. Räume als Inhalt von dargestelltem Figurenbewußtsein werden also vom fiktiven Erzähler kaum benutzt.

Ein kurzer Vergleich mit der Raumbehandlung in der Figurenrede in J. P. Hebels „Unverhofftes Wiedersehen": Im Liebesgespräch wird ein Raum dadurch dargestellt, daß Rede und Gegenrede durch die beiderseitigen Aussagen über Räume miteinander verzahnt sind. Mit dieser Raumdarstellung werden Qualität und Perspektive der Liebe zwischen den Figuren geklärt und konkretisiert: „‚[. . .] bauen uns ein eigenes Nestlein.' – ‚Und Friede und Liebe sollen darin wohnen'". Nach Inhalt und Konstitutionsweise fungiert diese Raumdarstellung also als Wertaussage. Die Herstellung dieses gewünschten, projektierten Raumes ist vom fiktiven Erzähler dem Figurenbewußtsein eingeschrieben. Die Figuren bei Hebel sind im Zusammenhang der Mitteilungsabsicht des fiktiven Erzählers also mit einem anderen Bewußtsein von Raum ausgestattet als bei Hebbel. Durch die bedeutungstragende Verzahnung der beiden Aussagen über das „Nestlein" (durch „Und" und „Darin") schafft sich der fiktive Erzähler die Voraussetzung, mit Räumen weiterzuarbeiten. Der Satz „‚[. . .] ohne dich möchte ich lieber im Grab sein als an einem andern Ort'" zeigt wiederum innerhalb des Figurenbewußtseins eine Verbindung von Wertaussage und Raum. Hierauf kann der fiktive Erzähler am Ende Bezug nehmen, indem er die im Figurenbewußtsein begründeten Raumaussagen zur Versinnlichung seiner Lehre benutzt. Durch die Figurenrede wird die Verbindung von „Nestlein" und „Grab" in der Raummetapher des „kühlen Hochzeitsbettes" vollzogen. Im Hebbel-Text dagegen steht die Metapher „Schlafkämmerlein" in der Figurenrede am Ende isoliert; der Sinnzusammenhang wird erst mit dem Blick „auf zu Gott" wiederhergestellt. Diese Wendung und die fehlende Verweisung auf den Lebenszusammenhang der erzählten Figuren bewirken eine Entwirklichung und Vergeistigung dieses Raumbildes. Ein ‚diesseitiger' Sinnzusammenhang kommt nicht zustande.

Auch die durch Erzählerrede direkt konstituierten Räume auf Kommunikationsniveau 1 sind im Hebbel-Text nicht detailliert ausgestaltet, sondern als Schauplätze des erzählten Geschehens lediglich benannt. Der geographischen Schauplatzangabe „Zu Falun, in Schweden" folgen solche, die den näheren Umraum der Figuren im Hinblick auf die Funktion im erzählten Geschehen gliedern. Sie erhalten keine individualisierende Kontur: „Ort", „Straße", „Schacht", „Grube", „Kanzel", „Altar". Unterstützt durch Adverbien wie „öffentlich", „beisammen" und die Verhältnisbestimmung „Nachbarin" bezeichnen sie wiederum eher Institutionen (soziale Gefüge) als vorstellbare Räume. In diesem Zusammenhang fällt dann auf, daß das Liebesgespräch zwischen den Hauptfiguren räumlich nicht fixiert ist, privater Raum wird auch durch Erzählerrede nicht hergestellt.

Die positive Bewertung der Ausgangssituation des erzählten Geschehens geschieht also nicht mittels entsprechender Schauplatzgestaltung (lediglich „goldener Abend" als räumlich-zeitliches Signal wäre zu nennen), sondern durch die dargestellte Harmonie der Beziehungen zwischen den Institutionen und Gruppen (Himmel, Nachbarschaft, Ortsgemeinschaft, Arbeitswelt, Kirche, Gemeinde und Brautleute).

Ein Vergleich zwischen der räumlichen Gestaltung des Schlusses bei Hebel und bei Hebbel soll noch einmal das Hebbelsche Verfahren sichtbar machen. Wir setzen da an, wo im erzählten Geschehen die Leiche des Bergmanns „zutage ausgefördert" (Hebel) bzw. „öffentlich aus[gelegt]" wird (Hebbel). Bei Hebel werden im folgenden mehrere Räume sukzessiv, mit den Handlungen und Bewegungen der Figuren, dargestellt: die ehemalige Braut kommt zur „Grube", wo sich die Wiedererkennung abspielt. Es folgt der Weg in ihr „Stübchen", eine Raumbezeichnung, die ohne Nennung von Details spezifiziert. Innerhalb dieses Raumes wiederum wird die Handlung des Tuchumlegens räumlich orientiert durch Nennung des „Kästleins". Es folgt der Weg zum „Kirchhof" und das ebenfalls räumlich fixierte „ins Grab"-Legen. (Kirchhof und Grab werden je drei Mal genannt.) Indem die alte Braut zum Schluß „fortging", wird noch einmal der Umraum des Kirchhofs, also der Gesamtschauplatz Falun, einbezogen. Bei Hebbel wird mit der Wendung „[. . .] legte zugleich die gefundene Leiche öffentlich aus" indirekt und ohne spezifizierende Merkmale der für diese Handlung notwendige (mit ihr gegebene) Raum ausgesagt. Er wird nur mit Figuren angefüllt: der alten Braut und einer unbestimmten Anzahl von „Zuschauern". Dieser Raum bleibt unverändert bis zum Schluß Schauplatz des erzählten Geschehens, er zentriert die im folgenden beschriebenen Handlungen und Bewegungen. Die alte Braut kommt hierher, geht von hier „nach Hause", um das Tuch zu holen (diese Handlung wird räumlich nicht gestaltet), legt dem Leichnam das Tuch um und blickt von hier aus „auf zu Gott". Die Figur erstarrt in dieser Haltung wie in einem lebenden Bild, dem erst im letzten Satz ausdrücklich die „Zuschauer" zugeordnet werden. Sie wird damit aus dem erzählten Geschehen ausgesondert, ist nicht mehr Darstellung eines lebenden Menschen, sondern figürliches Zeichen (Sinnbild) eines geistig-moralischen Lehrinhalts. Die besondere Darstellung des Raumes erhält im Rahmen der Mitteilungsabsicht des fiktiven Erzählers die Funktion, diese Aussonderung der Figur aus dem Lebenszusammenhang der anderen Figuren (Falun) des erzählten Geschehens sinnfällig zu machen; sie macht zusammen mit den Figurenhandlungen den Schluß zu einem lehrhaften Tableau, das für den Adressaten die Lehre des fiktiven Erzählers zeitenthoben aufbewahrt.

Der Hebel-Schluß hingegen ist insgesamt als Bewegung durch fiktive Lebensräume in fiktiver Lebenszeit gestaltet, also als erzähltes Geschehen, das mit dem Figurenleben über das Schlußereignis hinausreicht. Inhalt der Mitteilungsabsicht ist also offenbar gerade der Lebenszusammenhang selbst, in den der Tod integriert wird. Die Beobachtung der Raumdarstellung – in Zusammenhang mit dem Figurenverhalten – erlaubt es, als Mitteilungsabsicht des fiktiven Erzählers gerade eine hohe Bewertung des Lebenszusammenhanges selbst anzusetzen; der Tod erscheint als besiegbar, insofern er in das Leben integriert, in ihm aufgehoben wird. Voraussetzung ist der Glaube, der aber hier – im Gegensatz zum Hebbel-Text – nicht als Problem, sondern als wirkende Kraft des Lebens dargestellt wird.

4.2.2 Der *Erzählraum* des fiktiven Erzählers in Hebbels „Treue Liebe“ wird, ähnlich den erzählten Räumen, kaum angedeutet. Beim Erzählen über das Erzählte ist Raum vorausgesetzt und als vorhanden indiziert durch die Leseranrede, aber nicht gestaltet.

Andererseits benutzt der fiktive Erzähler Raumvorstellungen im metaphorischen Sinn bei einer Reihe reflektierender, argumentierender und wertender Aussagen: „[. . .] als ob die Engel im Himmel sie schon in den Wiegen“; „[. . .] unsere letzten Seufzer in höhere Welten zu tragen“; „Von dem höchsten Gipfel eingebildeter Freude, war sie jetzt in den Abgrund des höchsten Elends hinabgestürzt“; „[. . .] das tausendjährige Reich der Sünde“; „die Menschen in neuem Lichte wandeln“. Eine ähnliche Struktur begegnet noch in der Schlußszene: „[. . .] voran ins Schlafkämmerlein [. . .] dann blickte sie auf zu Gott“. Gemeinsam ist diesen Formulierungen die Zuordnung zweier Werte zueinander im Bild des räumlichen Oben und Unten. Hierin zeigt sich das dem fiktiven Erzähler vom abstrakten Autor zugeschriebene Raumbewußtsein. Es fungiert als Indiz eines dualistischen Weltbildes bzw. einer hierarchischen Wertordnung als Inhalt des Raumkonzepts. Es ist zu fragen, ob nicht die im harmonischen sozialen Gefüge des ersten Teils erkennbaren Über- und Unterordnungsstrukturen ideologisch hier verankert sind. Die bei der Analyse von Kommunikationsniveau 3 im Teil B gemachten Beobachtungen wären von hierher zu unterstützen.

Von diesen Beobachtungen her ist die Bildung einer Hypothese zur Autor-Intention möglich: Hebbel wollte seine wichtigste Vorlage, den Hebel-Text, damit überbieten, daß er durch die Ausgestaltung der fiktionalen Kommunikation (N2) dem erzählten Geschehen eine Ebene der Selbstthematisierung und damit explizit die Dimension des geistig-moralischen Exempels hinzufügte. Konsequenz dieser Absicht und Mittel ihrer Verwirklichung in der Darstellung ist u. a. die Raumdarstellung: dadurch, daß Räume kaum ausgestaltet, fast nur in erzähltes Geschehen organisierender Funktion oder im übertragenen Sinn verwendet werden, tritt das fiktional-konkrete In-der-Welt-Sein vor allem des erzählten Geschehens in den Hintergrund zugunsten einer abstrakten geistig-moralischen Signifikanz, die es als Vehikel der Belehrung geeignet macht.

TEIL D

Studientexte

Zur technischen Einrichtung

Die Texte sind von den Herausgebern mit Überschriften versehen worden.

Alle Auslassungen sind durch [...] gekennzeichnet.

Anmerkungen in den Originaltexten wurden, soweit sie zu den ausgewählten Textteilen gehören, übernommen, aber neu numeriert. Zusätzliche Anmerkungen wurden dort eingefügt, wo es zum Verständnis des Auszugs notwendig erschien. Sie sind, wie alle Herausgeberzusätze, durch eckige Klammern gekennzeichnet.

Offensichtliche Druckfehler in den Vorlagen wurden stillschweigend berichtigt, Querverweise und Numerierungen innerhalb eines Auszugs getilgt.

Den Inhabern der Rechte – Autoren wie Verlagen – danken wir für die Abdruckgenehmigungen.

Der erste schöpferische Akt, den der Schriftsteller zu leisten hat, ist die Erfindung seines Lesers. Viele Bücher mißraten uns nur schon darum, weil sie ihren Leser nicht erfinden, sondern einen Allerweltsleser ansprechen, den es gibt, oder wir erfinden einen Leser, der uns gar nicht bekommt: er macht uns böse oder rechthaberisch oder hochmütig von vornherein, jedenfalls unfrei, er zwingt uns, beispielsweise, zur Gescheitelei, weil er, obschon von uns erfunden, uns imponiert, so daß auch wir, statt uns auszudrücken, vor allem imponieren wollen. Dies, und ähnliches in vielen Variationen, ergibt keine Partnerschaft. Was der Schriftsteller sich unter seinem Leser vorstellt, wieviel Treue er aufbringt zu diesem Du, das nie als leibhaftige Person auftritt und uns nie einen Brief schreibt, wieviel an Partnerschaft ich mir zumute und aushalte, wieviel an lebendiger Gegenseitigkeit, die mich widerlegt von Satz zu Satz und bindet, so daß ich mich immer wieder befreien muß, und die mich nach jeder Befreiung wieder in Frage stellt und mich eben dadurch zur Reife treibt, soweit sie mir je möglich ist, dies ist für den Schriftsteller eine Frage auf Gedeih und Verderb, eine Ehe-Frage mehr als eine Talent-Frage. Man sei, so sagte ich zu Anfang, immer bestürzt beim Anblick seines Publikums, wie ehrenwert es auch sein mag, bestürzt in Scham: Euch habe ich mich nicht preisgeben wollen. Wem denn? Ich habe es überhaupt nicht gewollt, sondern ich habe es gekonnt – getragen von einem Partner, der mich durchschaut, so daß ich ihm alles zu sagen habe, soweit meine Sprache je reicht. Er ist kein Untersuchungsrichter und keine Verliebte, sondern eine Instanz, eine unsichtbare, aktiv spätestens im Augenblick, wo eine Sache leider schon gedruckt ist, in glücklichen Fällen schon früher. Selbst nach dem Besuch einer solchen Buchmesse erholen wir uns zu dieser merkwürdigen Ehrfurcht vor dem gedruckten Wort. Während die Gewißheit, daß unsere Sache auf einer Bühne gespielt wird, zwar unsere Neugierde, wieweit diese Sache spielbar sein wird, alarmiert und Kummer machen kann, aber uns hinter allem Eifer noch lächeln läßt, weil eine Aufführung etwas Momentanes und Lokales bleibt, nie etwas Endgültiges, und während bei dem Gedanken, daß man von drei Millionen Rundfunkhörern vernommen wird, erfahrungsgemäß die meisten Schriftsteller kaum Scham noch Schreck empfinden, werden wir angesichts des Buchdrucks, und wenn es sich nur um 500 Exemplare handelt, ernst. Man erschrickt, man schämt sich ... Vor wem? Die Alten nannten es Die Nachwelt. Wir Heutigen sind, über die persönliche Bescheidenheit hinaus, nicht so getrost, daß es überhaupt eine Nachwelt gibt. Wir nennen es einfach Öffentlichkeit, was da als fiktive Instanz vor uns steht, strenger und liebevoller zugleich als Freund oder Feind, unbestechlich auch im Falle sogenannten Erfolges, den diese Instanz sowenig verrechnet wie Mißerfolg. Sie ist in uns, diese Instanz, nicht immer wach, aber spätestens erwacht angesichts von Publikum. Öffentlichkeit ist Einsamkeit außen! – in diesem Sinn: Ich habe meinen Partner, den erfundenen, sonst niemand. Und dies zu erfahren, als Schock von Zeit zu Zeit, ist schon Anfang der Befreiung, Befreiung zum Anfang: zum Spieltrieb, zur Machlust, zum Schreiben, um zu sein.

Max Frisch: ‚Öffentlichkeit als Partner‘, Gesammelte Werke Bd. IV, Frankfurt/M 1976, S. 251/252 (© Suhrkamp Verlag)

1 *Das kommunikative Handlungsspiel*

SCHMIDT, SIEGFRIED J.: Text als Forschungsobjekt der Texttheorie. In: Der Deutschunterricht 24. 1972. H. 4. S. 7–28.

Hier: S. 13–15; 17–19; 25–26.

[Die Auszüge enthalten die redaktionellen Änderungen, die der Verfasser 1977 vorgenommen hat.]

[. . .]
Das *Kommunikationsmodell* stützt sich auf die Ergebnisse der neueren Kommunikationstheorie und kann für unsere Zwecke so schematisiert werden: ein Sprecher (der zugleich Hörer sein kann) äußert einen Text in einer Kommunikationssituation, die als eine allen Partnern potentiell gemeinsame Wahrnehmungs-, Erfahrungs- und Beurteilungssituation angesehen werden kann. Der Text wird über einen Kanal an Hörer/Sprecher vermittelt. Sprecher und Hörer müssen über eine gemeinsame Technik der Informationser- und -vermittlung verfügen. Beide stehen überdies in einem Kontext komplexer Voraussetzungen (der komplexen Voraussetzungssituation), die das Vorwissen, Bildung und Kenntnisse, sozio-ökonomische Lage, biographische Situation etc. umfassen. (Näheres dazu s. u.)

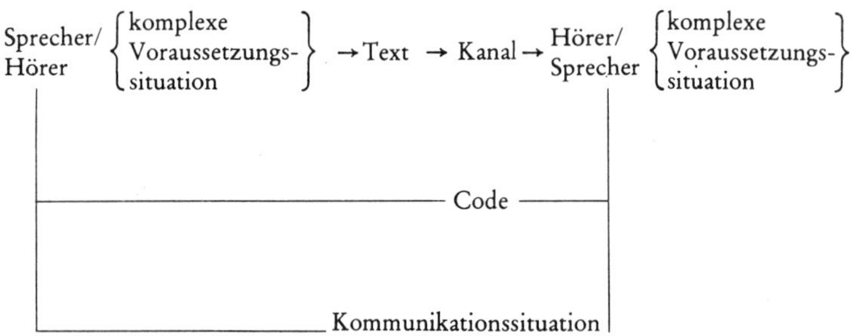

Nach verschiedenen Vorarbeiten (vgl. Verf. 1969, 1969a)[1] sprachphilosophischer und textsemantischer Zielsetzung habe ich (in 1971c)[2] versucht, den Begriff ‚*kommunikatives Handlungsspiel*' als Fundamentalkategorie einer kommunikationsorientierten Linguistik einzuführen. Die an den angegebenen Stellen ausführlich dargelegte erkenntnistheoretische Diskussion dieser Kategorie soll hier kurz so zusammengefaßt werden: Die faktisch nicht hintergehbare Verfassung jedes wahrnehmenden und erkennenden Individuums ist seine Existenz als Sprecher einer (notwendig

sozial vermittelten) natürlichen Sprache, seine Existenz im Raum/Rahmen sprachlich sozialer Interaktion (=Kommunikation). Wer eine Sprache lernt, erwirbt damit nicht nur die Regeln der Verwendung eines Zeichensystems, sondern zugleich die Regeln sozialer Interaktion in einem komplexen verbalen und nicht-verbalen Kommunikationsbereich.
[. . .]
Sprachliche Strategien erwachsen aus Interaktionsbeziehungen und steuern diese ihrerseits. Sprechen muß mithin als ein Teilbereich sozialen Handelns angesehen werden, Sprache als eine Menge von Regeln für sinnvolles/erfolgreiches verbales Handeln in einer Kommunikationsgemeinschaft.

Gesellschaft als Interaktions- und Kommunikationssystem kann dabei unter drei Aspekten betrachtet werden: (a) jedes Kind wächst auf in einer Kommunikationsgesellschaft und wird von ihr schrittweise in die komplexen Regeln verbaler und nicht-verbaler Kommunikation eingeführt; (b) jeder natürliche Sprecher vollzieht seine Sprechakte im Rahmen von Kommunikationssituationen, bezieht sich auf diese, modifiziert sie und bringt neue hervor; (c) Gesellschaft als Kommunikationssystem ist – erkenntnistheoretisch gesehen – der Raum, in dem die verbindlichen Wirklichkeitsmodelle einer Gesellschaft erzeugt und durch soziale Rekurrenz stabilisiert werden. Der Bezug von Texten bzw. Äußerungen auf Korrelatebenen vollzieht sich nach den sozial rekurrenten Regeln der Kommunikationsgemeinschaft. Texte und deren Konstituenten beziehen sich nicht auf „die Wirklichkeit“, sondern auf Wirklichkeitsmodelle, die in einer Kommunikationsgesellschaft normativ sind. *Das Handlungs- und Kommunikationssystem einer Gesellschaft, nicht „die Wirklichkeit“, ist also das Bezugssystem, in dem der pragmasemantische Nennwert (= die Referenz) eines sprachlichen Ausdrucks diskutiert und entschieden wird.*
[. . .]
Zu einem kommunikativen Handlungsspiel gehören: die globale soziokulturelle Einbettung in die Kommunikationsgesellschaft; Kommunikationspartner mit allen sie beeinflussenden Kommunikationsbedingungen; eine einbettende Kommunikationssituation; die geäußerten Texte und faktische oder anschließbare sprachliche (Kon-)Texte. Die Gesamtheit der kommunikativen Handlungsspiele in einer Sprechergesellschaft konstituiert diese Gesellschaft als Kommunikationsgesellschaft. In kommunikativen Handlungsspielen im Rahmen der Kommunikationsgesellschaft wird über den Bezug sprachlicher Konstituenten zu nicht-sprachlichen Konstituenten der Kommunikationssituation und zu Informations- bzw. Wirklichkeitsmodellen entschieden.

Nach diesen allgemeinen Bemerkungen kann das Konzept ‚Text‘ im Rahmen einer Texttheorie so gefaßt werden: *ein geäußerter Text ist der kommunikativ funktionierende sprachliche Bestandteil eines kommunika-*

tiven Handlungsspiels. Als Textzeichenmenge kann er aus konkreten Kommunikationsvollzügen isoliert und zum Gegenstand textlinguistischer Forschungen gemacht werden. Versucht man, Texte zum Gegenstand texttheoretischer Forschungen zu machen, also Texte-in-Funktion zu analysieren, so muß man sich darüber klar werden, welche Bedingungen erfüllt sein müssen, damit Texte sozio-kommunikativ erfolgreich funktionieren können. Um diese Frage zu beantworten, muß man davon ausgehen, daß die sinnvolle Äußerung eines Textes keine bloße Lautäußerung darstellt, sondern als Vollzug einer sozio-kommunikativ relevanten *Handlung*, eines Kommunikationsaktes, angesehen werden muß.

Man kann in diesem Rahmen davon ausgehen, daß die Interaktionsvollzüge in einer Gesellschaft weitgehend strukturell präformiert sind in Typen kommunikativer Handlungen. Solche Typen im hier thematischen kommunikativen Bereich sind etwa: Fragen, Befehlen, Versprechen, Belehren, Bitten, Grüßen etc. Diese *Kommunikations-Typen* sind in einer Gesellschaft dadurch normiert (bzw. quasi-normiert), daß sie von allen Mitgliedern dieser Gesellschaft erlernt werden, immer wieder vorkommen (rekurrieren), und dadurch erwartbar sind. Die gesellschaftliche Relevanz solcher Kommunikationstypen ist allgemein bekannt (und müßte in einer Kommunikationsgrammatik bzw. in einer Kommunikationssemantik in Zukunft genauer untersucht werden). Soziologisch gesehen könnte man solche Kommunikationstypen auffassen als gesellschaftliche Institutionen, die die Komplexität möglicher kommunikativer Handlungsvollzüge reduzieren, soziale Interaktion damit überschaubar und beherrschbar machen.

[. . .]

Der Grundgedanke des folgenden heuristischen Modells der Textproduktion läßt sich in einem Satz zusammenfassen: Textproduktion wird texttheoretisch aufgefaßt als Vollzug eines *Entscheidungsprozesses*, dessen Resultat der Text ist.

Dieser Entscheidungsprozeß vollzieht sich auf verschiedenen miteinander zusammenhängenden Ebenen und wird beeinflußt von verschiedenen Faktoren: von den Möglichkeiten des sprachlichen Codes, von Faktoren der komplexen Voraussetzungssituation der Sprecher, der Kommunikationssituation sowie den Möglichkeiten der sozialen „Handlungssemantik". Aus diesen Möglichkeiten wählt der Sprecher (bewußt oder unbewußt) diejenigen aus, die seine Mitteilungs- und/oder Wirkungsabsicht (Intention) adäquat zu realisieren versprechen. Die Intention eines Sprechers ist bedingt durch das „intellektuelle Kräftefeld" (P. Bourdieu, 1970)[3], in das er integriert ist, durch seine sozialen, ökonomischen und biographischen Verhältnisse und das Maß an unbewußt internalisierter und bewußt beherrschter „Kultur".

[. . .]

Die allgemeinste Entscheidung des Sprechers betrifft die *„ideologische"*

Lokalisierung seiner Mitteilungs- bzw. Wirkungsabsicht. Er muß sich entscheiden, in welcher Weise er sich auf das Wirklichkeitsmodell (bzw. einen Ausschnitt daraus) bezieht, das in seiner Gesellschaft rekurrent ist. (Der Terminus ‚ideologisch' ist dabei wertneutral gemeint.)

Auf diese allgemeine Ebene gehört auch die handlungstheoretische Entscheidung des Sprechers für einen bestimmten *Kommunikationstyp*, also das beabsichtigte Illokutionspotential, weiterhin die Entscheidung für einen bestimmten *Diskurstyp* (z. B. wissenschaftliche, literarische etc. Rede) und *Redetyp* (Monolog, Dialog etc.). Diese Entscheidungen sind beeinflußt davon, wie der Sprecher die Kommunikationssituation und seine Kommunikationspartner einschätzt. Berücksichtigt werden müssen hier: die Einschätzung der sozialen und intellektuellen Stellung und Kapazität der Kommunikationspartner, Redeort, Redezeitpunkt, Situationstyp und dgl.

Diese ideologische Lokalisierung muß nun medienspezifisch, etwa im Sprachsystem einer Gesellschaft, lokalisiert werden, sie muß also *semantisch artikuliert* werden. Diese semantische Artikulation kann (von der Textoberfläche her) analytisch erschlossen werden als *semantische Texttiefenstruktur.*

[...]

Der sprachliche Text als (von einem Sprecher) geordnete Menge von Instruktionen ist eine abstrakte isolierte Größe. Bedeutung erhält ein Text erst in der Kommunikation, wo der Sprachtext (als isolierte sprachliche Komponente eines kommunikativen Handlungsspiels) integriert ist in einen sozio-kommunikativen Funktionszusammenhang. Das Rezipieren eines sprachlichen Textes kann beschrieben werden als ein Vorgang der Regelinterpretation bzw. der Beurteilung und Einlösung von Instruktionen (syntaktischer und lexematischer Art). Erst in einem kommunikativen Handlungsspiel wird ein sprachlicher Text durch Kommunikationspartner auf die (oben beschriebenen) Elemente des Sprachsystems und der Kommunikationssituation bezogen, bekommt er Referenz und kommunikative Signifikanz. Die Rezeption eines Textes ist zu fassen als *Hypothesenbildung* des Rezipienten über die möglichen Rollen, die ein Text und seine Konstituenten in kommunikativen Handlungsspielen übernehmen können bzw. ebenfalls als eine *Entscheidungsoperation* für mögliche Funktionsrollen des Textes und Bedeutungsrollen der Textkonstituenten. Der Rezipient „versteht" einen Text, wenn er die Entscheidungen des Sprechers realisiert und von dorther auf dessen Mitteilungs- und Wirkungsabsichten rückschließen kann, d. h. wenn er die semantische Texttiefenstruktur und die ideologische Lokalisierung der Sprecherintention rekonstruiert.

[...]

Literatur als Teilkomponente des komplexen Bereichs „Kunst" ist ein relativ abgeschlossener Kommunikationsbereich, der als solcher das Cha-

rakteristikum einer gesellschaftlichen Institution trägt. In diesem Kommunikationsbereich gelten eigene Regeln, die jeder Teilnehmer an dieser Kommunikation (als Produzent von literarischen Texten oder als Rezipient) einhalten muß. Der Bereich „literarische Kommunikation“ ist als ganzer abgegrenzt von allen anderen Arten gesellschaftlicher Kommunikation (wie Wissenschaft, Politik, Wirtschaft etc.) und bildet einen selbständigen, nicht durch direkte pragmatische Zwänge regulierten Kommunikationsteilbereich, auf den sich literarische Texte in ihren semantischen Instruktionen primär beziehen. Wie die vielfältigen Versuche einer Linguistisierung der Literaturwissenschaft gezeigt haben [. . .], ist es nicht möglich, ausreichende und explizite textinterne Charakteristika anzugeben, die einen literarischen Text eindeutig von allen anderen zu unterscheiden erlauben [. . .]. Weder das stilistische Kriterium der „Abweichung“ von einer grammatischen Norm, nach dem literarische Sprache bemerkbar von anderen Sprachverwendungen differiert, noch das semantische Kriterium der „Fiktionalität“ oder das philosophisch-ästhetische Merkmal der „Schönheit“ können allein textintern (linguistisch) definiert werden. Vielmehr hat sich gezeigt, daß solche Kriterien nur durch Bezug auf die gesellschaftliche Erwartung an das Kommunikationssystem „Literatur“ und die Einschätzung der dort geltenden Regeln deutlich faßbar werden. So kann etwa die Literarizität eines Textes nicht losgelöst von Spezifika seiner Rezeption definiert werden; Fiktionalität nicht ohne Berücksichtigung der Tatsache, daß als literarisch geltende Texte schon deshalb unter anderen als sonst üblichen Wahrheitserwartungen und Wirkungsbedingungen bzw. Verbindlichkeitserwartungen stehen, weil das Kommunikationssystem „Literatur“ als ganzes, als Textuniversum, als von der Gesellschaft jenseits empirischer Prüfungsbedingungen erwartet und eingeschätzt wird.
[. . .]

Anmerkungen

1 [1969 = Schmidt, Siegfried J.: Bedeutung und Begriff. Zur Fundierung einer sprachphilosophischen Semantik. Braunschweig 1969.
1969a = Schmidt, Siegfried J.: Zur Grammatik sprachlichen und nicht-sprachlichen Handelns. In: Soziale Welt. 1969. Heft 3/4. S. 360–372.]

2 [1971c = Schmidt, Siegfried J.: Das kommunikative Handlungsspiel als Kategorie der Wirklichkeitskonstitution. In: Grammatik-Kybernetik-Kommunikation. Festschrift für Alfred Hoppe. Hrsg. von Klaus Günther Schweisthal. Bonn 1971. S. 221–227.]

3 [Bourdieu, Paul: Zur Soziologie der symbolischen Formen. Frankfurt/M. 1970.]

2 *Das literarische Kommunikat*

HARTH, DIETRICH: Literarische Kommunikation. In: Erkenntnis der Literatur. Theorien, Konzepte, Methoden der Literaturwissenschaft. Hrsg. v. Dietrich Harth und Peter Gebhardt. Stuttgart 1982, S. 241–265. (© Metzler Verlag)

Hier: S. 247–254.

[...]
Die literarische ‚Rede' kulminiert im geschriebenen/gedruckten Text. Dieser flottiert, vom Sprecher (Autor) freigegeben, auf dem öffentlichen Markt als Ding unter käuflichen Dingen – bedeutungslos. Wie wenig Signifikanz dieses papierene, stellenweise eingeschwärzte Ding an und für sich hat, zeigt die Tatsache, daß man Geld für es hinlegen muß, will man es besitzen. Aber Besitz bedeutet noch nichts. Erst die Lektüre belebt es geistig und sinnlich. Es wird zum semantischen Text durch die innere Stimme des Lesers. Die literarische ‚Rede' kommt zur Bedeutung in einer mystischen Gemeinschaft – in einer „community of feeling" (G. Poulet, 1969) – zwischen dem Ich des Lesers und dem Ich des Sprechers (der ein Autor, ein Erzähler, ein unterstelltes Subjekt der literarischen ‚Rede' sein kann).

Solche Beschreibungen sind allgemein genug, um für gedruckte Schriften jeder Art zu gelten. Noch fehlt ein Spezifikum, das den literarischen Text von anderen gedruckten Texten zu unterscheiden erlaubt. Dieses Spezifikum läßt sich nur bestimmen, wenn man bereits Übung in der Unterscheidung zwischen nichtliterarischen und literarischen, zwischen fiktionalen und pragmatischen Texten hat, kurz, wenn man bereits Vieles und Unterschiedliches gelesen hat. Die Erfahrung des Lesers ist die Erfahrung im Umgang mit konventionalisierten Diskursen. Er hat den vernünftigen Umgang mit diesen Diskursen gelernt, indem er sie studierte und anwendete: die *Bibel* in der religiösen, das *Bürgerliche Gesetzbuch* in der juristischen, das *Kommunistische Manifest* in der politischen, den *Don Quijote* in der literarischen Diskurspraxis usw. Mit diesen Erfahrungen im Kopf vermag der Leser zu entscheiden, wann ein Text Behauptungen über die außertextliche ‚Welt' aufstellt und wann er, ohne einen solchen Bezug herzustellen, etwas *sagen* will, was sich, soll der Leser als empfindender und denkender davon betroffen sein, nur in uneigentlicher, d. h. in *fiktionaler Rede* sagen läßt. Auch wer weniger hochkarätige Produkte der semantischen Kultur als die oben aufgezählten rezipiert, lernt bis zu einem gewissen Grad die Grenzen zwischen den Diskursen kennen und vermag an den in sie eingeschriebenen Konventionen teilzunehmen.
[...]

Fa:m' Ahniesgwow (H. G. Helms, 1959) *sagt* nichts. Gesprochen, lenkt die Buchstabenfolge die Aufmerksamkeit auf den Akt des Sprechens selbst. Analoges gilt für den geschriebenen Text. Die Verse „Wer schweigt, hat wenig zu sorgen, / Der Mensch bleibt unter der Zunge verborgen" (Goethe) *sagen* etwas, ohne die Aufmerksamkeit auf das Medium (Buchstaben, Silben) zu lenken. Trotz dieses Unterschieds in den zitierten Texten gehören sie zu jener Klasse sprachlicher Handlungen, die *nicht* behaupten, dies oder das sei der Fall. Denn nach allen bisherigen Erfahrungen ist es unmöglich, einen Menschen, ja noch dazu sich selbst, unter der Zunge zu verstecken. Die Texte sagen demnach etwas anderes als das, was (wörtlich) dasteht. Der Goethe-Vers redet so, *als ob* man unter der Zunge Platz fände; er sagt mit dieser Schein-Behauptung aber etwas über die Preisgegebenheit dessen, der redet. Man hat es in diesem Fall also mit uneigentlicher, mit metaphorischer ‚Rede' zu tun, oder, allgemeiner ausgedrückt, mit einer Variante der *fiktionalen ‚Rede'*. Diese erhebt als nichtbehauptende Rede keinen Anspruch auf Sach-Referenz und ist insofern weder wahr noch falsch (G. Gabriel, 1975). Denn die zweite Zeile von Goethes Sinnspruch falsifizieren zu wollen, wäre ebenso unsinnig wie die Suche nach authentischen Lebensspuren von Candide, Wilhelm Meister oder David Copperfield. Das gilt selbst für jene literarischen Texte, die historische Personen und Stoffe verwenden. Sie operieren mit historischen ‚Fakten' ähnlich wie Goethe mit den Alltagsbegriffen „Zunge" und „Mensch", um eine andere als die rekurrente, z. B. von den Historikern dem Eigennamen „Napoleon" zugeschriebene Bedeutung zu aktualisieren. Die Semantik der literarischen Rede lebt, mit anderen Worten, von der Möglichkeit, Bezugsfelder aufzubauen, die allein im formal kohärenten Text bestehen (J. Anderegg, 1973). Die Leser literarischer Texte sind daher angehalten, im Lektüreprozeß diese immanenten Bezugsfelder zu konkretisieren. Wann sie die dieser Aufgabe angemessene Einstellung einnehmen müssen, um befriedigend mit dem Text kommunizieren zu können, das signalisieren ihnen die im literarischen Diskurs konventionalisierten Kennzeichnungen der Formbestimmtheit: Romanze, Sonett, short story, Novelle, Roman usw.

Uneigentliches Reden gehört freilich nicht allein dem literarischen Diskurs an. Dieser stellt nur eine besonders intensivierte (verdichtete, gesteigerte) und kultivierte Form dessen dar, was in der normalsprachlichen Kommunikation vorgegeben ist. In der Theorie des Alltagsdiskurses werden die indirekten Kommunikationsformen als „Verstöße" gegen das Kooperationsprinzip interpretiert: sie ‚stören' die erfolgsorientierte Interaktion durch die sie charakterisierende Mehrdeutigkeit (H. P. Grice, 1979). Die uneigentliche Rede *impliziert* das, was der Sprecher sagen will, sie schickt die evozierbaren Bedeutungen auf die schon von der Rhetorik inventarisierten sprachlichen ‚Umwege' der Tautologie, Ironie, Metapher, Litotes, Hyperbel usw. Wie das Bild des unter der Zunge verborgenen Menschen implizit einen Begriff über das Verhältnis von Reden und Schweigen evoziert, so verweisen alle mit den rhetorischen Namen gekennzeichneten Formen uneigentlichen Redens auf eine Differenz zwischen Sagen und Gesagtem (H. P. Grice, S. 265). Für den Hörer/Leser ist diese Differenz ein Stimulans, hinter das zu kommen, was *eigentlich* gesagt wird. Um verständigungsorientiert zu handeln, das heißt: um weiterhin kommunizieren zu können, muß der Hörer daher unterstellen, daß der Sprecher das Kooperationsprinzip zwar nicht aufgegeben, aber auf eine andere Ebene verschoben hat. Denn er handelt, uneigentlich redend, nicht mehr nach den Maximen „Sei klar!", „Sei informativ!", „Sei aufrichtig!", sondern eher nach dysfunktionalen Imperativen wie: „Streu Sand ins Getriebe!", „Sei fintenreich!", „Sei dunkel!" usf.

Werden solche Beobachtungen auf die literarische Rede übertragen, so scheint der Vorwurf berechtigt, die Dichter seien Lügner. Oder verstoßen bewußt eingesetzte sprachliche Finten und Verdunkelungstechniken nicht gegen die Wahrhaftigkeit, ja gegen die vom Aufrichtigkeitsgebot geforderte Moralität? Aber der Vorwurf der Lüge zerschellt am Begriff der Poesie, für den ja die logische Unterscheidung von wahr und falsch nicht gelten soll. Der Wahrheits*anspruch* der literarischen Rede bezieht seine Kraft vielmehr aus der Opposition gegen eine Logik, die Welt und Welterfahrung in klassifikatorische Begriffsprovinzen aufteilt. Die literarische ‚Rede' lebt nicht nur vom Widerspruch, sondern sie hält (nicht zuletzt in sprachtheoretischer Bedeutung) Widerspruch aus, da sie allein einer Sprache fähig ist, die keinerlei Restriktionen unterliegt. Von dieser Freiheit macht sie Gebrauch, indem sie die grundsätzliche Ambiguität sprachlicher Bedeutungen einsetzt, um den Leser auf die Verschiebbarkeit der bedeutungsbildenden Regeln und zugleich auf die Beweglichkeit sprachlich formulierter Weltansichten hinzuweisen. Auf höchstem Niveau hat sie aber auch den stets drohenden Verlust dieser Freiheit selbst ausgesprochen: „Ein Zeichen sind wir, deutungslos, / Schmerzlos sind wir und haben fast / Die Sprache in der Fremde verloren" (F. Hölderlin, 1961, S. 380). Hölderlins Verse thematisieren die zur Struktur der literarischen Sprache gehörende Spannung zwischen Zeichen und Bedeutung. Aus Gründen strategischer Zweckmäßigkeit sucht die Sprache der Wissenschaften diesen Widerspruch unschädlich zu machen, indem sie Regeln fixiert, nach denen bestimmten Zeichen eindeutige Bedeutungen (Gebrauchsregeln) zugeordnet werden. In den Zeichenkombinationen der literarischen ‚Rede' liegt hingegen ein uneindeutiges, aber sämtliche Sprachfunktionen umfassendes Bedeutungspotential, das zu aktualisieren vermag, wer die Konventionen der literarischen Rede anzuwenden versteht. [...] Werbetexte, Redensarten, der Witz, das Bonmot u. a. teilen mit der Literatur phonetische, syntaktische und stilistische Eigenarten (R. Kloepfer, 1975). Aber der Hörer/Leser kommuniziert mit jenen Texten über handfeste Sachen, oder versteht sie als Aufforderung, die Kommunikation fortzusetzen und zum Abschluß zu bringen. Er versteht jedoch ihre im Vergleich zur Normalsprache auffallende *Überstrukturiertheit* (Alliteration, Reim, Rhythmisierung, Wort- und Satzparallelismen usw.) kaum als Aufforderung zur philologischen oder ästhetischen Interpretation, deren Erfolg etwa an einem außersprachlichen Akt oder an einer verwertbaren kognitiven Einstellungsänderung zu messen wäre. Die Sprachspiele „Werbung-Lesen" und „Gedichte-Lesen" sind trotz gewisser Familienähnlichkeiten durch je bestimmte Konventionen voneinander geschieden. Eine Theorie der Literatur und – falls es das geben sollte – eine Theorie des *texte trouvé* ist dazu da, diese Differenz mit Gründen zu vertreten. Handelt es sich dabei um semantische Theorien, so werden sie die Differenz freilich nicht auf das Kriterium der Fiktionalität beschränken können, sondern danach suchen müssen, welche Konventionen der Bedeutungsbildung die literarische von der Werbesprache unterscheiden. In der Bedeutungstheorie wird dafür unter anderm die sogenannte *semantische Überdeterminiertheit* (bzw. Unterdeterminiertheit; H. F. Plett, ^{2}1979) verantwortlich gemacht, die zur Überstrukturiertheit (bzw. Unterstrukturiertheit) hinzutreten muß, soll der jeweilige Text z. B. als poetischer rezipierbar werden.

Die Funktion dieses Kriteriums für die Bestimmung der literarischen Semantik ist offensichtlich. Handelt es sich doch bei semantisch überdeterminierten Ausdrücken um kontextabhängige Wortverwendungen, die – in der Gestalt von *Schlüsselwörtern* identifizierbar – ganze Cluster von Bedeutungen in einen einzigen lexikalischen Ausdruck wie in eine Schatzkammer einschließen. Im Akt des Lesens können die semantischen Anspielungen (Evokationen) dieser Ausdrücke freigesetzt, ja im Akt der Über-Setzung (Interpretation) auseinandergefaltet werden. [...]

Versucht man, diese Bemerkungen – um der begrifflichen Klarheit willen – im Rahmen einer semiotischen Theorie umzuformulieren, so ist zunächst vom Kommunikationsbezug abzusehen, der hier ohnehin nur hypothetisch eingebracht werden kann. Die Zeichentheorie unterscheidet zwischen verschiedenen Betrachtungsebenen, auf deren wichtigster die Zeichen-Funktionen bzw. die Regeln, nach denen Zeichen zu bedeutungshaltigen kulturellen Einheiten (cultural units) zusammentreten, rekonstruiert werden (U. Eco, 1977). Grundlegend für alle kommunikationstheoretischen Fragen ist die Behauptung der Semiotik, daß die Bedeutung von Zeichen nicht durch Bezugnahme (Referenz) auf physikalische Objekte zustande kommt, sondern allein durch andere Zeichen, die innerhalb eines wohldefinierten semantischen Systems (einer Diskurspraxis, einer Kultur) auftreten. Soll z. B. die Bedeutung von „Baum“ erläutert werden, so kann das nur geschehen, indem man sprachliche Zeichen (von höherem Abstraktionsgrad) zur Beschreibung verwendet, deren Gebrauch seinerseits konventionalisierten Sprachspiel-Regeln (z. B. des Sprachspiels „Definieren“) folgt. Der *Sinn* von „Baum“, so läßt sich auch in anderer Terminologie sagen, ist nicht die physikalisch überprüfbare Erscheinung dieser Platane vor meinem Fenster. Der bestimmte Sinn ergibt sich nur im Kontext eines bestimmten Sprachspiels, wenn man gelernt hat, die Bedeutung des Zeichens als eine kulturelle Einheit zu verwenden, die weder nur auf diesen Gegenstand da hinweist, noch die Eigenschaften einer bestimmten Klasse von Gegenständen ignoriert. Die ‚Existenz‘ von „Göttern“ wird in einem kulturellen System, das nur den Monotheismus zuläßt, geleugnet. Die ‚Wahrheit‘ des Polytheismus im semantischen System der antiken Kultur wird dadurch jedoch nicht geschmälert. Andererseits ließ sich der gläubige Christ um der ‚Realität‘ des Zeichens „Gott“ willen foltern und folterte seinerseits. Die Referenz der von ihm für ‚wahr‘ gehaltenen Symbole beruhte auf der Übereinkunft, die im sozialen Verband hergestellt und institutionell gesichert wurde, ohne jemals einer materialen Prüfung standhalten zu müssen. Und doch reicht die reale Macht dieser kulturellen Konventionen bis in die semantischen Konstruktionen des modernen sozialen Lebens.

Die Beispiele machen einmal mehr bewußt, daß Wörter, und das heißt: sprachliche Bedeutungen, nur in Texten vorkommen. Der Abbildrealismus, der die genaue Stellvertretung des außersprachlichen Dings durch das Wortzeichen behauptet, gehört in die Akademie der Projektemacher, in der die Gelehrten, mit zahllosen Gegenständen beladen, nicht sprachlich, sondern durch Vorzeigen dieser Dinge pantomimisch kommunizieren (J. Swift, *Gullivers Reisen,* 1726, III. T.).

Die „Welt der Dinge“ ist zuallererst ein Begriff. Diesen mit objektgebundener Anschauung zu ‚füllen‘, bedarf es weiterer Begriffe usw. Aber was wie ein unendlicher Regreß aussieht, das wird durch die Grenzen endlicher Sprachspiele definiert und geordnet (L. Wittgenstein, 1967). Diese Grenzen sind als Text-Grenzen der wissenschaftlichen Beschreibung zugänglich. Die Bedeutung von „Baum“, die das Wörterbuch paraphrasiert, erhält im Text *Sinn;* anders ausgedrückt: der Text kondensiert mögliche Bedeutungsdimensionen des Wortes. *Sinn* soll daher die vom ganzen Text angebotene Bedeutungsfülle heißen. Der Term bezeichnet in dieser Verwendung ein semantisches Potential, das erst im Lektürevollzug aktualisiert wird. Die Verfahren der Anspielung im Text sind vielfältig, und sie stimmen in maßen mit den kulturellen Schemata/Konventionen überein, die in historischen Gesellschaften als gattungsbestimmte Text-Formen ausgebildet, akzeptiert und tradiert wurden. Unter systematischer Hinsicht beruhen diese Verfahren auf Selektion, Variation und Kombination von Regeln. Ihre Differenzierungsbedürftigkeit springt jedoch sofort ins Auge, bedenkt man, auf welche Weise der Sinn des Wortzeichens „Baum" in einer botanischen Vorlesung, im Gedicht, im Gespräch mit dem Gärtner, im Arboretum, im Ateliergespräch zustande kommen kann.

Der Term *Sinn* kann die potentielle Bedeutungsfülle des *Wortzeichens im Text* nur decken, wenn er außer den Funktionen der Darstellung, der Mitteilung und des Appells auch die der *Evokation* (E. Coseriu, 1980, S. 102) umfaßt. Denn sie vor allem ist [...] konstitutiv für die Semantik der literarischen ‚Rede'. Die evokative Funktion der Sprache erlaubt es, den Baum im Gedicht auf das menschliche Leben zu beziehen; verallgemeinernd gesprochen: etwas zu sagen, ohne es eigentlich auszusprechen. Freilich stellt der Text mit seiner strukturellen Begrenztheit die Bedingungen für die *Interpretierbarkeit* (Chr. Enzensberger, 1981) d. i. *Sinnbildung* seiner Bestandteile. Evokation hingegen spielt auf jenen semantischen Reichtum an, der oben als Differenz zwischen Sagen und Gesagtem umschrieben wurde.

[...]

Man hat viel Papier und Druckerschwärze verschwendet, um zu definieren, was ein „literarischer Text" ist. Es gibt aber ein intuitives Wissen von dem, was der Begriff bezeichnet, da, wie die allgemeine Kommunikationstheorie lehrt, Sprechhandlungen für gewöhnlich in der Form von Texten vollzogen werden. Die Linguistik hält sich an die formale Bestimmung des Textes als eine Menge von Sätzen, die satzübergreifend untereinander verknüpft sind. Sie verweist die Beschreibung der Verknüpfungsmodalitäten an solche sprachlichen Elemente, die die Satzgrenzen überschreiten, z. B. an Pronomina, Frage- und Antwortpartikel, an situationshinweisende Zeichen, aber auch an Wortstellung, Tempusfolge u. a. (D. Viehweger u. a., 1977, S. 359 [...].)

Der restriktions- und sanktionsfreie Spielraum literarischer Kommunikation erlaubt es jedoch, Texte zu produzieren, deren Satzfolgen solcher Verknüpfungen entraten. Zum Beispiel: „Von nichts kommt nichts. /Hast du was kriegst du was. / Besser ein Taugenichts als ein Habenichts. / Je nach dem Wind" (J. Becker, 1976, S. 175). Das Zitat präsentiert nur einen Ausschnitt aus einem über mehrere Seiten sich erstreckenden Katalog formal ähnlicher, syntaktisch meist unverbundener Sätze. Mit dem Titel dieses Katalogs, *Glücksreihen*, macht der Autor einen Vorschlag, wie diese

Sätze/Zitate als Text zu lesen sind. Das Reihungsprinzip lenkt die Aufmerksamkeit des Lesers auf den Abstand zwischen den einzelnen Kola, um Assoziationen freizusetzen, die semantische Oppositionen (nichts vs. etwas haben) und die Scheinhaftigkeit vermeintlichen Glücks konnotieren. Die Lektüre nimmt einen stockenden, keinen fließenden Verlauf.

Damit macht der Text eine allgemeinsprachliche Erscheinung zu seiner artistischen Regel: die Differenz zwischen Satz- und Textstruktur. Die realisierte Differenz setzt ein kommunikatives Merkmal frei, nämlich die implizite Aufforderung an den Leser, in der simplen Reihung als dem Strukturprinzip des Textes einen Sinn zu sehen, der dem einzelnen Satz nicht innewohnt. Die Beschreibung syntaktischer Strukturen reicht mithin nicht aus, um den Text als Einheit zu verstehen. Titel und Text verhalten sich zueinander wie Thema („Glück") und Variationen (unverbundene Einzelaussagen), und dieses *musikalische* Aufbauprinzip unterstreicht eine Eigenart literarischer Texte, die sie von den Texten des pragmatischen und wissenschaftlichen Sprachgebrauchs unterscheidet. Fällt in diesen der Sinn mit den in ihren Elementen enthaltenen Bezeichnungen und Bedeutungen zusammen (sie meinen, was sie sagen), so kennzeichnet literarische Texte ein „doppeltes Zeichenverhältnis" (E. Coseriu, 1980, S. 49). Der Leser der *Glücksreihen* fragt: was ist der Sinn von Glück? Er hat die sprachliche Bedeutung des Wortes „Glück" zwar schon verstanden (1. semiotische Ebene), wird aber durch den Text als ganzen veranlaßt, mit diesem ihm vertrauten Begriff von Glück den Sinn zu konfrontieren, den der Text, und nur dieser, repräsentiert (2. semiotische Ebene). Die komplexen, scheinbar heteromorph zusammengesteckten Sätze werden nur dann als Einheit, d. h. als Text, wahrgenommen, wenn sie als kohärentes Gebilde in Erscheinung treten. In Beckers *Glücksreihen* gibt es, wie gesagt, kaum satzübergreifende Verknüpfungen wie in ‚normalen' Texten. Das syntaktische Webemuster fehlt zwar, nicht aber die thematische *Kontiguität* (Nachbarschaft), die der Kunstgriff der Collage eher verstärkt denn schwächt. Formale Einheit stiftet indessen – der musikalischen Coda vergleichbar – die fast wörtliche Wiederholung des ersten Satzes am Schluß: „Jetzt kommen sicher bald die glücklicheren Zeiten auf uns zu. [...] Wirklich kommen die glücklicheren Zeiten immer näher."

Als formal durchkomponierte Partitur betrachtet, ist jeder geschriebene Text (nicht nur das Libretto, Drehbuch und Theaterstück) *spielbar*. Bewußt eingesetzt wird diese Eigenschaft aber vor allem in der literarischen ‚Rede', die den Leser auf den materialen Charakter ihres eignen Mediums aufmerksam machen möchte. Phonematische und visuelle Verschiebungen, wie sie in der *Konkreten Poesie* in den Vordergrund treten, gehören daher seit alters zu ihren ästhetischen Mitteln. Auf der visuellen Textebene erzeugen sie eine Art von Selbstbezug, der den Leser zwingt, die Mitteilungsfunktion vorübergehend zu suspendieren, um allein die Form des Textes wahrzunehmen. (Man kann, eine Unterscheidung Franz Mons aufgreifend [1970, S. 116], sagen, daß in Beckers Text die *thematische Einheit* nah an die *funktionelle* heranrückt.) Über diese Verschiebung der Wahrnehmungsprägnanz von der Inhalts- zur Ausdrucksseite kann der Leser zu *der* Einstellung gebracht werden, deren der „ästhetische Idiolekt" (= die autonome Sprache) des Textes, der im zitierten Beispiel die Gestalt eines alltagssprachlichen Inventars hat, bedarf, um in seiner Funktion verstanden zu werden (U. Eco, 1977, S. 261 ff.).

[...] Grundsätzlich gilt: die Betrachtung der Textebene verhält sich, theoretisch gesehen, autonom gegenüber der Sprachtheorie und der Betrachtung von Einzelsprachen. Texte haben eigengesetzliche Formschemata (Rede, Erzählung, Gedicht, Drama etc.) ausgebildet, die einzelsprachlich unabhängig sind, und sie gehören nicht zuletzt aus diesem Grund in den Forschungsbereich allgemeiner Kommunikation (E. Gülich/W. Raible, 1977). Literarische Texte sind hochkomplexe Gebilde, was ihre Beschreibung und die Beschreibung ihrer Funktionen erschwert. Sie lassen sich unterschiedlichen Zeitkategorien zuordnen, der Zeit ihrer Entstehung, der grammatikalischen Zeit (Tempus), ihrer ‚inneren' Zeit (der Darstellung), der Zeit ihrer Rezeption; sie bündeln verschiedene topologische Dimensionen: den geographischen Raum ihrer Produktion und Verbreitung, ihre eigene räumliche Ausdehnung (wesentlich für die Konkrete Poesie), ihre dargestellten Räume; sie verweisen auf differierende Kontexte (Abschnitte, Kapitel, Oeuvre, Gattungen, etc.), sind situationsunabhängig und spielen auf globale Diskurswelten (Weltanschauungen, Theorien, Utopien etc.) an. Es wäre vermessen, alle diese Dimensionen an einem einzigen Beispieltext erläutern zu wollen, zumal die meisten der mit den genannten Begriffen angedeuteten Probleme noch nicht in angemessener Weise kommunikationstheoretisch formulierbar sind.

Entsteht, wie oben gesagt wurde, der Text als bedeutungshaltiges Gebilde (und als ästhetisches Wahrnehmungsobjekt) in einem auffassenden Bewußtsein, so legt diese Hypothese es nahe, als Definiens für „Text" einen Kommunikationsbezug zu behaupten. Andererseits läßt sich die innere Struktur der Texte mittels grammatikalischer Kategorien beschreiben (Satz, Satzfolge), die für sich genommen keine Aussagen über kommunikative Funktionen machen. Man unterscheidet daher mit Recht zwischen textinterner und textexterner Beschreibungsdimension, ohne zu verkennen, daß beide Dimensionen in einem wechselseitigen Bedingungsverhältnis stehen. Im Focus der einen Perspektive (textintern) erscheint der Text

als komplexes sprachliches Zeichen, in dem der andern (textextern) als Kommunikationsakt (Gülich/Raible, 1977, S. 47).
[...]

[Aufschlüsselung der in Kurzform gegebenen Literaturhinweise]

Anderegg 1973	Anderegg, J.: Fiktion und Kommunikation. Ein Beitrag zur Theorie der Prosa. Göttingen 1973.
Becker 1976	Becker, J.: Glücksreihen. In: Lesebuch. Deutsche Literatur der sechziger Jahre. Hg. v. K. Wagenbach. Berlin 1976, S. 174–178.
Coseriu 1980	Coseriu, E.: Textlinguistik. Eine Einführung. Hg. u. bearb. v. J. Albrecht. Tübingen 1980.
Eco 1977	Eco, U.: Theory of Semiotics. London/Basingstoke 1977.
Enzensberger 1981	Enzensberger, Chr.: Literatur und Interesse. Frankfurt 1981.
Gabriel 1975	Gabriel, G.: Fiktion und Wahrheit. Eine semantische Theorie der Literatur. Stuttgart-Bad Cannstatt 1975.
Grice 1979	Grice, H. P.: Logik und Konversation. In: G. Meggle (Hg.): Handlung, Kommunikation, Bedeutung. Frankfurt 1979, S. 243–265.
Gülich/Raible 1977	Gülich, E. u. W. Raible: Linguistische Textmodelle. Grundlagen und Möglichkeiten. München 1977.
Helms 1959	Helms, H. G.: Fa:m' Ahniesgwow. Köln 1959.
Hölderlin 1961	Hölderlin, F.: Sämtliche Werke. Hg. v. F. Beissner. Frankfurt 1961.
Kloepfer 1975	Kloepfer, R.: Poetik und Linguistik. Semiotische Instrumente. München 1975.
Mon 1970	Mon, F.: Texte über Texte. Neuwied/Berlin 1970.
Plett 1979	Plett, H. F.: Textwissenschaft und Textanalyse. Semiotik, Linguistik, Rhetorik. Heidelberg [2]1979.
Poulet 1969	Poulet, G.: Phenomenology of Reading. In: New Literary History 1 (1969), S. 53–68.
Viehweger 1977	Viehweger, D. u. a.: Probleme der semantischen Analyse. Berlin (Ost) 1977.
Wittgenstein 1967	Wittgenstein, L.: Philosophische Untersuchungen. Frankfurt 1967.

3 *Text und Kontext*

SCHULTE-SASSE, JOCHEN UND RENATE WERNER: Einführung in die Literaturwissenschaft. München 1977. (= UTB 640.)

Hier: S. 193–198.

[...]
Auf den ersten Blick könnte man meinen, daß die Bedeutungen der einzelnen Wörter einer Sprache substantiell zu definierende Größen sind, d. h. daß eine Beschreibung ihrer Bedeutung ohne Rücksicht auf andere Bedeutungsgrößen derselben Sprache möglich ist. Die Bedeutung von „Tisch" oder „Stuhl" z. B. scheint diesen Wörtern als isolierbare Qualität anzuhaften; wir meinen, diese Wörter „an sich" und ohne Rücksicht auf ihre Stellung innerhalb eines Sprachsystems zu verstehen. Der Genfer Linguist Ferdinand de Saussure hat dieser substantiellen Deutung der Sprachelemente mit Entschiedenheit eine Auffassung entgegengesetzt, die Sprache als ein zusammenhängendes System interpretiert, dessen Zeichenelemente *funktional* und nicht inhaltlich bestimmt sind. Zeichen sind für ihn durch ihre *Abgrenzung von anderen Zeichen* charakterisiert.

Die funktionale Sichtweise Saussures hat in der Folgezeit zu so zahlreichen Erfolgen sprachwissenschaftlicher Forschung geführt, daß ihre Berechtigung heute allgemein anerkannt ist. Die Bedeutung eines Elements ist nicht eine diesem Element anhaftende Qualität, sondern ein Komplex von Sinnbeziehungen, die das Element mit anderen Elementen eingeht. [...]

Entscheidend an dieser Sichtweise ist, daß sie Bedeutungen sprachlicher Zeichen nicht nur funktional definiert, sondern daß sie das System dieser Bedeutungen auch als Ergebnis gesellschaftlicher Praxis sieht. Ein Sprachsystem steht dem Menschen mithin als Bedeutungssystem nicht neutral und konstant zur Verfügung, um mit ihm im nachhinein Welterfahrungen sprachlich zu fassen. Welterfahrung und Sprachsystem sind vielmehr eng gekoppelt. Da das eine das andere bedingt und beeinflußt, entwickeln sie sich in einer Relationsbeziehung. Einzelne Wörter wie „materialistisch" oder „Menschenfreund", „Humanität", „Harmonie" oder „Völkerfreundschaft" oder „Investitionslenkung" können als sprachlich kristallisierte Erfahrungskerne komplexe Erfahrungsfelder aufreißen. Sie sind innerhalb ihrer jeweiligen semantischen Felder besonders dominante Bedeutungsgrößen.

Die enge Kopplung von Welterfahrung und Sprachsystem hat den italienischen Semiotiker Umberto Eco dazu geführt, für jede konkrete Gesellschaft ein globales semantisches System anzunehmen, das nicht nur ein *Ergebnis* der Welterfahrung dieser Gesellschaft ist, sondern seinerseits wiederum die Sichtweise dieser Gesellschaft *beeinflußt.* Nach Eco gibt es überhaupt keine vorhergehende Erfahrung, die nicht bereits „in semantische Felder, in Systeme von kulturellen Einheiten und folglich in Wertsysteme strukturiert wäre."[1] Die Strukturen semantischer Felder sind in dieser Deutung ein unmittelbares Ergebnis gesellschaftlich geregelter, weltaneignender Praxis: „Ein semantisches System als Weltanschauung ist also eine der möglichen Arten, der Welt Form zu geben. Als solche stellt es eine partielle Interpretation der Welt dar und kann theoretisch jedesmal revidiert werden, wenn neue Botschaften durch semantische Umstrukturierung des Codes neue konnotative Ketten und folglich neue Wertzuordnungen einführen."[2] Zeitgenossen entwickeln durch wiederkehrenden Gebrauch der Elemente solcher globaler semantischer Systeme bzw. durch den andauernden Bezug auf die Strukturen dieses Systems sozial normierte Erwartungsschemata, in die sie jede neue sprachliche Erfahrung einzufügen versuchen. [...]

Der Kontextbegriff nun fügt sich lückenlos in das bisher Skizzierte ein. Er meint geordnete Zeichenvorräte und rekurrente Bedeutungskomplexe, die in einem – zumindest für kurze Zeitabschnitte – relativ festen pragmatischen bzw. institutionellen Rahmen gebraucht werden. Die Mitglieder einer Sprachgemeinschaft erlernen Sprache niemals als neutrales Werkzeug und Verständigungsmittel. Sie wachsen in soziokommunikativen Kontexten auf, d. h. mit der Sprache lernen sie „sekundäre" Kommunikationsmuster, die ihr Verständnis sprachlicher Ausdrücke präformieren. Aus der Definition des Kontextes als einer strukturierten Menge semantisch-semiotischer Einheiten darf allerdings nicht der Schluß gezogen werden, daß es sich beim jeweils aktuellen Kontext um ein vollkommen kohärentes, in sich geschlossenes System solcher Einheiten handelt. Denn erstens ist der jeweilige Kontext in *diachroner* Hinsicht offen. Gesellschaftliche Praxis, und das heißt auch: historische Entwicklung, kann zu steter Umstrukturierung eines soziokommunikativen Kontextes führen. Und zweitens ist der Kontext als ein globales semantisches System auch in synchroner Hinsicht nicht so geschlossen, wie er hier aus analytischen Gründen vorausgesetzt wurde. Er zerfällt vielmehr in zahlreiche Einzelkontexte, in soziokommunikative Subsysteme (z. B. in politische, ästhetische, weltanschauliche), deren Unterschiede zu Widersprüchen und Spannungen im globalen semantischen System einer Zeit führen können – Widersprüche, die ihrerseits wiederum Umstrukturierungen dieser Kontexte einzuleiten vermögen.

Der Kontextbegriff wird mitunter durch den Begriff „Kommunikationssystem" ersetzt. Beide meinen dasselbe, da auch der Kontextbegriff nur dann sinnvoll ist, wenn er sich auf kommunikative Elemente, d. h. auf eine strukturierte Menge *semantisch-semiotischer* Manifestationen bezieht. Die aktuellen Kommunikationsprozesse sind jeweils in derartige Kommunikationssysteme bzw. Kontexte eingebettet.

[...]

Die Frage nach der Kontextverflochtenheit von Dichtung läßt sich nunmehr spezifizieren. Sie zerfällt bei genauerem Zusehen in zwei Fragen, nämlich 1. in die Frage, ob Dichtung als ein sprachgebundenes Medium in der Lage ist, das von ihr verwertete semantische Material aus seinen höchst komplexen kontextuellen Verflechtungen herauszulösen und mit ihm ein „in sich geschlossenes sprachliches Gefüge“[3] aufzubauen, und 2. in die Frage, ob der Rezipient von Dichtung in der Lage ist, sich von seinem eigenen (in der Regel ja verschiedenen, weil zeitverschobenen) soziokommunikativen Kontext soweit zu befreien, daß er Dichtung losgelöst von seinen sonst wirksamen Sinn- und Wertorientierungen rezipiert.

[...]

Die neuere Literaturtheorie – und ihre Annahmen werden durch eine Reihe konkreter historischer Analysen literarischer Texte unterstützt – ist sich darin einig, daß Dichtung ihr sprachliches Material nicht nur nicht vollständig vom Kontext zu lösen vermag, sondern daß sie mit der Kontextbezüglichkeit ihres Materials häufig bewußt operiert, um so für den Text zusätzliche konnotative Energien zu gewinnen. Die außertextlichen Beziehungen der sprachlichen Elemente eines Kunstwerks „gehen in den Körper des literarischen Werkes als Strukturelemente einer bestimmten Ebene ein“[4], aber nicht so, daß sie dem Werk nunmehr voll und ganz inhärent wären, sondern in elliptischer bzw. deiktischer Form. D. h., sie holen außertextliche Beziehungen sprachlicher Elemente in das Werk hinein, indem sie auf diese Beziehungen *hinweisen* (deiktisch, gr. = hinweisend) bzw. den Rezipienten zwingen, die semantische Ellipse (elliptisch, gr.-lat. = unvollständig) mit Hilfe seines kontextuellen Wissens zu ergänzen. Der Text besteht also in semantischer Hinsicht niemals für sich. Er ist jeweils einem vom Schriftsteller vorausgesetzten authentischen Leser zugeordnet. Wenn es diesen authentischen Leser realiter auch nicht geben kann (da das voraussetzen würde, daß sein Kode mit dem Kode des Dichters absolut identisch ist), so sind die Zeitgenossen des Dichters doch weitgehend in der Lage, die Kontextbezüge eines Textes im Sinne des Dichters zu realisieren. Denn die kommunikative Kompetenz von Autor und ursprünglichem Leser ist geprägt durch denselben soziokommunikativen Kontext.[5] [...]

Die sprachlichen Elemente eines Kunstwerks sind somit häufig Schnittpunkte ‚intratextueller‘ und ‚extratextueller‘ Relationen des Werkes. Ein Werk wird die Bedeutung seiner Elemente teilweise durch seine innertextlichen Strukturen eingrenzen und bestimmen können. Je dominanter und zentraler jedoch ein Wort im außertextlichen semantischen System einer Zeit ist, desto unmöglicher wird es sein, im literarischen Werk das Wort aus seinen extratextuellen Strukturen völlig zu isolieren. Die Literaturgeschichte zeigt, daß die meisten Dichter auch gar nicht daran denken, auf referentiell vorbelastete Wörter zu verzichten. Sie spielen im Gegenteil mit dem kontextuell erstellten Bedeutungsspektrum dieser Wörter; sie integrieren sie in ihre Werke als ‚Relaisstationen' zwischen Text und Kontext und nutzen sie, um durch sie auf den Kontext zurückzuwirken; denn das Zusammenspiel intratextueller und extratextueller Strukturen ermöglicht es, daß Kunstwerke in einer konkreten historischen Situation als komplexe Superzeichen fungieren können. Sie können durch dauernde Anspielungen auf den Kontext in das Wirklichkeitsverständnis einer Zeit eingreifen – und zwar gerade aufgrund ihrer relativen Distanz diesem Kontext gegenüber.

Kunstwerke sind, weil ihre Strukturen nicht nur intratextuell, sondern auch extratextuell definiert sind, partiell variable Gebilde. Denn das globale semantische System einer Zeit ist, wie wir oben gesehen haben, dauernden Veränderungen unterworfen. Mit dieser Änderung kann auch jener Kontextausschnitt entfallen, auf den sich ein Kunstwerk *ursprünglich* bezogen hat. Die Frage ist nun, ob ein Werk nach dem Fortfall seiner ursprünglichen extratextuellen Relationen in kontextunabhängiger Weise rezipiert wird, oder ob das Werk von seinen Rezipienten auf jeweils unterschiedliche Weise in neue Kontexte integriert wird und somit immer neue Bedeutungsmöglichkeiten „ansetzt".

Literarische Werke – so führt der russische Strukturalist Jurij M. Lotman aus – „werden rezipiert in Relation zu den semantischen Feldern, die bereits in textexternen Kommunikationssystemen wirksam sind. So existieren im Bewußtsein des Lesers die ihm vertrauten Begriffsverkettungen, die kanonisiert sind durch die Autorität der natürlichen Sprache und ihre semantische Struktur, durch sein allgemeines Lebensgefühl, durch die Begriffsstruktur der Kulturepoche und des Kulturtyps, denen er angehört, und schließlich durch die gesamte Struktur der ihm vertrauten Bauweisen von Kunstwerken."[6] Weil spätere Rezipienten von *ihren* Kontexten her Kunstwerke semantisch vervollständigen müssen, wird es zu immer neuen Verflechtungen von Texten und Kontexten kommen, nur daß die Art und Weise dieser Verflechtungen sich ändert, da die Vermittlung von Text und Kontext eine Verständnisleistung von Lesern ist, die diese aufgrund ihrer eigenen, d. h. ihnen von ihrer Zeit bereitgestellten semantischen Möglichkeiten erbringen. Der Leser muß dabei die Anweisungen des Textes und die Anweisungen des Kontextes so miteinander vermitteln, daß er ein stimmiges Sinngebilde erstellt. [...]

Anmerkungen

1 Eco, Umberto: Einführung in die Semiotik. München 1971. S. 168.
2 Ebd.
3 Kaiser, Wolfgang: Das sprachliche Kunstwerk. Bern/München 1961. S. 5.
4 Lotman, Jurij M.: Vorlesungen zu einer strukturalen Poetik. München 1972. S. 181.
5 Vgl. hierzu auch folgende Äußerung von Bourdieu, in der deutlich wird, in wie vielen Hinsichten ein Werk als Ellipse bezeichnet werden kann: „Mithin stellt das Werk stets eine Ellipse dar, die das Wesentliche ausläßt: es setzt seinen Nährboden, die implizit gesetzten Postulate und Axiome, stillschweigend voraus, deren Axiomatik die Kulturwissenschaft aufzudecken hat. So verrät sich im beredten Schweigen der Werke genau die (im subjektiven Sinn verstandene) Bildung, kraft derer der Schaffende seiner Klasse, Gesellschaft und Epoche zugehört und die, ohne daß er es merkte, noch den Bodensatz seiner, dem Anschein nach einzigartigen Werke bildet: d. h. all die Credos, die so selbstverständlich geworden sind, daß man sie eher stillschweigend voraussetzt als ausdrücklich postuliert, die Denkschemata, logischen Formen, stilistischen Wendungen und Schlagworte, die gestern noch ‚Existenz', ‚Situation' und ‚Eigentlichkeit', heute ‚Struktur', ‚Unbewußtes' und ‚Praxis' heißen und so natürlich und unvermeidlich scheinen, daß man sie keineswegs zum Objekt einer, um in derselben Terminologie zu reden, bewußten Wahl erhebt; kurzum [...] der bestimmte Gefühlston, der alle Äußerungen einer Epoche färbt, selbst diejenigen, die im kulturellen Feld so weit voneinander entfernt sind wie z. B. Literatur und Gartenarchitektur. So bildet der Konsensus über diese stillschweigend vorausgesetzte Axiomatik der Verständigung und des Fühlens die Grundlage der *logischen Integration* einer Gesellschaft oder eines Zeitalters." Pierre Bourdieu: Zur Soziologie der symbolischen Formen. Frankfurt 1970. S. 116f.
6 Lotman, Jurij M.: Die Struktur literarischer Texte. München 1972. S. 285.

4 *Fiktion und Wirklichkeit*

ISER, WOLFGANG: Der Akt des Lesens. Theorie ästhetischer Wirkung. München 1976. (= UTB 636.)

Hier: S. 87–89; 118–120; 282–284.

[Fiktion als Kommunikationsstruktur]
Textmodelle stellen heuristische Entscheidungen dar. Sie sind nicht die Sache selbst, wohl aber verkörpern sie einen Zugang zu ihr. Der Text als die Sache ist niemals als solcher, sondern immer nur in einer bestimmten Weise gegeben, die durch das Bezugssystem entsteht, das zu seiner Erfassung gewählt worden ist. Der literarische Text ist ein fiktives Gebilde, und damit

meint man in der Regel, daß ihm die notwendigen Realitätsprädikate fehlen. Denn literarische Texte erschöpfen sich nicht darin, empirisch gegebene Objektwelten zu denotieren; ja, ihre Darstellungsintention zielt auf das, was nicht gegeben ist. Folglich hat sich in der vergleichenden Zuordnung von Fiktion und Wirklichkeit ein Begriffspaar herausgebildet, das insofern eine heuristische Entscheidung impliziert, als man Fiktion aus dem Blickpunkt der Wirklichkeit als deren polare Entgegensetzung zu bestimmen versuchte. Die Fiktion wurde daher bald als seinsautonomes, bald als seinsheteronomes Gebilde qualifiziert[1], um den Unterschied zum Gegenstandscharakter der Wirklichkeit formulieren zu können. Die von solchen Versuchen erzeugten Probleme sind bekannt. Sie machen die Frage nach dem Bezugsrahmen unabweisbar, der dem Gegensatzpaar Fiktion und Wirklichkeit die ihm angemessenen Prädikate zuweist. Die vielen in eine solche Richtung verlaufenden Bemühungen ermuntern nicht zur Fortsetzung. Daher soll in der folgenden Diskussion die Erkenntnisprämisse aufgegeben werden, durch die Fiktion als das Nicht-Wirkliche bestimmt ist. Damit ist zugleich das ontologische Argument preisgegeben, denn Fiktion als seinsautonom bzw. seinsheteronom zu qualifizieren heißt, Fiktion und Wirklichkeit als ein Seinsverhältnis begreifen zu wollen. Dieses aber erweist sich in der Erörterung eines funktionsgeschichtlichen Textmodells als untauglich, da die Leistung der Fiktion auf ihrer Funktion beruht. Das ontologische Argument muß durch ein funktionalistisches ersetzt werden. Fiktion und Wirklichkeit können daher nicht mehr als ein Seinsverhältnis, sondern müssen als ein Mitteilungsverhältnis begriffen werden. Dadurch löst sich zunächst die polare Entgegensetzung von Fiktion und Wirklichkeit auf: Statt deren bloßes Gegenteil zu sein, teilt Fiktion uns etwas über Wirklichkeit mit. Verblaßt die alte Opposition von Fiktion und Wirklichkeit, dann entfällt auch die Schwierigkeit, eine die Oppositionsglieder umfassende Referenz finden zu müssen, aus der die unterschiedlichen Prädikate ableitbar sind. Als Kommunikationsstruktur schließt die Fiktion Wirklichkeit mit einem Subjekt zusammen, das durch die Fiktion mit einer Realität vermittelt wird. Es ist daher auch bezeichnend, daß das Subjekt kaum eine Rolle spielte, in jedem Falle aber nicht mit reflektiert wurde, solange man Fiktion über ihre kontrastive Absetzung von Wirklichkeit zu fassen versuchte. Wenn Fiktion nicht Wirklichkeit ist, so weniger deshalb, weil ihr die notwendigen Realitätsprädikate fehlen, sondern eher deshalb, weil sie Wirklichkeit so zu organisieren vermag, daß diese mitteilbar wird, weshalb sie das von ihr Organisierte selbst nicht sein kann. Versteht man Fiktion als Kommunikationsstruktur, dann muß im Zuge ihrer Betrachtung die alte an sie gerichtete Frage durch eine andere ersetzt werden: Nicht was sie bedeutet, sondern was sie bewirkt, gilt es nun in den Blick zu rücken. Erst daraus ergibt sich ein Zugang zur Funktion der Fiktion, die sich in der Vermittlung von Subjekt und Wirklichkeit erfüllt.

Aus dieser Sachlage läßt sich der Untersuchungsgegenstand eines funktionsgeschichtlichen Textmodells gewinnen. Er ist an zwei Schnittpunkten angesiedelt, die zwischen Text und Wirklichkeit sowie zwischen Text und Leser liegen. Sie gilt es beschreibbar zu machen, um zu zeigen, in welchem Maße die Fiktion als Relais zwischen lesendem Subjekt und mitgeteilter Realität wirksam wird. Das Interesse gilt daher der pragmatischen Dimension des Textes, wobei unter Pragmatik im Sinne von Morris die Beziehung der Zeichen des Textes auf den Interpretanten gemeint ist. Pragmatische Zeichenverwendung hat immer mit Verhalten zu tun, das im Empfänger bewirkt werden soll. „Such terms as ‚interpreter', ‚interpretant', ‚convention' (when applied to signs), ‚taking-account-of' (when a function of signs) ... are terms of pragmatics, while many strictly semiotical terms such as ‚sign', ‚language', ‚truth', and ‚knowledge' have important pragmatical components."[2] Damit ist zugleich angedeutet, daß die Pragmatik als eine Dimension der Zeichenverwendung selbstverständlich nicht von der Syntax – der Beziehung der Zeichen untereinander – und der Semantik – der Beziehung der Zeichen auf Objekte – abstrahieren kann. Im Gegenteil, die Pragmatik setzt vielfach Syntax und Semantik voraus und impliziert sie in den Beziehungen der Zeichen auf den Interpretanten.
[...]

[Bezugsfeld des Repertoires fiktionaler Texte]
Bezieht man die Frage zunächst auf das Verhältnis von Text und Wirklichkeit, so ist klar, daß sich der Text nicht auf Wirklichkeit schlechthin, sondern nur auf ‚Wirklichkeitsmodelle' beziehen kann.[3] Wirklichkeit als pure Kontingenz scheidet für den fiktionalen Text als Bezugsfeld aus. Vielmehr beziehen sich solche Texte bereits auf Systeme, in denen Kontingenz und Weltkomplexität reduziert und ein je spezifischer Sinnaufbau der Welt geleistet ist.[4] Jede Epoche besitzt die ihr eigenen Sinnsysteme, und die Epochenschwellen markieren dann signifikante Veränderungen, die innerhalb der in hierarchischer Ordnung stehenden bzw. miteinander konkurrierenden Sinnsysteme erfolgen. Systeme indes beziehen sich nicht ausschließlich auf Weltkomplexität. Sie haben auch andere Systeme zu ihrer Umwelt, in denen eine bestimmte Abarbeitung jener Enttäuschungsgefahr geleistet ist, die menschlichem Handeln und menschlichem Erleben aus kontingenten Gegebenheiten droht.[5] „Alle Systeme sind durch selektive Beziehungen mit ihrer Umwelt verknüpft, da sie geringere Komplexität aufweisen, also nie die ganze Welt für sie relevant werden kann ... Die Systemumwelt läßt sich in gewissem Maße dadurch vereinfachen und immobilisieren, daß *bestimmte Formen der Erlebnisverarbeitung* (Wahrnehmungsgewohnheiten, Wirklichkeitsdeutungen, Werte) *institutionalisiert* werden. Eine Vielzahl von Systemen wird an gleiche oder korrespondierende Auffassungen ge-

bunden, so daß dadurch die Unendlichkeit an sich möglicher Verhaltensweisen reduziert und die Komplementarität des Erwartens sichergestellt wird.“[6] So erfolgt in jedem System eine Stabilisierung bestimmter Erwartungen, die normative Geltung gewinnen und folglich die Erlebnisverarbeitung von Welt zu regulieren vermögen. In den Systemen verkörpern sich daher Wirklichkeitsmodelle, die eine bestimmte Struktur erkennen lassen. Kommt der Sinnaufbau eines Systems durch die jeweils getroffenen Selektionen zum Vorschein, so kann sich dieser Sinn nur vor dem Hintergrund der nicht gewählten Möglichkeiten stabilisieren. Ein solcher Hintergrund gewinnt insoweit Kontur, als er sich durch virtualisierte und negierte Möglichkeit weiter differenzieren läßt. Daraus folgt, daß sich die sinndominanten Möglichkeiten des jeweiligen Systems auf einen Horizont abschatten, in dem die virtualisierten und negierten Möglichkeiten stehen und von dem sich die aktualisierten abheben. Die Systemtheorie bezeichnet diesen Sachverhalt als die notwendige Bestandserhaltung, die ein System bei der Reduktion von Komplexität leisten muß, um mit der Bereitschaft ausgerüstet zu sein, auf Veränderungen seiner Umwelt durch Umbesetzung von Systemstellen reagieren zu können. Der fiktionale Text wird auf seine Weise in diese ‚Bestände‘ eingreifen, denn er hat in der Regel die im Zeitraum seiner Entstehung herrschenden Systeme zu seiner Umwelt. In diese muß er deshalb eingreifen, weil er sich nicht wie die Systeme auf Weltkontingenz bezieht. Folglich kann er auch nicht jene Erwartungserwartungen hervorbringen[7], die als Leistung der Systeme gelten. So lebt der fiktionale Text von den vorhandenen Strukturen der Weltbemächtigung. Mit den Systemen teilt er allerdings die Eigenschaft, auch ein sinnkonstituierendes System zu sein. Das heißt, in seinem Aufbau zeigen sich die zur Sinnstabilisierung notwendigen Selektionen, die am gewählten Repertoire ablesbar sind. Desgleichen kennt der fiktionale Text sinndominante, virtualisierte und negierte Möglichkeiten. Da er sich aber nur auf die Systeme seiner Umwelt beziehen kann, müssen die sinnkonstituierenden Operationen des Textes ständig in diese eingreifen. Solche Eingriffe besitzen nicht den Charakter der Abbildung. Die Selektionsstruktur des fiktionalen Textes hat eine andere Zielrichtung und läßt folglich auch andere Konsequenzen erkennen. Durch ihn geschieht keine Reproduktion herrschender Sinnsysteme, vielmehr bezieht sich der Text darauf, was in den jeweils herrschenden Sinnsystemen virtualisiert, negiert und daher ausgeschlossen ist. Fiktional sind diese Texte deshalb, weil sie weder das entsprechende Sinnsystem noch dessen Geltung denotieren, sondern viel eher dessen Abschattungshorizont bzw. dessen Grenze als Zielpunkt haben. Sie beziehen sich auf etwas, das in der Struktur des Systems nicht enthalten, zugleich aber als dessen Grenze aktualisierbar ist.

Daraus ergibt sich das besondere Zuordnungsverhältnis des fiktionalen

Textes zu Sinnsystemen bzw. Wirklichkeitsmodellen. Er bildet diese weder ab, noch ist er als Deviation von ihnen zu begreifen, wie es uns die Widerspiegelungstheorie bzw. die Deviationsstilistik immer wieder glauben machen wollen. Vielmehr stellt der fiktionale Text eine Reaktion auf die von ihm gewählten und in seinem Repertoire präsentierten Sinnsysteme dar. Damit ist zugleich die einsinnige Perspektive aufgehoben, die die Widerspiegelungstheorie und Deviationsstilistik gleichermaßen beherrscht. Der Text wird in einer solchen Zuordnung nicht mehr vom Standpunkt einer wie immer dogmatisch fixierten Wirklichkeit als deren Spiegel bzw. als deren Abweichung gesehen, sondern als ein Interaktionsverhältnis begriffen, durch das sich seine elementare Funktion im Wirklichkeitskontext fassen läßt.
[. . .]

[Die Unbestimmtheit fiktionaler Texte]
Der fiktionale Text gleicht der Welt insofern, als er eine Konkurrenzwelt entwirft. Diese allerdings unterscheidet sich von existierenden Weltvorstellungen dadurch, daß sie aus herrschenden Realitätsbegriffen nicht ableitbar ist. Mißt man Fiktion und Wirklichkeit am Charakter ihrer Gegenstandsqualität, so kann man nur den Ausfall gegenständlicher Merkmale in der Fiktion konstatieren. Sie erweist sich dabei als defizienter Modus, ja, gilt als Lüge, weil sie die Kriterien der Wirklichkeit nicht besitzt, obgleich sie diese zu simulieren scheint. Wäre Fiktion nur über Gegenstandsmerkmale zu klassifizieren, die für eine Bestimmung von Wirklichkeit gelten, dann wäre es unmöglich, durch Fiktion Wirklichkeit mitteilbar zu machen. Nicht durch den für sie ruinösen Vergleich mit Wirklichkeit, sondern erst in der Vermittlung einer durch sie organisierten Wirklichkeit gewinnt sie ihre Funktion. Deshalb lügt die Fiktion, wenn man sie aus der Sicht solcher Gegebenheitsweisen bestimmt; sie gibt jedoch Aufschluß über die von ihr fingierte Realität, wenn man sie aus der Sicht ihrer Funktion: Kommunikation zu sein, bestimmt. Als Kommunikationsstruktur kann sie weder mit der Realität, auf die sie sich bezieht, noch mit dem Dispositionsrepertoire ihrer möglichen Empfänger identisch sein. Denn sie virtualisiert die herrschende Interpretationsgestalt der Wirklichkeit, aus der sie das Repertoire schöpft, genauso wie das Normen- und Wertrepertoire ihrer möglichen Empfänger. Die Nicht-Identität von Fiktion und Welt sowie von Fiktion und Empfänger ist die konstitutive Bedingung ihres kommunikativen Charakters. Die mangelnde Deckung manifestiert sich in Unbestimmtheitsgraden, die zunächst weniger solche des Textes als vielmehr solche der im Lesen hergestellten Beziehung von Text und Leser sind. Unbestimmtheitsgrade dieser Art funktionieren als Kommunikationsantriebe und bedingen die ‚Formulierung' des Textes durch den Leser. Denn die Formulierung ist

die essentielle Komponente eines Systems, von dem man nur eine unvollkommene Kenntnis hat. Diese Unvollkommenheit ergibt sich daraus, daß die umcodierte Geltung des Textrepertoires wohl gewärtigt, der Grund, dem sie entsprungen ist, zugleich aber verschwiegen wird. Ist das Nicht-Gesagte konstitutiv für das, was der Text sagt, so bewirkt seine ‚Formulierung' durch den Leser eine Reaktion auf die manifesten Positionen des Textes, die in der Regel fingierte Realitäten darstellen. Transformiert sich die ‚Formulierung' des Ungesagten zur Reaktion des Lesers auf die dargestellte Welt, dann heißt dies zugleich, daß die Fiktion immer jene Welt transzendierbar macht, auf die sie sich bezieht. „Aufgabe der Kunst ist es weniger, die Welt zu *erkennen*, als Komplemente von ihr hervorzubringen, autonome Formen, die zu den schon existierenden hinzukommen und eigene Gesetze und persönliches Leben offenbaren."[8] Autonome Formen soll heißen, daß hier Positionen entstehen, die aus dem, was sie vermitteln, nicht ableitbar sind. „In diesem Sinne also wäre die Literatur (doch das gilt sicher für jede künstlerische Botschaft) *das bestimmte Bezeichnen eines unbestimmten Gegenstands.*"[9]

Entsteht Unbestimmtheit aus der Bestimmung fiktionaler Texte, Kommunikation zu sein, dann wird diese Unbestimmtheit – soweit sie im Text ‚lokalisierbar' ist – nicht ohne Struktur sein können, zumal sie ihre Funktion durch die dialektische Zuordnung auf die im Text formulierten Bestimmtheiten erhält. Zentrale Strukturen von Unbestimmtheit im Text sind seine Leerstellen wie auch seine Negationen. Sie gilt es als Kommunikationsbedingungen zu begreifen, da sie die Interaktion zwischen Text und Leser in Gang bringen und bis zu einem gewissen Grade regulieren.
[. . .]

Anmerkungen

1 So u. a. Roman Ingarden, *Das literarische Kunstwerk*, Tübingen ²1960, pp. 261 ff. – Nach der Niederschrift dieses Kapitels (1972) fand ich eine sehr verwandte Ansicht zum Fiktionsbegriff in dem Buch von Johannes Anderegg, *Fiktion und Kommunikation*, Göttingen 1973, pp. 97 u. 154f. Er bezieht seine Betrachtung der Kommunikationsleistung des „Fiktivtextes" hauptsächlich auf dessen immanente Strukturierung, so daß der Sachverhalt von ihm in eine andere Richtung entwickelt wird.

2 Charles Morris, *Writings on the General Theory of Signs* (Approaches to Semiotics 16), The Hague 1971, p. 46.

3 Vgl. Siegfried J. Schmidt, *Texttheorie* (UTB 202), München 1973, p. 45; besonders aber H. Blumenberg, „Wirklichkeitsbegriff und Möglichkeiten des Romans", in *Nachahmung und Illusion* (Poetik und Hermeneutik I), ed. H. R. Jauss, München ²1969, pp. 9–27.

4 Zur Funktion des Sinnbegriffs als Komplexitätsreduktion vgl. Niklas Luhmann, *Soziologische Aufklärung*. Opladen ²1971, p. 73.
5 Vgl. dazu Jürgen Habermas und Niklas Luhmann, *Theorie der Gesellschaft oder Sozialtechnologie*, Frankfurt 1971, pp. 32f.
6 Niklas Luhmann, *Zweckbegriff und Systemrationalität* (stw 12), Frankfurt 1973, pp. 182f.
7 Vgl. Habermas/Luhmann, pp. 63f. [= Habermas, J. u. N. Luhmann: Theorie der Gesellschaft oder Sozialtechnologie. Frankfurt/M. 1971.]
8 Umberto Eco, *Das offene Kunstwerk*, übers. von G. Memmert, Frankfurt 1973, p. 46.
9 Ibid., p. 31.

5 *Modell der Textproduktion und Textrezeption*

SCHUTTE, JÜRGEN: Einführung in die Literaturinterpretation. Stuttgart 1985. (= Sammlung Metzler. 217.)

Hier: S. 53–58; 167–175.

[Modell der Textproduktion]
[. . .] Im abgebildeten produktionsästhetischen Textmodell sind vorerst zwei Ebenen zu unterscheiden, nach deren Differenz sich auch die folgenden Abschnitte „Textbeschreibung" und „Kontextanalyse" gliedern. Es handelt sich um die geschichtlich-gesellschaftlichen, biographisch-individuellen und die sprachlich-literarischen Voraussetzungen des jeweiligen Textes, seine *Entstehungsbedingungen*, und um den jeweils konkreten, einmaligen Prozeß der Textkonstruktion, den *Entstehungsprozeß*. Diese beiden sind faktisch natürlich dialektisch miteinander vermittelt, sollen aber dennoch zum Zweck der Übersichtlichkeit nacheinander dargestellt werden.

Wir können drei Klassen von Voraussetzungen unterscheiden: gegenständliche, sozialhistorische und kommunikative. Ihnen entsprechen im Modell die Chiffren TEXTGEGENSTAND, TEXTSITUATION und KOMMUNIKATIONSSITUATION. Wenn wir sagen: Ein Autor stellt einen Ausschnitt der Wirklichkeit in einer spezifischen Form dar, um in einer bestimmten historisch-gesellschaftlichen Situation eine konkrete Wirkung zu erzielen, so ist in dieser allgemeinverständlichen Formel bereits die Trias der Voraussetzungsklassen eines jeden Textes – nicht nur des literarischen – erfaßt.

Zugleich wird deutlich, daß die pragmatische – hier „sozialhistorisch" genannte – Klasse von Voraussetzungen gewissermaßen die Achse des Modells und entsprechend das leitende Interesse der Interpretation ist. Nichts anderes ist ja damit gesagt, daß ein Text nur verstanden ist, wenn er als symbolische Handlung verstanden ist. Hermeneutisch heißt das, den Text als eine Antwort auf eine wie immer formulierte gesellschaftliche oder individuelle Herausforderung verstehen. Um dieser Herausforderung zu begegnen, beginnt der Autor des Textes von einer bestimmten Sache zu reden; er kommuniziert auf diese Weise mit Hilfe der ihm zur Verfügung stehenden sprachlichen (und literarischen) Formen und Medien mit einem (oder mehreren) Adressaten. Die Wahl des Gegenstandes und der literarischen Verfahren erfolgt vom Zweck her; sie sind Mittel. Die möglichen Gegenstände seiner Rede, die Situation, in der er das Wort nimmt, und die kommunikativen Bedingungen sind ihm dabei weitgehend vorgegeben. Wir definieren sie als die *realitätsseitigen Voraussetzungen* seines sprachlichen Handelns, in welche er schreibend zugleich eingreift und die er infolgedessen ein Stück weit seinen Intentionen anzupassen vermag. Diesen gegenständlichen, sozialhistorischen und kommunikativen Gegebenheiten treten die *autorseitigen Voraussetzungen* an die Seite, welche abkürzend mit dem Stichwort STANDORT UND INTERESSEN bezeichnet werden. Diese Formulierung soll anzeigen, daß es im Hinblick auf den Autor objektive und subjektive Faktoren gibt, die bei der Rekonstruktion von Textentstehungsprozessen gegebenenfalls berücksichtigt werden müssen. Objektive Voraussetzungen sind z. B. seine Herkunft, seine Stellung in der Gesellschaft, seine Bildung, gesellschaftliche und individuelle Erfahrungen, Lebensverhältnisse, Kontakte, Zugang zu Medien, literarische Ausbildung usw. Subjektiv sind die durch diese objektiven Faktoren bedingten individuellen Eigenschaften des Autors, seine materiellen, sozialen und kulturellen Interessen, sein Wissen, seine Vorstellungen, seine Wünsche, Hoffnungen, Ängste. In den Chiffren „Standort" und „Interessen" verbinden sich also jeweils objektive und subjektive Faktoren. So ist der Standort eines Autors durch seine *Stellung* im gesellschaftlichen Gefüge, seine Klassen- und Schichtenzugehörigkeit, ebenso definiert wie durch sein *Bewußtsein* von dieser Stellung, sein weltanschauliches und praktisch-politisches Verhältnis zu den gesellschaftlichen Kräften und Auseinandersetzungen (Klassen- bzw. Standesbewußtsein, soziale Mentalität). Auch im Hinblick auf die Interessen könnte man aktuell und subjektiv vorhandene von objektiven, gewissermaßen ‚zurechenbaren' unterscheiden.

Während die Kategorie „Standort und Interessen" eher dazu geeignet ist, die Stellung des Autors im gesellschaftlichen Entwicklungsprozeß seiner Zeit generell zu bestimmen, beziehen sich die in der Textanalyse ebenfalls häufig gebrauchten Begriffe *Situation* und *Disposition* (vgl. etwa H. D.

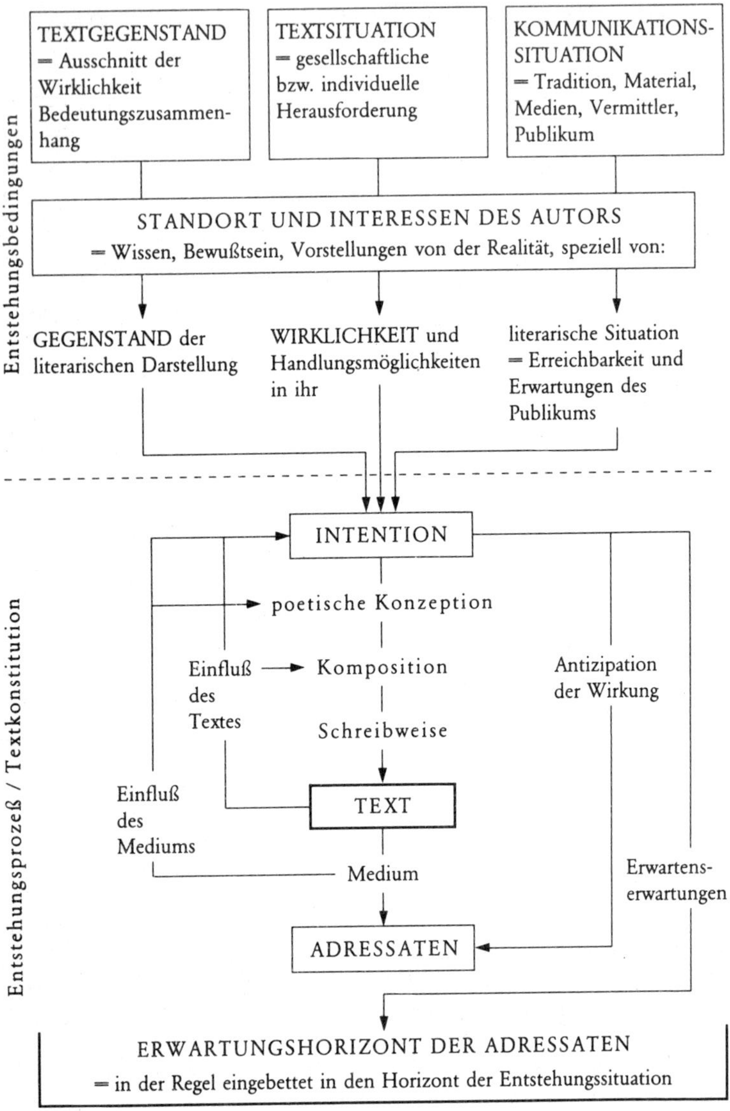

Modell der Textproduktion

Zimmermann 1977, 84f.) auf den Entstehungsprozeß des einzelnen literarischen Werks [...].

In der Unterscheidung dieser Untersuchungsrichtungen ist die Tatsache berücksichtigt, daß im einzelnen literarischen Text nur *bestimmte* Momente und Seiten der Autorsubjektivität widergespiegelt bzw. erkennbar sind.

Die im Modell als „Wissen, Bewußtsein, Vorstellung von der Realität, speziell von ...“ gekennzeichneten Dimensionen bilden zusammen das, was die rezeptionstheoretische Forschung im Begriff des *Autorhorizonts* beschreibt: ein System von geistigen Beziehungen zwischen der Autorsubjektivität und der Wirklichkeit in einem bestimmten historischen Augenblick. Dieser Autorhorizont bildet eine Ausdifferenzierung von „Standort und Interessen des Autors“ im Hinblick auf ein bestimmtes Werk. Er ist mit der INTENTION des Autors, der zentralen Kategorie der Textproduktion, nicht identisch, sondern dialektisch mit ihr vermittelt. Das äußert sich zunächst darin, daß die Intention des Schreibenden als der gemeinsame Fluchtpunkt zweier unterschiedener Horizonte betrachtet werden muß: dem des Autors und dem des intendierten Publikums. Indem der Autor die Wirkung seines konzipierten Werks auf einen Adressaten antizipiert, stellt er sich in jeder Phase des Schreibvorgangs auf den vorgestellten Erwartungshorizont des Publikums ein. Der ADRESSAT als der von ihm intendierte Leser geht also in den Aneignungs- und Vermittlungsprozeß des Gegenstandes mit ein: er wird ebenso zu einem Bestandteil des fertigen Werks wie der Autor selbst (vgl. Babilas 1961, 17). Im Hinblick auf diese *Antizipation der Wirkung* lassen sich die folgenden Fragen formulieren:

- Welche sozialen und literarischen Verhaltensmuster, Erwartungen und Normen setzt der Autor bei seinen Adressaten voraus?
- Wie beurteilt er die Wirksamkeit der angewandten künstlerischen Techniken hinsichtlich einer Stabilisierung bzw. Desautomatisierung dieser Verhaltensmuster und Normen?
- Welche Vorstellungen hat er von der möglichen Reaktion der Adressaten auf den dargestellten Gegenstand und seine Art der Parteinahme?
- Wie schätzt er die aktuelle Situation bzw. Herausforderung im Hinblick auf eine Ansprechbarkeit der Adressaten durch Literatur überhaupt ein?

Neben dem Wissen und den Vorstellungen des Autors von der Realität, von seinen gesellschaftlichen und künstlerischen Zielen und Möglichkeiten, vom Gegenstand seines Textes und der Verfügbarkeit kommunikativer Medien gehen in die Intention also mehr oder weniger distinkte „Erwartenserwartungen“ (Jauß) ein und steuern den Schreibvorgang. In dessen Verlauf verändern sich in der Regel die ursprüngliche Intention und, besonders bei umfangreicheren Werken und längerdauerndem Produktionsprozeß, auch der Autorhorizont. So haben es z. B. realistische Autoren nie verschmäht, durch das Einholen von fachkundiger Information ihr Wissen vom behandelten Gegenstand zu verändern; ähnliches gilt für die Erarbeitung neuer literarischer Techniken zur Lösung bestimmter Darstellungsprobleme. Überhaupt müssen wir uns den Prozeß der Textproduktion als einen Vorgang mit zahlreichen Gegenläufigkeiten, Widerständen, Umwegen und unvorhergesehenen Wendungen vorstellen. Die einmal entworfene „Welt“ mit ihren Figuren, Ereignissen und kommunikativen Zusammenhängen entfaltet vielfach eine Eigenbewegung, in welcher das ideell vorweggenommene Endergebnis des Produktionsprozesses, die poetische Konzeption, nicht unverwandelt bleibt. In der Auseinandersetzung mit dem Gegenstand und dem künstlerischen (und sprachlichen) Material arbeitet der Autor seine Intention durch, modifiziert, erweitert, vertieft sie gegebenenfalls. Zuweilen sieht er sich auch gezwungen, eine poetische Konzeption aufzugeben, um seine Intention auf andere Weise zu realisieren. [...] Die verschlungene Prozeßhaftigkeit des Schreibvorgangs kann jedenfalls im Modell, d. h. in graphischer Form, nur sehr ungenügend dargestellt werden. Sie ist im Gegensatz zu Schulte-Sasse/Werner (1977, 204f.) hier nicht als „Zwang“, sondern als Einfluß von Medium und Text, d. h. vor allem der Gattungswahl und der bereits fertiggestellten Textteile, auf den Schreibvorgang angezeigt; denn es gibt in dieser Hinsicht ja auch förderliche Wirkungen.

[...]

[Modell der Textrezeption]

[...] Der Umriß des Modells zeigt an, daß die Rezeption als ein Vermittlungsprozeß zwischen Leserhorizont und Autorhorizont gedacht wird, welcher von der Gegenwart der Rezeptionssituation umgriffen ist. Da diese im Modell angenommene zentrale Stellung des Autors auch in der rezeptionsästhetischen Analyse in der Literaturwissenschaft keineswegs selbstverständlich ist, soll sie hier kurz erläutert werden. Der Leser braucht den Autor (Weinrich 1979). Er hat nicht nur ein Interesse an der Kommunikation mit ihm, sondern er kann den Text ohne ihn gar nicht verstehen. Wenn es richtig ist, daß das Textverstehen, ebenso wie die Textproduktion, ein soziales Handeln ist, so besteht dieses vor allem darin, daß der Leser das Projekt eines „alter ego“ realisiert, d. h. daß er sich mit einem anderen Subjekt in einem gemeinsamen Handlungsfeld treffen muß. Nicht bestritten, sondern erst auf dieser Grundlage verstehbar ist, daß jeder Leser das Werk aus unterschiedlichen Blickrichtungen rezipiert. Er wird also nicht immer nach dem Autorsubjekt fragen, sondern je nach den dominierenden Interessen, wechselnden Aspekten und Funktionen des Werks zugewandt sein. Das ändert jedoch nichts an der Tatsache, daß Texte überhaupt nur im Blick auf ein Text produzierendes Subjekt verstanden werden können.

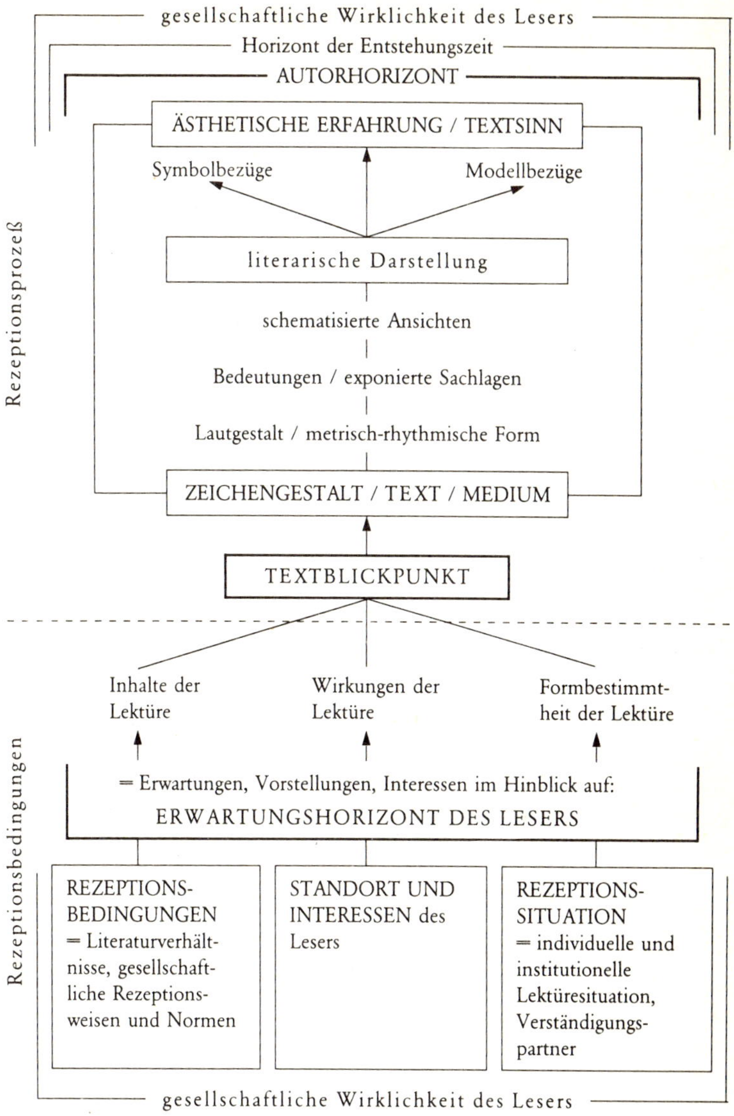

Modell der Textrezeption

Dies ist allerdings nicht der Autor als historische Person, sondern die in dem Text ‚eingeschriebene' Subjektivität, d. h. der implizite Autor.

Wenn also gesagt wird, daß der Autor in der rezeptionsästhetischen Analyse unentbehrlich ist, so ist dies zu differenzieren. Wir lesen und verstehen fiktionale Texte vor einem Horizont, den wir im Lesevorgang erst konstituieren. Die produktionsästhetische Analyse hat die Aufgabe, herauszuarbeiten, in welchem Verhältnis der uns unbekannte, wirkliche Autor zu diesem bei der Lektüre vorauszusetzenden und entstehenden „Autor im Text" steht. Erst durch diese Reflexion kann Textverstehen als Fremdverstehen realisiert werden.

Die Vorstellung, man könne ohne Bezug auf ein textproduzierendes Subjekt überhaupt verstehen, bzw. Verstandenes erkennen, ist die Folge sowohl der Autonomievorstellungen, welche die bürgerliche Literatur in den letzten zweihundert Jahren begleiten und in ihrem Zusammenhang ausgebildet wurden, als auch der damit in systematischem Zusammenhang stehenden Auffassung von Fiktionalität als Gegensatz der Wirklichkeit, die es ja in der Tat erlaubt, das Werk ohne jeden Bezug auf den Autor als biographische Person und die wirklichen Verhältnisse seiner Entstehungssituation zu lesen. Aber die Historisierung des eigenen Verstehens ist ohne den Bezug auf einen von uns unterschiedenen, historischen Horizont nicht möglich. Die Frage nach dem Autorhorizont ist also schon aus hermeneutischen Gründen aus der Interpretation nicht auszuklammern. Sie stellt sich in zweifacher Richtung:

- als Frage nach der wirklichen Autorsubjektivität, welche sich im Werk ausdrückt;
- als Frage nach der historisch-gesellschaftlichen Situation und Herausforderung, auf die das Werk reagiert.

Diese beiden Aspekte sind selbstverständlich nicht getrennt, sondern stets in ihrer Beziehung aufeinander zu sehen. Wir vergegenwärtigen in der Lektüre die Entstehungssituation allein aus der Perspektive des Autors und wir erfahren dessen Subjektivität ausschließlich aufgrund ihrer Reaktion auf die historische Konfliktsituation und den individuellen Schreibanlaß.

[...]

Die Blickrichtung der Interpretation geht *immer* vom Rezipienten zum Autor. Sie läßt sich nicht umkehren und in ihr läßt sich der Autorhorizont als ein vorausgesetzter Hintergrund des Textes und seines Verstehens und Erkennens nicht aussparen. Anders ist es mit dem Blick auf den eigenen Horizont. Dieser ist Implikation des eigenen Verstehens und nicht des Textes. Der Leser aktualisiert, indem er liest, Momente des eigenen Erwartungshorizonts, welche durch eine Reflexion des Rezeptionsresultats teilweise in den Blick kommen und intersubjektiv kommunizierbar gemacht werden können. Dieser Vorgang ist gemeint, wenn davon die

Rede ist, daß der Interpret, auch der Interpret fremder Rezeptionszeugnisse, seinen Standort definieren solle. Ebensowenig wie wir die Blickrichtung umdrehen können, um etwa vom Autor her den Text zu erläutern, können wir davon absehen, daß alles Interpretieren stets umgriffen ist vom Horizont unserer eigenen Wirklichkeit. Alle Erfahrung von Vergangenheit erfolgt in einem Augenblick der Gegenwart, und das Verstehen, das diesen Horizont durch Vermittlung mit dem eines vergangenen Subjekts überschreitet, verändert damit diesen Horizont, macht ihn dadurch aber nicht weniger gegenwärtig.

Wie im Modell der Textproduktion lassen sich auch in dem der Textrezeption zunächst zwei Ebenen unterscheiden: der Rezeptions*prozeß* und die Rezeptions*bedingungen.* Ein wesentlicher Unterschied zwischen beiden Modellen liegt allerdings in der Stellung, welche der Text in ihnen jeweils hat. Er ist *Vorgabe,* d. h. Gegenstand der textrezipierenden Tätigkeit, und *Aufgabe,* d. h. Ziel der textrezipierenden Tätigkeit. In der Textrezeption gehört der fertige Text also zu den Voraussetzungen und steuert die rezeptive Aktivität von Anfang an, während er in der Produktion allenfalls in seinen bereits vorliegenden oder konkret konzipierten Teilen auf die Aktivität des Autors zurückwirkt.

Die formale Rezeptionstheorie beschreibt den Lesevorgang als eine Vermittlung zwischen Appellstruktur des Textes und Interessenstruktur des Lesers. Es handelt sich um die Konstitution eines Textsinns auf der Grundlage einer ästhetischen Erfahrung. Die pragmatische Achse dieses Vorgangs ist im Modell als imaginäre Linie von STANDORT UND INTERESSE des Lesers über dessen Textblickpunkt zum Textsinn erkennbar. Mit dem Begriff TEXTBLICKPUNKT bezeichne ich den virtuellen, durchaus nicht starr festliegenden Fokus der in der Lektüre ablaufenden Verstehensprozesse. Er kann mit dem Blickpunkt des „impliziten Lesers" zusammenfallen, muß es aber nicht. Er ist – metaphorisch gesprochen – der Fluchtpunkt der Linien, welche der Leser durch den vom Text eröffneten imaginären Spielraum legt und kann sich ggf. in der Realisierung einer Leserrolle konkretisieren.

Wenden wir uns zunächst den *textseitigen Voraussetzungen* der Rezeption zu, so wird der Text als eine aus heterogenen Schichten aufgebaute, komplexe Struktur sichtbar, deren „Durcharbeitung" dem Leser im Lesevorgang (und erst recht in der Interpretation) abverlangt wird. Diesen Arbeitsvorgang, der sich in den Stufen Konstituierung, Perspektivierung und Modalisierung beschreiben läßt (vgl. Stierle 1975 b), werde ich im folgenden Abschnitt genauer besprechen. Hier sollen zunächst die im Modell angedeuteten Ebenen des Textes kurz charakterisiert werden, wie sie in der rezeptionstheoretischen Diskussion, ausgehend von den Überlegungen Roman Ingardens – meist zugrunde gelegt werden. Es sind dies:

- die Schicht der *Lautgestalten* (bzw. Zeichengestalten) einschl. der metrischen und rhythmischen Gegebenheiten, die als eine zeitliche Strukturierung des konkreten Lesevorgangs realisiert werden;
- die Schicht der *Bedeutungen,* welche als eine vom Text exponierte Folge von Sachlagen erfaßt werden;
- die Schicht der *schematisierten Ansichten* (Ingarden), nach denen die vom Text exponierten Sachlagen perspektiviert werden;
- die Schicht der *literarischen Darstellung,* welche im Lesevorgang als eine ganzheitliche Gestalt aufgebaut wird, einschließlich der Symbol- und Modellbezüge.

„Kern der Bedeutung eines literarischen Textes ist die Beziehbarkeit einer Folge von Zeichengestalten auf eine literarische Darstellung" (Naumann u. a. 1973, 305). Diese ist definiert als eine „‚Schilderung durch den Geist' (Goethe), die in der Rezeption als gegenwärtig, wirklich, lebendig gelten kann" (ebd., 311). Die literarische Darstellung ist deswegen im Modell besonders hervorgehoben, weil ihr Aufbau das primäre Ziel der Lektüre ist. Wir sagen: Der Roman erzählt eine Geschichte und baut dabei eine „Welt" auf, in der sich die Figuren bewegen, handeln, leiden, kämpfen usf. Diese „Welt" als literarische Darstellung existiert nicht in der Zeichenkette, welche der Text ist, sondern wird in der Vorstellung des Lesers aufgebaut (so wie sie zuvor, in anderer Weise, in der Vorstellung des Autors existierte). Um diesen Aufbau leisten zu können, muß der Leser die im Text exponierten Bedeutungen, welche in ihrer Gesamtheit das *Textrepertoire* (Wolfgang Iser) bilden, zu einer Folge von Sachlagen konstituieren. Diese werden im gleichen Vorgang perspektiviert (aus einer sukzessiven Folge zu raum-zeitlichen Vorstellungsgestalten umgeformt) und schließlich modalisiert, d. h. auf vorauszusetzende Sachverhalte bezogen. Ausgangspunkt und Grundlage dieser Aktivität bilden neben den exponierten Satzbedeutungen vor allem diejenigen semantischen und semiotischen Eigenschaften des Textes, welche die Rezeption lenken und zusammengefaßt als *Textstrategie* (Iser) bezeichnet werden können. Der Aufbau der literarischen Darstellung schließt eine Realisierung der *Symbolfunktion* und der *Modellfunktion* ein, welche der literarischen Darstellung stets inhärent sind.

[. . .]

Die im Schema bezeichneten Funktionen, sowohl die Darstellungsfunktion des Textes als auch die Symbol- und Modellfunktion der Darstellung, beruhen auf der Beziehbarkeit der einzelnen Textebenen auf gesellschaftliche Systeme und Fähigkeiten: Auf „die Sprache, die Darstellungsweisen, das gesellschaftliche Bewußtsein in seinen kognitiven und axiologischen Aspekten" (ebd., 313). Wir können aus der Zeichenkette (vermittelt durch

Medien) nur einen Text konstituieren, soweit wir über Lese-Fähigkeit im weiteren Sinne verfügen; wir können auf der Grundlage des Textes nur eine literarische Darstellung aufbauen, soweit wir unsere Kompetenz zur Sprachverwendung sowie zur Identifikation und Verwendung der literarischen Darstellungsweisen mobilisieren; wir können in dieser Darstellung nur Symbol- und Modellbezüge realisieren aufgrund unserer Wirklichkeitserfahrung und unserer je konkreten Beziehung zu den Konventionen und Normen unserer Lebenswelt.

Mit diesem Hinweis auf die Standort- und Interessengebundenheit der Sinnkonstitution kommen die *leserseitigen Rezeptionsvoraussetzungen* in den Blick.

Der im Modell angezeigte ERWARTUNGSHORIZONT ist der Horizont eines *realen* Lesers, auf den sich im Zusammenhang einer Textinterpretation rezeptionsästhetische Aussagen zunächst beziehen. Dieser individuelle, gegenwärtige Erwartungshorizont steht stets in einem synchronen, dialektischen Verhältnis zu anderen individuellen und kollektiven Erwartungen und Normen, als deren Gegenüber und Bestandteil er erfahren wird. Und er steht im diachronen Verhältnis zu eigenen früheren Lese-Erfahrungen und Erwartungen künftiger literarischer Praxis, sofern wir die Lektürebiographie eines Lesers als einen lebensgeschichtlich fundierten Wandel von Horizonten beschreiben können. Nicht zuletzt um „unseren Horizont zu erweitern“ lesen wir ja.

Lektüre-Erwartungen und -Interessen richten sich auf Unterschiedliches im und am Text. Da sie selbst unübersehbar vielfältig sind, können sie nur vereinfacht als Erwartungs*klassen* ins Modell eingehen. Als einprägsame Formel für diese denkbaren Interessenrichtungen gilt: Wir wollen etwas *aus* Literatur erfahren, etwas *durch* Literatur erfahren, etwas *über* Literatur erfahren. Hierin artikulieren sich ein inhaltliches, ein funktionales und kommunikatives Interesse, die im konkreten Fall selbstverständlich nicht getrennt voneinander existieren, sondern jeweils zusammen, wobei es dann darauf ankommt, die jeweiligen Präferenzen herauszuarbeiten:

- Interessiert *am Inhalt* des Textes fragt der Leser nach der dargestellten Wirklichkeit, nach der Subjektivität des Autors bzw. nach der Entstehungssituation;
- interessiert am *Effekt* der Lektüre thematisiert der Leser die Funktionen, welche das Lesen für ihn haben kann; deren umfassendste Gruppierung ergibt sich aus der klassischen Formel „prodesse aut delectare“ (Belehrung oder Genuß);
- im Hinblick auf die *Formbestimmtheit* der Lektüre interessiert sich der Leser zunächst für das Verhältnis zwischen den Darstellungsweisen des Textes und seiner eigenen Lese-Fähigkeit; er fragt nach dem Verhältnis

der literarischen Techniken zu seiner Lese-Kompetenz, nach ihrer Bedeutung für die literarische Praxis, in die er lesend einbezogen ist.

Im Begriff des Erwartungshorizonts sind also, abweichend von der Definition etwa bei Hans Robert Jauß, nicht nur *literarische* Normen und Erwartungen angesprochen, sondern *alle* lebensweltlichen Normen überhaupt, soweit sie [...] den konkreten Lese-Vorgang mitbestimmen.

Erwartungen und Interessen, mit denen der Lesende an den Text herangeht, lassen sich beschreiben als ein Code von Normen, ein Regelsystem, von dem her und in Relation zu dem der Text rezipiert wird. Unter diesem Aspekt erscheinen die Rezeptionsvoraussetzungen als ein *Interpretationssystem,* zu dem in der rezeptionsästhetischen Analyse das beschriebene Werksystem ins Verhältnis gesetzt wird. Dieses System von „Sprachen", aufgrund derer der Rezipient den Text versteht, ist primär fundiert in der Alltagssprache zum Zeitpunkt der Rezeption, umfaßt aber, darauf aufbauend, weitere Dialekte, Soziolekte, sowie die literarischen und lebensweltlichen Normensysteme aller Art.

Wird der Erwartungshorizont auf diese Weise sichtbar als eine Momentaufnahme des aktuellen „Wissens von Welt", vor welchem der Lese-Vorgang sich abspielt, so ist dieser doch faktisch in Gang gesetzt von Bedürfnissen und Motivationen, die sich auf die erwartete Wirkung der Lektüre für den gegenwärtigen Lebenszusammenhang beziehen. In pragmatischer Perspektive fragt die Rezeptionsanalyse daher nach der dem Leser-Horizont eingezeichneten *Interessenstruktur*: warum und worauf eine oder einer liest.

Mit dieser Differenzierung des Leser-Horizonts ist der Tatsache Rechnung getragen, daß es auch im Lese-Vorgang stets eine Dialektik von Verstehen, Auslegen und Anwenden gibt: die rezeptionsästhetische Analyse fragt also nicht nur nach den aktualisierten Erfahrungen, Erwartungen, Kenntnissen, sondern auch nach den die Lektüre anstoßenden und leitenden Interessen. Der Leser rezipiert den Text vor seinem Erwartungshorizont, perspektiviert ihn jedoch mindestens *auch* auf eine praktische Funktion und Bedeutung hin.

Es ergibt sich also, im Hinblick auf den je konkreten Leser-Horizont, eine zweifache Untersuchungsrichtung:

- welches Wissen von der Realität, welche sozialen, kulturellen, literarischen Normen werden im Lese-Vorgang durch ihre Aktualisierung sichtbar?
- Welche Lese-Interessen haben, als vorauszusetzende oder während der Lektüre aktivierte, Einfluß gehabt auf die im Rezeptionsresultat greifbare sinnkonstituierende Tätigkeit?

Sind mit den individuellen Erwartungen und Interessen des Lesers die subjektiven Rezeptionsvoraussetzungen annähernd deutlich geworden, so sollen abschließend die umgreifenden, die Rezeptionshaltung des einzelnen ihrerseits bedingenden *objektiven Rezeptionsvoraussetzungen* an ihren Platz im Modell gestellt werden.

STANDORT UND INTERESSEN des Lesers bestimmen auch seine Einstellung gegenüber der Literatur überhaupt sowie dem einzelnen, jeweils gelesenen Werk. Sie sind im Hinblick auf die Person determiniert durch Alter, Geschlecht, gesellschaftliche Herkunft und Erfahrungen, materielle und kulturelle Lebensbedingungen, Bildungsgang, Lektüre-Biographie und Lektüre-Gewohnheiten.

In die Kategorie REZEPTIONSBEDINGUNGEN gehen diejenigen Faktoren ein, welche unter anderem Blickwinkel als das Gesamt der Literaturverhältnisse beschrieben wurden [...]: Gesellschaftliche Bedeutung der Literatur und des Lesens, institutionelle Voraussetzungen der Literaturproduktion und -distribution; Vermittlung und Präsentation des jeweils konkreten Werks (und Autors) in den (und durch die) Institutionen (Buchhandel, Bibliotheken, Kritik, Wissenschaft, Schule). Dabei ist selbstverständlich davon auszugehen, daß der einzelne Leser diesen Bedingungen nicht zwingend unterworfen ist, in ihnen nur ‚reagiert'; er kann sich in ihnen vielmehr relativ eigenständig verhalten, wobei die Grenzen seiner Bewegungsfreiheit wiederum von den gegebenen individuellen Voraussetzungen abhängig sind.

Schließlich ist bei der rezeptionsästhetischen Untersuchung die gegebene REZEPTIONSSITUATION von erheblicher Bedeutung. Das betrifft sowohl die vorauszusetzende Lese-Haltung als auch das Zustandekommen und den konkreten Status der Les-Arten, welche ja immer sowohl situations- als auch adressatenbezogen geäußert werden. [...]

[Aufschlüsselung der in Kurzform gegebenen Literaturhinweise]

[Textproduktion]

Babilas 1961	Babilas, Wolfgang: Tradition und Interpretation. Gedanken zur philosophischen Methode. München 1961.
Schulte-Sasse/ Werner 1977	Schulte-Sasse, Jochen; Werner, Renate: Einführung in die Literaturwissenschaft. München 1977. (= UTB 640.)
Zimmermann 1977	Zimmermann, Hans-Dieter: Vom Nutzen der Literatur. Vorbereitende Bemerkungen zu einer Theorie der literarischen Kommunikation. Frankfurt 1977. (= edition suhrkamp. 885.)

[Textrezeption]

Naumann 1973	Naumann, Manfred u. a.: Gesellschaft-Literatur-Lesen. Literaturrezeption in theoretischer Sicht. Berlin (DDR)/Weimar 1973.
Stierle 1975 b	Stierle, Karlheinz: Was heißt Rezeption bei fiktionalen Texten? In: Poetica 7, 1975, S. 345–387.
Weinrich 1983	Weinrich, Harald: Der Leser braucht den Autor. In: Identität. Hrsg. von Odo Marquardt und Karlheinz Stierle. München 1979. (= Poetik und Hermeneutik. 8.) S. 722–724.

[Anmerkung: Eine Reihe von falschen Angaben im Original wurden stillschweigend berichtigt.]

6 *Begriffe und Probleme der Erzähltheorie*

FELLINGER, RAIMUND: Zur Struktur von Erzähltexten. In: Literaturwissenschaft. Grundkurs 1. Hrsg. v. Helmut Brackert und Jörn Stückrath in Verbindung mit Eberhard Lämmert. Reinbek 1981. S. 338–352. (© Rowohlt Verlag)

Hier: S. 341–352.

[...]

Methodologische Vorüberlegungen

Die Frage, zu deren Beantwortung im folgenden einige Grundlagen bereitgestellt werden, lautet demnach: Wie ist die Struktur der literarischen Erzählung beschaffen? – Um diese Frage beantworten zu können, ist zunächst zu klären, was überhaupt unter der Struktur eines Textes verstanden werden kann. In der neueren Erzählforschung wird die literarische Erzählung als ein komplexes, aus mehreren Bedeutungskomponenten zusammengesetztes Bedeutungsganzes verstanden. Daraus folgt, daß die verschiedenen Bedeutungskomponenten oder Bedeutungsebenen, deren Zusammenwirken die Gesamtbedeutung der literarischen Erzählung hervorbringt, bestimmt werden müssen. Diese Aufgabe kann in drei Teilaufgaben untergliedert werden:

- Welche verschiedenen Bedeutungsebenen müssen innerhalb der literarischen Erzählung unterschieden werden?
- Welches sind die Elemente der einzelnen Ebenen, und in welcher Relation stehen sie zueinander?
- Wie sind die Beziehungen zwischen den unterschiedenen Bedeutungsebenen beschaffen?

Die Struktur der literarischen Erzählung ist dann bestimmt, wenn diese Aufgaben gelöst sind. Allgemein gesprochen: Die Struktur der literarischen Erzählung ist ein Modell des Bedeutungsaufbaus der literarischen Erzählung. Für die Vorgehensweise bei der Erarbeitung eines solchen Modells ergeben sich aus diesen Überlegungen verschiedene Konsequenzen: Ein Aspekt der literarischen Erzählung darf nur dann als ‚Bedeutungsebene' angenommen werden, wenn gezeigt werden kann, auf welche Weise sie sich innerhalb des Bedeutungsganzen der literarischen Erzählung von anderen Bedeutungsebenen unterscheidet und welchen Beitrag sie zur Gesamtbedeutung leistet.

Die Relevanz dieser methodologischen Überlegungen sei an einem Beispiel demonstriert: T. Todorov hat den Versuch unternommen, anhand einer Analyse des *Decamerone* eine Grammatik zu erstellen, die den erzählten Geschichten zugrunde liegt. Zu diesem Zweck hat er die jeweilig besondere Art und Weise, in der die Geschichte erzählt wird, nicht berücksichtigt und ein Resümee für jede Erzählung angefertigt, das die erzählte Geschichte wiedergeben soll. Über das Verfahren, wie man zu einem Resümee gelangen kann, macht Todorov keine Angaben. Da seine weiteren Untersuchungen jedoch auf diesen Zusammenfassungen basieren, untersucht Todorov, wie er selbst eingesteht[1], nicht eigentlich das *Decamerone,* sondern die von ihm hergestellten Resümees der im *Decamerone* erzählten Geschichten. Das Verfahren Todorovs leidet also darunter, daß er nicht angibt, wie man in intersubjektiv überprüfbarer Weise vom vorliegenden Text zum Resümee gelangen kann.[2] Abstrakt formuliert: Todorov gibt nicht an, in welcher Beziehung eine Bedeutungsebene – die Ebene der erzählten Geschichte – zu einer anderen Bedeutungsebene steht.

Hat man die Frage, was unter der Struktur der literarischen Erzählung zu verstehen sei, beantwortet, so kann das Problem, welches die Elemente dieser Struktur sind, das heißt, welche Bedeutungsebenen anzunehmen sind, näher betrachtet werden. Obwohl die Lösung dieses Problems für die Strukturanalyse der literarischen Erzählung von fundamentaler Bedeutung ist, liegt in der gegenwärtigen Erzählforschung bisher kein Modell vor, das allgemeine Zustimmung gefunden hätte: Man kann, sieht man von methodologischen Unterschieden zwischen den Theorien ab, die einzelnen Erzähltheorien vielmehr danach klassifizieren, welche und wie viele Bedeutungsebenen in ihnen definiert werden. Die Anzahl der Ebenen reicht dabei von zwei bis fünf, und selbst Theorien, die die gleiche Anzahl von Ebenen unterscheiden, definieren diese in unterschiedlicher Weise. Angesichts dieses Befundes können die im folgenden unterschiedenen Bedeutungsebenen nur hypothetischen Charakter haben; sie dienen vor allem dazu, die Probleme, die bei der Analyse bestimmter Aspekte der literarischen Erzählung entstehen, in systematischer Weise zu verdeutlichen und zu diskutieren.

Die Ebene der Geschichte

Unabhängig von der Art und Weise, wie die Geschichte erzählt wird (ob z. B. in chronologischer Ordnung oder vom Ende her, ob von einem allwissenden Erzähler oder von einer in die Geschichte verstrickten Person), läßt sich als erste Bedeutungsebene der literarischen Erzählung die Ebene der Geschichte[3] bestimmen. Die Hypothese, die zur Annahme einer solchen Bedeutungsebene führt, lautet, daß in jeder literarischen Erzählung auf jeden Fall auch ein Geschehen oder eine Geschehensfolge erzählt wird. Da die Erzählforschung allen Möglichkeiten der Darbietung einer literarischen Erzählung Rechnung tragen muß, kann die Kennzeichnung dieser ‚Geschichte' nur eine sehr allgemeine sein: Die Geschichte, die erzählt wird, schildert erstens den Übergang von einem Zustand in einen anderen, von diesem Anfangszustand unterschiedenen Zustand; an den Zuständen bzw. dem Übergang von einem Zustand zum anderen sind zweitens menschliche oder anthropomorphisierte Wesen beteiligt.

Als umfassende Elemente dieser Bedeutungsebene können folglich (1) zwei unterschiedliche Zustände, (2) die Relation, die zwischen diesen Zuständen besteht, und (3) die beteiligte(n) Person(en) unterschieden werden. Um zu einer näheren Bestimmung von Anfangs- und Endzustand zu gelangen, ist es notwendig, die Relation, die zwischen ihnen besteht, näher zu untersuchen. In der Erzählforschung wird diese Relation in zwei unterschiedlichen Weisen definiert. Die Relation zwischen den beiden Zuständen wird von manchen Theoretikern als zeitliche Abfolge aufgefaßt; der Anfangszustand ist in dieser Auffassung der von der Geschichte als zeitlich erster genannte Zustand, der Endzustand der letzte auf den Anfangszustand folgende Zustand. Als klassisches Beispiel für diese Interpretation der Relation zwischen Anfangs- und Endzustand kann die Geschichte gelten, die das Leben einer Person von der Geburt bis zum Tode erzählt.

Einer anderen Auffassung zufolge ist die Beziehung zwischen Anfangs- und Endzustand eine logische: Der Endzustand steht in konträrer Relation zum Anfangszustand. Der Übergang von einem Zustand zu seinem konträren Pol wird dieser Interpretation zufolge zwar als in der Zeit ablaufend dargestellt; die zeitliche Relation ist jedoch nur eine von der Kontraritätsrelation abgeleitete. Als Beispiel für diese Auffassung kann ebenfalls die Geschichte gelten, die das Leben einer Person von der Geburt bis zum Tode enthält; allerdings ist nach der zweiten Auffassung das Kennzeichen des Anfangszustandes ‚Geburt' nicht seine zeitliche Priorität vor dem Endzustand ‚Tod', sondern dessen konträre Bedeutungskomponente ‚Leben'.

[...]

Die Ebene der Erzählweise

Als zweite, innerhalb der Gesamtbedeutung der literarischen Erzählung abgrenzbare Bedeutungsebene kann die Ebene der Erzählweise bestimmt werden. In jeder literarischen Erzählung wird die erzählte Geschichte in einer bestimmten Weise erzählt: Die Erzählung kann mitten in der Geschichte einsetzen und die Vorgeschichte an einem beliebigen Punkt rekapitulieren; die Ereignisse eines Tages können ausführlich geschildert werden, es können jedoch auch die Ereignisse von Jahren in einem einzigen Satz zusammengefaßt oder sogar übersprungen werden; die Geschichte kann aus der Sicht einer Person betrachtet werden, die gleiche Geschichte kann zweimal aus entgegengesetzter Sicht geschildert werden usw. Diese verschiedenen Möglichkeiten, wie eine Geschichte erzählt werden kann, werden auf der Ebene der Erzählweise analysiert.

Die große Vielfalt der möglichen Verfahren, eine Geschichte zu erzählen, kann mit Gérard Genette (siehe Literaturhinweise) in zwei unterschiedliche Klassen aufgegliedert werden: in eine erste Klasse, die die zeitlichen Modifikationen der Geschichte durch die Erzählweise, und in eine zweite Klasse, die die Möglichkeiten der unterschiedlichen Darbietung der Informationen über die erzählte Geschichte erfaßt. In die erste Kategorie fällt die Untersuchung der verschiedenen Weisen der Aufhebung der chronologischen Ordnung der Geschichte, in die zweite die Analyse des ‚point of view' und der verschiedenen Möglichkeiten der Erzählung, Gespräche von Personen wiederzugeben.

Die zeitlichen Beziehungen zwischen Geschichte und Erzählweise

Die zeitlichen Veränderungen, denen die Geschichte durch die Erzählweise unterworfen werden kann, sind in der Erzählforschung unter der Überschrift ‚Erzählzeit und erzählte Zeit' einer relativ umfassenden Analyse unterzogen worden. Dieses von Günther Müller[4] geprägte Begriffspaar, das die zeitlichen Aspekte der Erzählweise durch die Untersuchung der Relation zwischen der Zeit der Geschichte (erzählte Zeit) und der Zeit der Erzählung (Erzählzeit) bestimmt, wurde von Eberhard Lämmert und G. Genette zur Grundlage systematischer Untersuchungen gemacht. Die Definition der erzählten Zeit bereitet bei diesen Analysen keine Schwierigkeiten: Die erzählte Zeit wird von der der Aufeinanderfolge der Ereignisse zugrundeliegenden Chronologie gebildet, die man in Stunden, Tagen, Jahren usw. messen kann. Die Erzählzeit dagegen kann mit solchen Kategorien nur gemessen werden, wenn man sie als Lesezeit, als die Zeit, die zur Lektüre der Erzählung notwendig ist, versteht. Da die Zeit der Lektüre von Leser zu Leser variiert, führt eine solche Bestimmung der

Erzählzeit zu Schwierigkeiten. G. Müller bestimmt die Erzählzeit als die „Zeit, die das Erzählen einer Geschichte beansprucht“, und mißt sie in Seiten. Dadurch wird die Erzählzeit zu einem Phänomen der räumlichen Erstreckung.

Mit G. Genette kann die Relation zwischen Erzählzeit und erzählter Zeit in drei unterschiedlichen Aspekten untersucht werden. Ein Aspekt dieser Relation wird durch das Verhältnis zwischen der (chronologischen) Ordnung der Geschichte und der Reihenfolge, in der diese Geschichte erzählt wird, gebildet. Unter diesem Gesichtspunkt können die verschiedenen Formen der Vorausdeutung und Rückwendung untersucht werden, ebenso die Reichweite der Rückwendungen und Vorausdeutungen usw.

Ein weiterer Aspekt, unter dem die Relation zwischen Erzählzeit und erzählter Zeit betrachtet werden kann, betrifft die Häufigkeit, in der gleiche Ereignisse der Geschichte auf der Ebene der Erzählweise wiederholt werden. In dieser Dimension lassen sich mit Genette repetive Erzählweisen (ein Ereignis der Geschichte wird mehrmals erzählt) von iterativen Erzählweisen (ein wiederholt auftretendes gleiches Ereignis wird nur einmal erzählt) und singulativen Erzählweisen (ein einmaliges Geschehen wird einmal erzählt bzw. mehrere identische Ereignisse werden mehrmals erzählt) unterscheiden.

Der dritte Aspekt der Relation zwischen Erzählzeit und erzählter Zeit bezieht sich auf das Verhältnis zwischen der Dauer der Ereignisse der Geschichte und der Dauer der Erzählung dieser Ereignisse. Da die Erzählzeit, wie dargelegt, nicht mit zeitlichen Parametern gemessen werden kann, können die Modifikationen der erzählten Zeit durch die Erzählzeit in bezug auf die Dauer der Ereignisse nur bestimmt werden als Modifikation der Relation zwischen der zeitlichen Ausdehnung der Ereignisse der Geschichte und der Länge (Sätze, Seiten) der Erzählung dieser Ereignisse. Als Maßstab für die Variation der Dauer der Erzählzeit gegenüber der erzählten Zeit muß eine konstante Relation zwischen einer Zeiteinheit der Ebene der Geschichte (z. B. ein Tag) und einer Längeneinheit der Ebene der Erzählweise (z. B. eine Seite) angenommen werden. Wenn die Zeitabschnitte der Geschichte in einer, auf den Maßstab der Gleichheit bezogenen Weise, geringeren Länge erzählt werden, liegt eine Zeitraffung vor; werden die Ereignisse in längeren Abschnitten dargelegt, kann man von Zeitdehnung sprechen. Die verschiedenen Formen von Zeitraffung und Zeitdehnung sind von E. Lämmert detailliert untersucht worden (s. S. 215).

Point of view, Distanz

Die zweite Klasse der unterschiedlichen Möglichkeiten, eine Geschichte zu erzählen, betrifft die Art und Weise, in der die Informationen über die

Geschichte gegeben werden. Innerhalb dieser zweiten Klasse lassen sich mit Genette zwei Phänomene unterscheiden: zum einen die Erzählperspektive oder der ‚point of view', zum andern die Distanz gegenüber der Geschichte, wie sie in der Erzählweise zum Ausdruck kommt.

Die Untersuchung der Erzählperspektive, also des Blickwinkels, unter dem die Geschichte dargeboten wird, besitzt in der Erzählforschung zwar eine lange Tradition; sie führte aber weder zu einer einheitlichen und präzisen Definition noch zu allgemein akzeptierten Typen von Erzählperspektiven.

In einer der ersten umfassenden Untersuchungen des ‚point of view' geht Norman Friedman von den verschiedenen Arten der Anwesenheit oder Abwesenheit des Erzählers aus und erstellt eine Skala, die von ‚editorial omniscience' (die Geschichte wird von einem allwissenden Erzähler dargeboten) über ‚selective omniscience' (die Geschichte wird aus der Perspektive einer in die Geschichte involvierten Person erzählt) bis zur Erzählperspektive der ‚Camera' (die Geschichte wird anscheinend ohne Eingriffe eines Erzählers oder einer Person so dargeboten, als sei sie der Ausschnitt eines auch ohne anwesende Personen ablaufenden Geschehens) reicht.

In einer neueren Untersuchung wendet B. Uspenskij den Begriff des Standpunktes, von dem aus erzählt wird, auf die Ideologie des Autors, die sprachliche Darbietung der Erzählung, die Zeit- und Raumbestimmungen und die Darstellung der Personen an und unterscheidet auf allen Ebenen zwischen einem Außen- und einem Innenstandpunkt. Um der Gefahr zu entgehen, heterogene Sachverhalte unter einen Begriff zu subsumieren und den Begriff dadurch für die Analyse literarischer Erzählungen unbrauchbar zu machen, sollte er in seinen Anwendungsmöglichkeiten eingeschränkt werden auf die Untersuchung der Frage, wer die Geschichte wie sieht. Die Ereignisse der Geschichte können von einem Punkt, der innerhalb einer Person liegt, und von einem Standpunkt außerhalb der Person beschrieben werden; diese Person kann ihrerseits außerhalb der Geschichte stehen und sie als Ganzes überblicken, oder sie kann in die Geschichte als handelnde Person verstrickt sein. Diese allgemeinen Überlegungen erlauben es, drei Erzählperspektiven zu unterscheiden:

- Die Geschichte wird von einem Standpunkt außerhalb der Geschichte erzählt; in diesem Fall, in dem der Erzähler die ganze Geschichte überblickt, kann nicht nur das Innenleben einer Person, sondern das aller Personen dargeboten werden.
- In einem zweiten Fall kann aus der Perspektive einer in die Geschichte involvierten Person erzählt werden. Bei dieser Erzählperspektive wird das Innenleben der Person, von deren Standpunkt aus erzählt wird, dargeboten; die anderen Personen werden jedoch von außen geschildert.

– Eine dritte Möglichkeit der Perspektivierung besteht darin, daß bei einer Erzählung der Geschichte von einem außerhalb ihrer gelegenen Standpunkt auf die Darbietung des Innenlebens aller Personen verzichtet wird und sie nur von außen dargeboten werden.

Der zweite Aspekt, der sich bei der Untersuchung der besonderen Ausformung der Geschichte durch die Erzählweise ergibt, bezieht sich auf die Distanz zwischen der Geschichte und ihrer Darbietung, zum Beispiel auf die Art, in der die Gespräche der Personen der Geschichte wiedergegeben werden, oder auf den Grad an Detailliertheit, der bei der Erzählung der Zustände und Handlungen der Geschichte vorliegt.

Die größte Distanz zwischen Erzählweise und Geschichte liegt vor, wenn der Erzähler die Äußerungen der Personen mit seinen eigenen Worten wiedergibt. Diese Distanz verringert sich durch die Form der indirekten Wiedergabe der Äußerungen der Personen: Der Erzähler läßt zwar die Person nicht zu Wort kommen; die Darlegung der Äußerungen erfaßt jedoch die genaue Bedeutung des Geäußerten (indirekte Rede). Die geringste Distanz liegt vor, wenn der Erzähler die Äußerung einer Person im genauen Wortlaut (direkte Rede) wiedergibt.

Die Ebene des Erzählvorgangs

Innerhalb der komplexen Bedeutung der literarischen Erzählung läßt sich eine dritte Ebene der Bedeutung bestimmen – die Ebene des Erzählvorgangs –, insofern die Geschichte und die Erzählweise Produkte eines Erzählvorgangs sind, das heißt, die literarische Erzählung als Mitteilung des Erzählers an den Leser aufgefaßt werden muß. Die hier vorliegende Art der Kommunikation zwischen Erzähler und Leser darf jedoch nicht verwechselt werden mit der auch als Kommunikation analysierbaren Beziehung zwischen dem realen Autor der Erzählung und ihrem Leser. Der Erzähler wie der Leser einer literarischen Erzählung sind keine außerhalb der Erzählung existierenden, empirisch erforschbaren Personen, sondern dem Text immanente Rollen. Würde der reale Autor nicht die Rolle des Erzählers einnehmen, könnte er seine Geschichte überhaupt nicht erzählen. Diese theoretisch begründete Unterscheidung zwischen realem Autor und Erzähler wird gestützt durch die sich empirisch oft als falsch erweisende, in konkreten Analysen von Erzählungen vorgenommene Gleichsetzung der vom Erzähler geäußerten Meinungen mit denjenigen des Autors.

Ein weiteres Kennzeichen der kommunikativen Beziehungen zwischen Erzähler und Leser sollte noch hervorgehoben werden: Im Unterschied zur alltäglichen Kommunikation, in der der Hörer eine vom Sprecher unabhängige Existenz besitzt, ist der Leser auf der Ebene des Erzählvorgangs ein vom Erzähler erzeugtes ‚Wesen'. Der Erzähler erschafft sich selbst durch den Erzählvorgang den Partner, dem er eine Erzählung darbietet. Aufgrund dieses Kennzeichens kann man den Leser verstehen als eine in der Erzählung präfigurierte Rolle, die der reale Leser einnehmen kann, wenn er die Geschichte liest, jedoch nicht einnehmen muß.

Die verschiedenen Rollen des Erzählers wurden – im Unterschied zu der des Lesers – in der Erzählforschung relativ ausgiebig untersucht. Eine weitreichende Wirkung hatte F. Stanzels typologische Unterscheidung dreier Erzählsituationen: der auktorialen Erzählsituation (der persönliche Erzähler greift mit Kommentaren und Interpretationen in die Geschichte ein), der Ich-Erzählsituation (der Erzähler ist eine in die Geschichte involvierte Person) und der personalen Erzählsituation (der Erzähler wird in dieser Erzählsituation gar nicht mehr als Erzähler wahrgenommen, er ist mit einer erlebenden und handelnden Person identisch). Es ist jedoch fraglich, ob Stanzels Typologie eine hinreichend differenzierte Merkmalsbestimmung der Rollen des Erzählers zugrunde liegt.

Einen Versuch, einige wichtige Aspekte der Rolle des Erzählers zu beschreiben, die als Grundlage einer umfassenden und konsistenten Theorie gelten können, hat W. C. Booth unternommen. Er unterscheidet zwischen dem auftretenden Erzähler – der Erzähler kommt als Person in der Erzählung vor – und dem verborgenen Erzähler, der nicht als konkrete Person in der Erzählung auftritt; der auftretende Erzähler kann an der erzählten Geschichte beteiligt sein oder ihr als bloßer Beobachter gegenüberstehen; der Erzähler kann auf seine Erzählung reflektieren, er kann sie kommentieren; er kann auch eine Distanz zum Leser bzw. den handelnden Personen einnehmen usw. Diese Beobachtungen über den Erzählvorgang können zu einer Typologie führen, die sämtliche Möglichkeiten erfaßt, welche auf der Ebene des Erzählvorganges bestehen, um die Kommunikation zwischen Erzähler und Leser zu gestalten.

Die Ebene der Erzählinstanz

Eine weitere Bedeutungsebene der literarischen Erzählung tritt zutage, wenn man aus der oben gegebenen Bestimmung der Ebene des Erzählvorgangs die Konsequenzen zieht: So kann man Thomas Manns *Doktor Faustus* zum Beispiel als die Kommunikation zwischen dem dramatisierten Erzähler Serenus Zeitblom und einem immanenten Leser auffassen. Das Produkt welcher Erzählung ist jedoch dieser Erzähler? Anders formuliert: Welcher Erzähler erzählt Serenus Zeitblom? – Zweifellos hat die reale Person Thomas Mann den *Doktor Faustus* niedergeschrieben. Diese Bestimmung ist jedoch unzureichend, da Thomas Mann mit der Einführung des Erzählers Zeitblom eine bestimmte Erzählintention verfolgte. Diese Instanz, von Booth ‚implied author', von Kayser ‚mythischer Weltschöpfer‘ und von Kahrmann, Reiß, Schluchter ‚abstrakter Autor‘ genannt, ist verantwortlich sowohl für die spezifische Ausformung auf der Ebene des Erzählvorgangs als auch für die besondere Art der Erzählweise und der Geschichte.

Aus den vorangegangenen Überlegungen lassen sich einige Aussagen über den methodologischen Status der Ebene der Erzählinstanz gewinnen. Das erste Charakteristikum dieser Ebene ist ihr Status als theoretisches Konstrukt: Die Erzählinstanz ist nicht im Text gegeben, sie muß erschlossen werden; das Ziel dieser theoretischen Konstruktion besteht in einer Hypothese über die Gesamtbedeutung der literarischen Erzählung. Im Hinblick auf die oben untersuchten Elemente des Erzählvorgangs wird deutlich, daß jede besondere Form, in der ein Erzähler auftritt, einen allwissenden Erzähler voraussetzt.

Auf der Ebene der Erzählinstanz wird auch ein Merkmal der literarischen Erzählungen untersucht, das bisher außer Betracht blieb: die besondere sprachliche Form, in der die Erzählung vorliegt. Die besonderen syntaktischen Konstruktionen, die Wortwahl, die Anwendung von Metaphern, die Kapiteleinteilung usw. sind Aspekte der literarischen Erzählung, die in besonders enger Verbindung zur Erzählinstanz stehen, da mit der Wahl einer besonderen Geschichte, einer spezifischen Erzählweise und eines besonderen Erzählvorgangs die konkrete sprachliche Erscheinungsform der Erzählung noch nicht festgelegt ist. Um diesen Aspekt der literarischen Erzählung zu untersuchen, muß die Erzählforschung die Ergebnisse der satz- und textlinguistischen Studien, der Stilistik und Rhetorik, der Metapherntheorie usw. in ihre Untersuchungen einbeziehen.

Die Beziehung zwischen den Bedeutungsebenen

Zu Beginn der Ausführungen wurde es als eine Aufgabe bezeichnet, bei der Beschreibung der Struktur von Erzählungen die Relation zwischen den unterschiedlichen Bedeutungsebenen der Erzählung zu bestimmen. Diese Relationen wurden in den vorausgegangenen Darlegungen zwar skizziert; die generelle Frage, ob zwischen den Ebenen eine Abhängigkeitsbeziehung besteht, wurde jedoch nicht diskutiert. Dies soll, wenigstens in Umrissen, im folgenden nachgeholt werden.

In diesem Kontext wäre etwa zu erörtern, ob die Wahl einer Geschichte den Erzählvorgang oder umgekehrt die Wahl des Erzählvorgangs die Geschichte determiniert oder ob keine Abhängigkeitsbeziehung festzustellen ist. Da an dieser Stelle auf die Forschungsdiskussion nicht ausführlich eingegangen werden kann, sollen hier nur jene Fragen aufgeworfen werden, die jeder Untersuchung dieses Problems zugrunde liegen.

So muß jeglichem Versuch, die Art der Relation zwischen Erzählvorgang und Geschichte genau festzulegen, die Erörterung des Problems vorangehen, ob denn überhaupt eine für alle literarischen Erzählungen gleichermaßen gültige Abhängigkeitsrelation angenommen werden kann oder ob diese in jeder Erzählung anders beschaffen ist. Um dieses Problem zu diskutieren, muß zuerst untersucht werden, in welcher Weise die Wahl eines bestimmten Elements auf einer Ebene die Wahl eines bestimmten Elements auf einer anderen Ebene impliziert. An einem Beispiel demonstriert: Impliziert das Vorhandensein von Vorausdeutungen das Vorhandensein einer spezifischen Form des Erzählvorgangs? – Wenn durch derartige Untersuchungen keine signifikanten Restriktionen für die Kombination von Elementen unterschiedlicher Bedeutungsebenen gefunden werden können, müßte die Hypothese einer für alle literarischen Erzählungen gültigen Abhängigkeitsrelation zwischen den Bedeutungsebenen aufgegeben werden.

Zur Semantik der Elemente der Bedeutungsebenen

Nicht nur die Syntax einzelner Elemente der unterschiedlichen Ebenen, so hatte sich gezeigt, bedarf der Untersuchung, sondern auch ihre Semantik, ihre Bedeutung. Dabei muß das Problem, wie denn die Bedeutung einzelner Elemente überhaupt genauer erfaßt werden kann, von anderen Problemen, die ebenfalls unter den Begriff der Bedeutung fallen, abgegrenzt werden. Eine Antwort auf die Frage, was die Bedeutung eines Elementes (z. B. die Vorausdeutung) sei, könnte lauten: Die Bedeutung der Vorausdeutung besteht darin, daß sie, im Unterschied zur Rückwendung, bewirkt, daß ein Element der Geschichte auf der Ebene der Erzählweise schon vor seinem ‚wirklichen' Auftreten auf der Ebene der Geschichte erzählt wird. Damit wird jedoch die Frage, welche Auswirkungen die Anwendung der Vorausdeutung auf die Gesamtbedeutung besitzt, welchen Effekt sie hervorruft, noch nicht berührt.

Hier ließen sich jedoch zumindest zwei Einwände erheben:

Der erste könnte darauf zielen, daß eine Zuordnung einer bestimmten Bedeutung zu einem Element der Struktur der Erzählung mit dem Hinweis auf den konkreten Leser von vornherein abgelehnt werden muß. Für verschiedene Leser kann zum Beispiel die Vorausdeutung eine unterschiedliche Bedeutung besitzen. Da die begründete Zurückweisung dieses Einwandes eine allgemeine Diskussion über eine Theorie der Bedeutung voraussetzt, soll nur die Richtung einer möglichen Zurückweisung angegeben werden: Es erscheint unplausibel, daß ein Leser einem Element der literarischen Erzählung überhaupt eine Bedeutung zuweisen könnte, wenn es nicht auch für ihn einen bestimmten Bedeutungskern besäße.

Ein zweiter Einwand könnte die Zuordnung einer festen Bedeutung zu einem Element der verschiedenen Bedeutungsebenen mit dem Hinweis ablehnen, daß die Bedeutung jedes Elements in jeder Erzählung verschieden sei. Die Frage nach der Bedeutung einzelner Elemente wird durch diesen Einwand auf die Ebene der Erzählinstanz verschoben: Sie verleiht aufgrund ihrer Intention den einzelnen Elementen eine je spezifische Bedeutung. Um diesen Einwand zu beurteilen, müßten konkrete Analysen einzelner literarischer Erzählungen vorgenommen werden, die zeigen könnten, ob mit den einzelnen Elementen eine konstante oder eine von Text zu Text variierende Bedeutung verbunden ist.

Aufgrund des skizzierten Problemstands der Erzähltheorie lassen sich allgemeine Aussagen über ihre Relevanzen nur schwer formulieren. Von daher sei abschließend eine Warnung ausgesprochen: Die Analyse literarischer Erzählungen besitzt in einer ausdifferenzierten Erzähltheorie ein Instrument, das eine umfassende und überprüfbare Untersuchung ermöglicht. Damit jedoch die oben – freilich mehr in ihren Problemen als in ihren Resultaten – skizzierte Erzähltheorie für konkrete Analysen nutzbar gemacht werden kann, ist vorausgesetzt, daß ihr systematischer Anspruch berücksichtigt bleibt: Ein Aufgreifen lediglich einzelner ausgewählter Begriffe, das deren theoretische Voraussetzungen nicht berücksichtigt, dient weder der genauen Interpretation noch der weiteren Entwicklung der Erzähltheorie.

Anmerkungen

1 T. Todorov: La grammaire du Décaméron. Paris/Den Haag 1969, S. 16.
2 Diesen Einwand erhebt W. A. Koch in seiner Rezension von Todorovs Grammaire du Décaméron, in: Poetica 4 (1971), S. 565–572.
3 Die Benennung dieser Bedeutungsebene ebenso wie [die]jenige der folgenden ist willkürlich.
4 Zur Einführung und Begründung dieses Begriffspaares bei G. Müller siehe G. M.: Morphologische Poetik. Gesammelte Aufsätze. Tübingen 1968, vor allem S. 269–286.

[Aufschlüsselung der in Kurzform gegebenen Literaturhinweise]

Booth	Booth, Wayne C.: The rhetoric of fiction. Chicago/London 1966 (1. Aufl. 1961). Dt. Übersetzung: Die Rhetorik der Erzählkunst. 2 Bde. Heidelberg 1974. (= UTB 384/385.)
Friedman	Friedman, Norman: Point of view in Fiction: The Develop-

ment of a Critical Concept. In: PMLA 70 (1955) No. 5. S. 1160–1184.

Genette — Genette, Gérard: Discours du récit. Essai de méthode. In: G. G.: Figures III. Paris 1972. S. 67–281.

Kahrmann/Reiß/Schluchter — Kahrmann, Cordula/Reiß, Gunter/Schluchter, Manfred: Erzähltextanalyse. Eine Einführung in Grundlagen und Verfahren. Mit Materialien zur Erzähltheorie und Übungstexten von Campe bis Ben Witter. 2 Bde. Kronberg/Ts 1977. (= Athenäum Taschenbücher Literaturwissenschaft Bd. 2121/2132).

Lämmert — Lämmert, Eberhard: Bauformen des Erzählens. 6. Aufl. Stuttgart 1975. (1. Aufl. 1955.)

Stanzel — Stanzel, Franz K.: Typische Formen des Romans. Göttingen 1964. (= Kleine Vandenhoeck Reihe. 182.)

Uspenskij — Uspenskij, Boris: Poetik der Komposition. Struktur des künstlerischen Textes und Typologie der Kompositionsform. Frankfurt 1975. (= edition suhrkamp. 673.)

7 *Erzähltheoretische Begriffe*

SCHUTTE, JÜRGEN: Einführung in die Literaturinterpretation. Stuttgart 1985. (= Sammlung Metzler. 217.)

Hier: S. 132–137.

[...]
Die Kommunikationsebene, auf welcher der Erzähler eines narrativen literarischen Textes agiert, nenne ich die *Erzählsituation*. In die zum Teil verwirrende Vielfalt der Begriffe, mit der die Literaturwissenschaft diese Kommunikationsebene beschreibt, hat Jürgen H. Petersen einige Ordnung gebracht. Ich folge daher seiner Darstellung, mit einer Ausnahme: das betrifft den Ausdruck Erzählsituation selbst. Petersen spricht vom „Erzählsystem" als einer „Verknüpfung bestimmter Erzählschichten, die das jeweilige Gesicht einer epischen Passage prägen" und verweist zu Recht darauf, daß die einzelnen Kategorien dieses Systems funktional aufeinander bezogen sind, jedoch *nicht* auseinander ableitbar (1977, 194). Es ist ihm auch darin zuzustimmen (ebd., 186), daß der Terminus „Erzählsituation" *in* einem solchen erzähltheoretischen Beschreibungssystem nicht verwendet werden soll; aber er wird – eben weil er so komplex ist – als Terminus *für* dieses in Frage kommen. Denn die handlungstheoretische Kategorie für diese [...] Ebene, auf welcher sich der Erzählvorgang abspielt, ist die Sprechsituation: Die Erzählsituation ist eine fiktionalisierte Sprechsituation des Erzählens.

Erzählsituation meint also die (aus dem Text erschließbare) Gesamtheit jener Bedingungen, unter denen erzählt wird. Diese Situation ist entweder im Text vergegenständlicht, dann sprechen wir von *Erzählergegenwart*, oder sie ist nur in der sprachlichen Form erschließbar. Auf diese Weise lassen sich für die Zwecke der methodischen Interpretation die Kategorien des Erzählens als ein sachlich wie begrifflich präzises Instrumentarium verwenden. Denn sie haben ihren Maßstab nicht nur in der Brauchbarkeit für die Beschreibung der Texte, sondern auch in ihrer Fundierung in handlungstheoretischen Kategorien. Diese fungieren, anders gesagt, als ein formales Paradigma, auf das die im Text gestaltete Erzählsituation analytisch bezogen werden kann.

Wichtig für die exakte Untersuchung der Erzählsituation ist zunächst die Bestimmung ihres Verhältnisses zur erzählten Geschichte selbst. Ich habe darauf hingewiesen, daß das Verhältnis zwischen Erzähltem und Erzählen für die Kontur des epischen Vorgangs von erheblicher Bedeutung ist. Schematisch kann man für dieses Verhältnis zwei Pole angeben: Entweder wird der Erzählvorgang zu einer unergriffenen Möglichkeit; die Erzählsituation bleibt vollkommen implizit und der erzählte Vorgang steht beherrschend im Vordergrund. Oder es dominiert der Erzählvorgang über das Erzählte: Dies ist vorstellbar als eine „unmögliche Geschichte“, in der etwa die Unmöglichkeit des Erzählens und die Versuche der Überwindung der dem Erzählen entgegenstehenden Hindernisse zum Erzählgegenstand werden (vgl. Stierle 1975a, 54). Das Verhältnis von Erzählvorgang und erzähltem Vorgang birgt also unbegrenzte Möglichkeiten der Situierung und „Ausstattung“ eines Erzählermediums bzw. eines Erzählers.

Der folgende Versuch, die *Elemente der Erzählsituation* (Erzählergegenwart) zu veranschaulichen, hat systematischen Charakter. Bei der Interpretation wird man sich von inhaltlichen Auffälligkeiten leiten lassen und die Elemente der Erzählsituation in ihrem Zusammenhang und ihrer Funktion für den Aufbau des epischen Vorgangs, der Perspektivierung und Sinngebung des erzählten Geschehens herausarbeiten. Vielfach empfiehlt es sich auch, die genauere Untersuchung der Erzählergegenwart mit der der Schreibweise zu verbinden; denn die unterschiedlichen Darstellungsweisen wie Bericht, szenisches Erzählen, Kommentar, Figurenrede, innerer Monolog, erlebte Rede u. a. sind sehr eng an den Charakter der Erzählsituation geknüpft.

Die *Erzählform* ist das personale Verhältnis Erzähler-Erzählgegenstand, unabhängig davon, ob beides, eines von beiden oder keines fiktiv ist. Die *Ich-Erzählung* baut auf der Identität und der Differenz auf, welche zwischen der Erzählergegenwart und Handlungsgegenwart, d. h. dem erzählenden (erinnernden) und dem handelnden (erinnerten) Ich besteht. Weil dies so ist, hat der Ich-Erzähler Personalität, unabhängig davon, wie ausdrücklich er sich im konkreten Text ins Spiel bringt, wie handlungsreich oder handlungsarm die Erzählergegenwart ausgestattet ist. Der Ich-Erzähler ist Teilnehmer der dargestellten Ereignisse und Erzähler zugleich, von ihnen entfernt aber doch mit ihnen verbunden. Deswegen ist jeder Satz seiner Rede „bipolar“ (Petersen), charakterisiert zugleich den Redenden und den Gegenstand der Rede.

Der *Er-Erzähler* hat keine Personalität und wird deswegen häufig auch als Erzähler-Medium bezeichnet.

> „Personalitätslosigkeit meint nicht Objektivität und Neutralität oder gar Farblosigkeit, sondern die Tatsache, daß das erzählende Medium nicht als Person in das Bewußtsein des Lesers tritt, keine Charaktereigenschaften gewinnt, nicht als Figur vor das (innere) Auge kommt“ (Petersen 1977, 176).

Der Er-Erzähler wird für den Leser als Person nur dort greifbar, wo er von sich erzählt. Dann haben wir es aber mit zwei verschiedenen Handlungsebenen zu tun, deren übergeordnete eine Ich-Erzählung ist. Die Erzählergegenwart wird in diesem Falle zu einer eigenen Handlungsebene mit einem erzählenden und einem erzählten Ich. Der Er-Erzähler erzählt nur von anderen, auch wo er „Ich“ sagt, bzw. sagen kann. [. . .] Mit der Frage nach der Erzählform ist eng verbunden die nach der Authentizität der Darstellung. Ist es einerseits grade an der Ich-Erzählung unmittelbar evident zu machen, daß Autor und Erzähler nicht identisch, sondern methodisch zu unterscheiden sind, so ist ich-haftes Erzählen ein Mittel der Beglaubigung: Es vermittelt den Schein authentischer Erzählung von wirklichen Erfahrungen. Andererseits kann der Versuch, die eigene Vergangenheit zu erzählen, von der Überzeugung oder (im Verlauf des Erzählvorgangs entstehenden) Einsicht bestimmt sein, daß unsere eigenen Erfahrungen eben *nicht* fraglos zugänglich sind, sondern daß wir sie genau so aneignen müssen wie fremde. Das führt zu ausführlichen Reflexionen über die Struktur der Erinnerung (z. B. in Martin Walsers „Kristlein-Trilogie“) oder zum Erzählen von sich selbst in der dritten Person (z. B. in Christa Wolfs „Kindheitsmuster“).

Der *Erzählerstandort* (Point of view, Blickpunkt) bezeichnet das zeiträumliche Verhältnis des Erzählers zu den erzählten Vorgängen und Gegenständen:

> „Wie nahe kommt der Erzähler den Gestalten und Geschehnissen, erblickt er die Ereignisse nur von weitem, erkennt er sie nur ungefähr, oder rückt er so eng an sie heran, daß er sie detailliert beschreiben kann? Bindet er sich an eine Figur, d. h. wählt er seinen Standort immer dort, wo sich eine bestimmte Person befindet, oder behält er einen Abstand, der ihm einen allgemeinen Überblick verschafft?“ (Petersen, ebd., 181).

[. . .]

Mit der Frage nach der Vertrautheit bzw. Unvertrautheit des Erzählers mit den inneren Vorgängen der Figur(en) ist die Kategorie *Erzählperspektive* angesprochen. Perspektive und Standort des Erzählers gehören sehr eng zusammen, sind jedoch nicht dasselbe und auch nicht auseinander ableitbar. Nach dem Erzählerstandort fragen wir: „Wo steht der Erzähler und was sieht er von dort aus?" Diesem Begriff entspricht in der Filmtechnik der Begriff der Einstellung der Kamera auf das filmische Objekt, die Abbildungsgröße in Relation zum Bildrahmen (Totale, Nahaufnahme, Ausschnitt, Großaufnahme usw.). Was die Filmkamera *nicht* kann, nämlich durch die Oberfläche hindurch in die Figuren hineinsehen, kann der Erzähler; wir nennen es die Erzählperspektive der Innensicht (im Gegensatz zur Außensicht).

[...]

Nicht identisch mit der Innensicht, aber vom Erzähler gezielt eingesetzt zur Vermittlung eines Eindrucks von Vertrautheit mit der Hauptfigur ist das personale *Erzählverhalten.* Es besteht darin, daß der Erzähler seine Aussagen an die Optik der Figur bindet; er sieht gewissermaßen mit ihren Augen: „Langsam ging es Fewkoombey auf, daß die Überfälle mit seiner Bettelei zusammenhängen *müßten*" (spräche hier nur der Erzähler aus seiner Sicht, so müßte es heißen: *zusammenhingen*). Solche Indizien für das personale Erzählverhalten sind auch die anderen Unsicherheiten der Figur bei der Wahrnehmung und Einschätzung der Geschehnisse: „*Irgendwie* sahen sie alle elender aus als er"; und: „der entsetzliche und erbarmungswürdige Sitz war aber *anscheinend* nicht Allgemeingut" (Hervorhebung J. S.).

Besonders wichtig für die Beurteilung des Erzählverhaltens sind die Darbietungsweisen des inneren Monologs und der erlebten Rede. Im *inneren Monolog* spricht die Figur zu sich selbst: „Er (Peachum) fuhr schweißbedeckt aus den Decken hoch: ‚Oh, ich verdammter Dummkopf! Ich bringe mich noch unter die Brückenbögen! Wie konnte ich mit einem Mann ein Geschäft machen, dem ich nicht den Hals abdrehen kann?'" (S. 373). In der *erlebten Rede* gibt der Erzähler mit seinen eigenen Worten (im Präteritum und in der 3. Person), aber aus der Optik der Figur deren Gedanken wieder: „Das Betteln wurde ihm schwer. Das war der Beruf für diejenigen, die nichts gelernt hatten; ...". Es wird an diesem Beispiel zugleich deutlich, daß das Identifizieren eines Textabschnitts als erlebte Rede oft die Kenntnis des Kontextes voraussetzt. Der zitierte Satz muß identifiziert werden als zwar mit den Worten, aber nicht aus der Sicht des Erzählers gesprochen. Diese Interpretation wird zunächst nahegelegt durch den direkt folgenden Satz: „Nur wollte auch dieser Beruf anscheinend gelernt sein" und gestützt durch die Feststellung: „Es wurden keinerlei Versuche mehr angestellt, aus ihm einen einigermaßen leistungsfähigen Bettler zu machen. Die Fachleute hier hatten auf den ersten Blick erkannt, daß er es soweit niemals bringen würde."

Auktoriales Erzählverhalten besteht darin, daß sich die Sehweise des Erzählers geltend macht, indem dieser durch Kommentar („wie das in engen Wohnungen eben geht"), Bezugnahme auf die Erzählsituation (vgl. o.: „uns Bücherkäufern") und anderen Äußerungen Stellung nimmt bzw. sich als „persönliches Medium" kundtut. Ein eindeutiges Indiz für auktoriales Verhalten ist die Erzählerreflexion auf etwas Irreales: „Wäre Fewkoombey von einem Volkszählungsbeamten gefragt worden ..." In der gleichen Weise sind Urteile wie das folgende auktorial: „Dann sollte er auf *eigentümliche Weise* dieses *spärlich gewordene* Leben verlieren" (Hervorhebung J. S.). Es ist auffällig, daß sich der Erzähler bemüht, das auktoriale Erzählverhalten nicht zu sehr dominieren zu lassen: an einer ganz analogen Stelle (Konjunktiv Präteritum) ganz am Anfang versäumt er es nicht, durch Hinzufügen eines Nebensatzes die auktoriale Erzählerreflexion in eine Darbietungsweise des *neutralen Erzählverhaltens,* den Bericht, zu verwandeln, der jede Kommentierung und Wertung vermeidet: „Der Käufer hätte das, *wie man ihm sagte,* aus den Büchern leicht erkennen können ..." (Hervorhebung J. S.).

Als *Erzählhaltung* bezeichnen wir die Einstellung des Erzählers gegenüber den Begebenheiten und Figuren, nun nicht im technischen, sondern im psychologischen Sinne. Sie kann sich – implizit – in einer besonderen erzählerischen Anordnung der Fabelelemente bzw. einer spezifischen Art der Darstellung äußern, die dann „für sich spricht". Sie äußert sich jedoch auch – explizit – als auffälliger Tonfall, als kritische, pathetische, ironische, affirmative Färbung der Erzählerrede. [...]

[Aufschlüsselung der in Kurzform gegebenen Literaturhinweise]

Petersen 1977	Petersen, Jürgen H.: Kategorien des Erzählens. Zur systematischen Deskription epischer Texte. In: Poetica 9. 1977. S. 167–195.
Stierle 1975 a	Stierle, Karlheinz: Text als Handlung. Perspektiven einer systematischen Literaturwissenschaft. München 1975. (= UTB 423.)

BAUR, UWE: Deskriptive Kategorien des Erzählerverhaltens. In: Erzählung und Erzählforschung im 20. Jahrhundert. Hrsg. v. Rolf Kloepfer und Gisela Janetzke-Dillner. Stuttgart 1981. S. 31–39 (© Kohlhammer Verlag).

Hier: S. 31–39.

[...]
Seit mehr als zwanzig Jahren ist es eine gesicherte Erkenntnis, daß innerhalb der Autoreferenz des Erzähltextes zwischen erzählenden und erzählten Figuren unterschieden wird, wobei dem Erzähler ein Bewußtseinsstand zugesprochen wird, der den Figuren übergeordnet ist. Ein Verstehen des Textes ist daher nur sehr unvollständig, wenn es lediglich beim spontanen Identifizieren des Lesers mit der Figurenkommunikation bleibt. Mit dem Erzähler ist ja bereits eine mehr oder weniger hervortretende ordnende, bewertende Instanz dem Text eingeschrieben, die wir – ohne ideologische Implikationen – als sinngebende „Rezeptionsvorgabe"[1] betrachten können. Die erzählten Figuren und die ihnen hierarchisch übergeordnete Kommunikationsebene des fiktiven Erzählers und Adressaten ist die sprachlich vermittelte dargestellte Welt des Erzähltextes, auf dem Verstehen dieses Gefüges fußt jede Interpretation.

Auch die Sprachhandlungstheorie unterstützt diesen Ausgangspunkt. Denn nach ihr – ich beziehe mich auf Jürgen Landwehr – enthält grundsätzlich *jeder* Text als Besonderheit sprachästhetischen Handelns, „auch der an der Oberfläche ich- und du-lose, [...] einen [...] Rollenentwurf des Produzenten und, als notwendiges Komplement, eine Rollenvorgabe für den Rezipienten".[2] Dieser „Beziehungsaspekt" jedes Textes – also nicht nur der Erzählung – korreliert dem „Inhaltsaspekt", dem Geschehen auf Figurenebene, welches damit immer bereits funktional bestimmt ist.

Alle eingangs genannten Bezeichnungen, Erzählerstandpunkt, Erzählsituation, Erzählstrategie usw., beziehen sich auf den Erzähler, der kein abstraktes Konstrukt des Interpreten ist, sondern als sprachlich realisierte fiktive Figur ein kaum begrenzbares Spektrum an Eigenschaften und „entfesselten" Verhaltensweisen zeigen kann. Und dabei nimmt er – in jedem Fall – eine beneidenswert souveräne Position ein, denn er kann (von der Besonderheit der Rahmenform abgesehen) zum Zeitpunkt seines Erzählens gar nicht von außen beschrieben werden, er kann sich nur selbst darstellen. Von seinem Sprach-Verhalten hängt daher alles ab, was ich über ihn selbst und die anderen Figuren als Leser erfahre. Da er ein textinternes Informationsmonopol hat, spreche ich global vom *Erzählerverhalten* und versuche, mit dieser Bezeichnung Mißverständnissen vorzubeugen, die durch anders definierte und unterschiedlich verwendete Begriffe entstehen könnten.

[...]

Eine Theorie deskriptiver Kategorien des Erzählerverhaltens – für die ich plädieren möchte, hier aber nur allgemeine Erörterungen in ihrem Vorfeld beisteuern kann – setzt sich ihre Grenze mit der auf den Erzähler konzentrierten Analyse der Figuren- und Erzählerkommunikation. Es bleibt also der erste Binnensender, nach Kahrmann, Reiß und Schluchter der abstrakte Autor und Leser (N 3),[3] oder nach Michel Foucault die „Funktion Autor"[4] außer Betracht, jene übergeordnete Instanz also, die der „Einsicht in die Tiefenstruktur des narrativen Vermittlungsprozesses" dient.[5] Ich befrage deskriptive Kategorien auf zwei zu erwartende Leistungen hin: erstens, inwiefern sie den Nachweis der Seinsweise des Erzählers zu führen ermöglichen, und zweitens, welche Kategorien das Verhalten des Erzählers zu den übrigen fiktiven Figuren des Textes genauer zu beschreiben verhelfen.

Die erste und grundlegende Frage ergab sich aus dem kommunikations- und handlungstheoretisch fundierten „Beziehungsaspekt" des Textes. Wer stellt in der Erzählung die „Rollenvorgabe" für den Rezipienten her, wie gestaltet er sich selbst, welche Informationen liefert mir der Text über ihn? Der erste Leistungsbereich unserer Kategorien bezieht sich auf diese Fragen, auf das *Sein des Erzählers* im Text.[6] Hier erweisen sich vor allem vier Komponenten als signifikant, die hier nur aufgezählt werden können.

1. *Das zeitliche Erzählverhalten:* Enthält der Text explizite, deiktische[7] oder durch Tempusverwendung Angaben, die auf ein „Jetzt" und ein „Damals", auf zwei Zeitstufen schließen lassen, auf die des Erzählers und die der Figuren? Läßt sich die Erzähler- von der Handlungsgegenwart trennen? Als Ergebnis gewinnen wir die Aussage, 1. ob und wie genau der Erzähler eine von der Figurenwelt distanzierte zeitliche Bestimmtheit hat oder nicht, 2. wielange der Erzählprozeß als *fiktive* Handlung dauert (i. Ggens. zum realen, der Erzählzeit), 3. inwiefern eine eigene Erzählhandlung [...] gestaltet wird.
2. *Das räumliche Erzählverhalten:* Gibt es Hinweise, die explizit oder deiktisch auf einen der Erzählgegenwart zugeordneten Erzählraum weisen, der getrennt ist von den erzählten Räumen? Die räumliche Dimension der Existenz eines Erzählers wird erkennbar.[8]
3. *Das kommunikative Verhalten* des Erzählers zum fiktiven Hörer oder Leser: Entfaltet der Erzähler eine kommunikative Beziehung zu einem Partner in der Erzählgegenwart? Ist die zweite grammatische Person (und mit ihr die erste) ausgebildet oder nicht?
4. *Der Erzähler als Figur:* Gestaltet der Erzähler sich selbst nicht nur auf

der Ebene der Erzählgegenwart, sondern auch auf der Handlungsgegenwart? Ist er nur erzählende oder erzählende *und* erzählte Figur? Existiert eine Identität oder Nicht-Identität zwischen den Figuren auf den beiden Zeitebenen des Textes?[9] Mit Hilfe dieser Kategorie, die v. a. auf der zeitlichen Dimension aufbaut, entscheiden wir, ob es sich um eine Ich- oder Er-Erzählung handelt (Erzählform).[10]

Aufgrund der vier – mir am wichtigsten erscheinenden – Kategorien[11] lassen sich Aussagen treffen, die die gestaltete Seinsweise des Erzählers im erzählten Verhalten zu sich selbst und seinem fiktiven Hörer bzw. Leser ersichtlich machen.

Sie dienten Doležels typologischer Unterscheidung zwischen Texten mit vs ohne Sprecher; sie wurden partiell herangezogen von Pouillon, als er die vision par derrière von der vision avec trennte. Hier wird aber ebenso wie bei Stanzel die analytische Unterscheidung der beiden Bezugsbereiche der deskriptiven Kategorien für Typologien nicht vorgenommen.

Dieser zweite Bereich trifft nun nicht die Selbstgestaltung des Erzählers, sondern sein *Verhalten gegenüber den erzählten Figuren.* Damit richtet sich die Aufmerksamkeit auf das Zusammenspiel der beiden Kommunikationsebenen, wobei eine gesonderte Analyse der Welt der Figuren, ihrer temporal-kausalen Zusammenhänge, der Figurenkonstellation usw. vorangehen.

Wie bei der Selbstgestaltung des Erzählers im raum-zeitlichen Gefüge ist jenes der Figuren ein grundlegender „organisierender Faktor des dargestellten Geschehens".[12] Das zeitliche Erzählerverhalten betrifft ebenso wie das räumliche nunmehr zwei Aspekte:

a. Wie stellt der Erzähler das Zeit- und Raumgefüge der Welt der Figuren dar?
b. Wie verhält er sich selbst zu diesem Gefüge?

1. *Das zeitliche Erzählerverhalten* betrifft in gestalterischer Hinsicht sein Verfahren mit der erzählten Zeit: einerseits den Komplex von Zeitdehnung, -deckung, -raffung, Vorausdeutung und Rückwendung; andererseits besitzt der Erzähler großen Spielraum, darüber zu entscheiden, wann und in welcher Reihenfolge Geschehen erzählt, in welche Funktionstriaden es „portioniert" wird; insbesondere synchrone, aber räumlich getrennt ablaufende Handlungen zwingen zum Abweichen von linear sukzessivem Erzählen.[13]

   Der Aspekt, inwiefern sich der Erzähler selbst eine zeitliche Bestimmtheit mit der Erzählergegenwart gestaltet hat, spielt für die Frage, wie er sich gegenüber dem Zeitgefüge der Figurenebene verhält, eine entscheidende Rolle. Denn wenn es nur eine ausgestaltete Handlungsgegenwart gibt, dann kann er – zeitlich gesehen – nur *mit* den Figuren erzählen, dann ist die Zukunft des Geschehens auch für ihn etwas Zukünftiges, es sind – wie Lämmert beobachtet hat – keine zukunftsgewissen Vorausdeutungen möglich. Man könnte hier von einem *zeitlichen limited point of view* sprechen. Sein Gegenpol wäre dort zu finden, wo kein Zweifel gelassen wird, aus dem *Nachhinein*: Es wird ständig bewußt gemacht, daß dem Erzähler die gesamte Figurenhandlung bereits bekannt ist, ein freies Verfügen über zukunftsgewisse Vorausdeutungen ist möglich.

2. *Das räumliche Erzählerverhalten:* Auf die Gestaltung der erzählten Räume – auf das Ambiente der Figurenwelt – kann ich hier nicht näher eingehen, es sei nur auf den von Alexander Ritter herausgegebenen Sammelband *Landschaft und Raum in der Erzählkunst* (1975) hingewiesen.
   Auch ein ausgestalteter Erzählraum ist kein Hindernis für den Erzähler, eine virtuose – oft kaum beschreibbare – „entfesselte" Beweglichkeit innerhalb der erzählten Räume zu entfalten. Man hat dem sogenannten ‚allwissenden Erzähler' die Fähigkeit zugesprochen, sich nahezu gleichzeitig an verschiedenen Orten befinden zu können, man liest oft, der olympian point of view setze einen „hohen" Standort voraus. Ähnlich metaphorisch geht man vor, wenn bei Innensicht behauptet wird, der Erzähler befinde sich im Inneren einer Figur. Solche Koppelung zweier Kategorien – einer des Wissens bzw. psychologischen Verhaltens mit der räumlichen – zeigt eine grundlegende Problematik dieser Komponente auf. Während bei einer visuell-narrativen Kunst – wie dem Film – der Rezipient einen räumlich bestimmten, sehenden, bzw. filmenden Produzenten voraussetzt, tritt der Leser des Erzähltextes mit einem Sprechenden in Beziehung. Beim literarischen Text ist der „Beziehungsaspekt der textuellen Situationsvorgabe" eben nicht als räumlich sehend determiniert, sondern als sprachhandelnd mental. Daher läßt sich das räumliche Erzählerverhalten nicht in der Weise differenzieren und genau beschreiben wie im Film. Man besetzt die räumliche Unbestimmtheitsstelle in der Erzählung allzugern subjektiv assoziativ.
   Da die Situationsvorgabe beim literarischen Text sprachhandelnd mental besetzt ist, spielen hier der zeitliche, psychologische und mentale Faktor eine ungleich größere Rolle als der räumliche.

3. *Das psychologische Erzählerverhalten* äußert sich darin, inwiefern der Erzähler die Innenwelt der Figuren darstellt oder beim Äußeren verbleibt. Die Ergiebigkeit dieser Kategorie ist erst jüngst durch Dorrit Cohns Buch *Transparent Minds. Narrative Modes for Presenting Consciousness in Fiction* (1978) eindrücklich unter Beweis gestellt worden. Sie spricht von „the singular power possessed by the novellist: creator of

beings whose inner lives he can reveal at will".[14] Hier handelt es sich um die Opposition von Innensicht versus Außensicht, um Begriffe, die sich bereits durchgesetzt haben und auf die ich daher nicht näher eingehe.[15]

4. *Das mentale Erzählerverhalten,* die Allwissenheit gegenüber dem eingeschränkten Wissen des Erzählers, betrifft nun *nicht* als deskriptive Kategorie eine Beschreibung dessen, was der Erzähler alles weiß. Die Aussagen eines fiktiven Erzählers sind nicht überprüfbar, er verlangt von uns absolutes Vertrauen in ihn. Die Kategorie kann daher nur sinnvoll als erzähltes Wissen oder Nichtwissen[16] definiert werden, und zwar im Hinblick auf explizite Aussagen des Erzählers über sein Wissen bz. Nicht-Wissen. Dadurch deckt sich das mentale Erzählerverhalten nicht mit dem traditionellen des allwissenden oder nichtallwissenden Erzählers, der von einem olympian point of view oder limited point of view aus das Geschehen gestaltet. Diese Begriffe sind bereits komplexe Rollenbeschreibungen, die als Kombination mehrerer deskriptiver Faktoren erfaßbar sind.

[...]

Anmerkungen

1 Gesellschaft – Literatur – Lesen. Literaturrezeption in theoretischer Sicht. Von Manfred Naumann [u. a.]. Berlin, Weimar 1973, S. 35.

2 Jürgen Landwehr: „Eingestaltete Kommunikation". Poetik als Theorie sprachästhetischen Handelns. In: Akten des VI. Internationalen Germanisten-Kongresses Basel 1980. Bd. 2 Bern 1980 (= Kongreßberichte. 8, 2). S. 212.

3 Cordula Kahrmann, Gunther Reiß, Manfred Schluchter: Erzähltextanalyse. Eine Einführung in die Grundlagen und Verfahren. Bd. 1. Kronberg 1977, S. 40ff. – Beide sind für sie keine „ausformulierte[n] Figur[en] des Textes, sondern implizite Projektion einer intendierten Rezeption".

4 Michel Foucault: Was ist ein Autor? In: M. F.: Schriften zur Literatur. München 1974, S. 7–31.

5 Füger, Nichtwissen, S. 189. [= W. F.: Das Nichtwissen des Erzählers in Fieldings *Joseph Andrews.* Baustein zu einer Theorie negierten Wissens in der Fiktion. In: Poetica 10. 1978. S. 188–216.]

6 Vgl. dazu den systematischen Ansatz von Doležel, Typologie, S. 382f. [= L. D.: Die Typologie des Erzählers: ‚Erzählsituationen' (‚Point of View') in der Dichtung. In: Literaturwissenschaft und Linguistik. Ergebnisse und Perspektiven. Hrsg. v. Jens Ihwe, Bd. 3, Frankfurt 1972.]

7 Vgl. zur Raum- und Zeitdeixis Gisa Rauh: Linguistische Beschreibung deiktischer Komplexität in narrativen Texten. Tübingen 1978. (= Tübinger Beiträge zur Linguistik. 106.)

8 Es ist bezeichnend, daß noch in dem umfassenden Band „Landschaft und Raum in der Erzählkunst“ (hrsg. v. Alexander Ritter. Darmstadt 1975 [= Wege der Forschung. 418.]) lediglich der erzählte Raum analysiert wird; der Erzählraum bleibt ja tatsächlich sehr häufig eine Leerstelle, die aber schon deshalb – wenn auch noch so vage – besetzt werden dürfte, weil die Seinsweise eines Erzählers kaum unabhängig von Zeit und Raum gedacht wird. Die klarste Systematik der hier aufgenommenen Kategorie bringen Kahrmann, Reiß und Schluchter, Erzähltextanalyse, I, S. 154 bis 156.

9 Stanzel, Theorie, S. 108ff. [= F. K. St.: Theorie des Erzählens. Göttingen 1979.] Wenn er diese Komponente „Person“ nennt, um eine verbreitete mißbräuchliche Verwendung des Begriffs zu verhindern – der Mißbrauch war nicht durch die Bezeichnung, sondern durch unklare Definition verursacht –, wenn Petersen (Kategorie, S. 176) seinerseits dem Erzähler jede „Personalität“ abspricht, so scheint mir hier neuerdings ein mißverständlicher Begriff eingeführt zu sein. Vgl. die Kritik am Begriff „fiktionale Person“ von Manfred Pfister (Das Drama. Theorie und Analyse. München 1977, S. 221 f.), der nur „Figur“ gelten läßt, da es sich in fiktionalen Texten immer um „intentionale Konstrukte“ handelt und nicht um reale Charaktere, über die grundsätzlich die Zahl der Informationen unbegrenzt ist.

10 Wenn Petersen [Kategorien des Erzählens. Zur systematischen Deskription epischer Texte. In: Poetica 9. 1977.] bezüglich dieser Kategorie behauptet: „In der Er-Erzählung ist aber der Erzähler überhaupt medial, und zwar in dem Sinne, daß er keine Person, auch keine fiktive oder fingierte darstellt: *Er hat keine Personalität*“ (Kategorien, S. 176), so überschreitet er den eigenen Anspruch, deskriptive Kategorien zu entwickeln und verfällt einer unkontrollierten Typologisierung.

11 Das von Doležel angeführte (Typologie, S. 383) sprachliche Verhalten des Erzählers (subjektiver sprachlicher Aspekt des Erzählers gegenüber den Figuren) ist der pragmatischen Dimension halber nicht als eine deskriptive Kategorie anzusehen.

12 Kahrmann, Reiß, Schluchter, Erzähltextanalyse, I, S. 146.

13 Eberhard Lämmert: Bauformen des Erzählens. 3., unv. Aufl. Stuttgart 1968, S. 71: Nur von der Erzählergegenwart aus ist die Umstellung möglich.

14 Dorrit Cohn: Transparent Minds. Narrative Modes for Presenting Consciousness in Fiction. Princeton (N. J.) 1978, S. 4.

15 Vgl. dazu Petersen, Kategorien, S. 181 f.; Stanzel, Theorie, S. 72ff.

16 Füger, Nichtwissen, S. 191.

Teil E

Übungstexte

1 JOHANN PETER HEBEL
Andreas Hertzeg
[1812]

Am 13. April, zwar schon vor 9 Jahren, ging in Ungarn, in der Gespanschaft Neograd, ein Mann verloren namens Andreas Hertzeg, und es war schade für ihn, denn er war rechtschaffen, ziemlich wohlhabend und noch nicht lange verheiratet. Man erkundigte sich nach ihm in allen Dörfern, in allen Gespanschaften, mündlich, schriftlich im Wochenblättlein. Niemand wußte, wo er hingekommen ist. Sein Bruder in einem andern Dorf sagte zwar, er sei selbigen Morgen bei ihm gewesen. Das wußte seine Frau auch, und als er gegen Mittag fortging, sagte er, jetzt wolle er heim. Also hielten ihn zuletzt die Seinigen für tot, legten Trauer an nach ihrer Landesart und veranstalteten ihm eine Seelenmesse. Er selber wußte so wenig als die andern Leute, wo er war und wo er so lange blieb. Aber am 8. August darauf zuckte etwas in einer Felsenhöhle und streckte sich, und es kam Empfindung in eine erwachte Brust, und es richtete sich etwas auf, und als es auf den Beinen stand, sagte es zu sich selber: „Bin ich der Andreas Hertzeg, der jüngere? Ich glaube." Als er aber schlaftrunken vor die Höhle herauskam und sah den heitern, blauen Himmel, und wie es zitterte in der Luft vor Hitze; die Bäume hingen voll Laub und reifer Früchte, die Heuschrekken und Sommervögel machten sich lustig, ein Mägdlein in der Ferne griff an einem Weinstock nach den weichen Beeren; da sagte er zu sich selbst: „Ich kann doch nicht der Andreas Hertzeg sein. Denn wenn ich der Andreas Hertzeg bin, so hat's geschneit und gestöbert, als ich in die Höhle ging und einschlief, sonst wär' ich nicht hineingegangen." Unterdessen kam er immer mehr zu sich, erkannte immer besser die Gegend, und als er in der Ferne den Kirchturm erblickte und die Häuser erkannte und sein eigenes auch, dachte er: Jetzt will ich bald erfahren, wie ich dran bin; denn wenn ich der Andreas Hertzeg bin, so muß meine Frau mich kennen. Als er aber in der freien Luft sich in Bewegung wollte setzen, da war er so kraftlos und so matt, und als er in die Tasche griff, ob er ein Pfeiflein Tabak rauchen könne, blieb ihm die ganze Tasche in den Händen; denn auf der Seite, wo er gelegen war, waren seine Kleider mürb geworden und verfault. Doch kam er mit Not und Mühe in das Dorf, und seine Frau saß vor der Türe und schabte gelbe Rüben. Da warf sie, ihren Mann erblickend, in freudigem Schrecken das Messer weg und sprang auf ihn zu, und als sie ihn mit Tränen und Liebe umarmen wollte, sagte er: „Gemach! Wirf mich nicht um!" und erkannte, daß er doch der Andreas Hertzeg sei. Hierauf erzählte sie ihm, wie sie sich um ihn bekümmert und geweint und wie ihn jedermann für tot gehalten habe, und heute sei der 8. August, und fragte ihn, wo er unterdessen gewesen und was ihm zugestoßen sei. „Wenn heute der 8. August ist," sagte er, „so hab ich weiter nichts als 16 Wochen lang geschlafen in der Felsenhöhle bei Berceßno." Und so war's auch. Sechzehn Wochen hatte er geschlafen, ohne Speise, ohne Trank, ohne Deckbett und ohne Pfulben, und war jetzt wieder da. Dies ist ein merkwürdiges Ereignis und beweist, daß die Gelehrten noch lange nicht genug die Natur des menschlichen Körpers ausstudiert haben. Denn nicht jeder hätte Ja gesagt, wenn er wäre vorher gefragt worden, ob so etwas möglich sei.

Nunmehro aber wird sich der geneigte Leser freuen auf die Mahlzeit, und wie sich der ausgehungerte Mann eine Weinsuppe kochen läßt, 22 Zoll im Durchmesser und 9 Zoll Tiefe, wie er ein paar Spanferkel schlachten läßt und ein Kalb, und wie er jetzt hinwiederum 16 Wochen lang wachen und dem Nachtwächter den Dienst abnehmen kann um eine Kleinigkeit. Nichts nutz! (pflegt der Präsident zu sagen, der mit dem Hausfreund das Gespenst gesehen hat), sondern er war vor großen Schmerzen in den Kinnladen nicht kapabel, den Mund zum Essen zu öffnen, konnte nur etwas dünne, kräftige Brühe zu sich bringen, ward täglich schwächer und elender und empfing am vierten Tag das heilige Abendmahl und schlief in Gottes Namen noch einmal ein, bis ihm nachher am dritten Tag ein böses Geschwür im Kopf aufging und die Materie davon zu den Ohren herausfloß.

Als aber das Geschwür sich geöffnet und halber wieder gesäubert hatte, kam auch der Mann nach und nach wieder zu seinen völligen Kräften und in seine Ordnung, hat unterdessen mehrere Kinder erzielt, lebt noch bis auf diese Stunde und ist gesund.

Der Hausfreund verlangt nicht, daß ihm der geneigte Leser diese seltsame Geschichte auf *sein* Wort glauben soll, maßen er selber nicht dabeigewesen ist. Aber die Sache ist hernach gerichtlich von den Herrn der Gespanschaft und von dem Physikat untersucht und als authentisch in die Akten gebracht worden, und ein rechtschaffener Herr daselbst hat sie voriges Jahr wieder aus den Akten herausgezogen und in der Stadt Wien durch den Buchdruck bekanntgemacht.

Aus: Johann Peter Hebel: Erzählungen und Aufsätze des Rheinländischen Hausfreunds. Der Gesamtausgabe zweiter Band. Herausgegeben, eingeleitet und erläutert von Wilhelm Zentner. Karlsruhe 1968.

2 HEINRICH VON KLEIST
Sonderbare Geschichte, die sich, zu meiner Zeit, in Italien zutrug [1811]

Am Hofe der Prinzessin von St. C . . . zu Neapel, befand sich, im Jahr 1788, als Gesellschafterin oder eigentlich als Sängerin eine junge Römerin, namens Franzeska N . . ., Tochter eines armen invaliden Seeoffiziers, ein schönes und geistreiches Mädchen, das die Prinzessin von St. C . . ., wegen eines Dienstes, den ihr der Vater geleistet, von früher Jugend an, zu sich genommen und in ihrem Hause erzogen hatte. Auf einer Reise, welche die Prinzessin in die Bäder zu Messina, und von hieraus, von der Witterung und dem Gefühl einer erneuerten Gesundheit aufgemuntert, auf den Gipfel des Ätna machte, hatte das junge, unerfahrne Mädchen das Unglück, von einem Kavalier, dem Vicomte von P . . ., einem alten Bekannten aus Paris, der sich dem Zuge anschloß, auf das abscheulichste und unverantwortlichste betrogen zu werden; dergestalt, daß ihr, wenige Monden darauf, bei ihrer Rückkehr nach Neapel, nichts übrig blieb, als sich der Prinzessin, ihrer zweiten Mutter, zu Füßen zu werfen, und ihr unter Tränen den Zustand, in dem sie sich befand, zu entdecken. Die Prinzessin, welche die junge Sünderin sehr liebte, machte ihr zwar wegen der Schande, die sie über ihren Hof gebracht hatte, die heftigsten Vorwürfe; doch da sie ewige Besserung und klösterliche Eingezogenheit und Enthaltsamkeit, für ihr ganzes künftiges Leben, angelobte, und der Gedanke, das Haus ihrer Gönnerin und Wohltäterin verlassen zu müssen, ihr gänzlich unerträglich war, so wandte sich das menschenfreundliche, zur Verzeihung ohnehin in solchen Fällen geneigte Gemüt der Prinzessin: sie hob die Unglückliche vom Boden auf, und die Frage war nur, wie man der Schmach, die über sie hereinzubrechen drohte, vorbeugen könne? In Fällen dieser Art fehlt es den Frauen, wie bekannt, niemals an Witz und der erforderlichen Erfindung; und wenige Tage verflossen: so ersann die Prinzessin selbst zur Ehrenrettung ihrer Freundin folgenden kleinen Roman.

Zuvörderst erhielt sie abends, in ihrem Hotel, da sie beim Spiel saß, vor den Augen mehrerer, zu einem Souper eingeladenen Gäste einen Brief: sie erbricht und überliest ihn, und indem sie sich zur Signora Franzeska wendet: „Signora", spricht sie, „Graf Scharfeneck, der junge Deutsche, der Sie vor zwei Jahren in Rom gesehen, hält aus Venedig, wo er den Winter zubringt, um Ihre Hand an. – Da!" setzt sie hinzu, indem sie wieder zu den Karten greift, „lesen Sie selbst: es ist ein edler und würdiger Kavalier, vor dessen Antrag Sie sich nicht zu schämen brauchen." Signora Franzeska steht errötend auf; sie empfängt den Brief, überfliegt ihn, und, indem sie die Hand der Prinzessin küßt: „Gnädigste", spricht sie: „da der Graf in diesem Schreiben erklärt, daß er Italien zu seinem Vaterlande machen kann, so nehme ich ihn, von Ihrer Hand, als meinen Gatten an!" – Hierauf geht das Schreiben unter Glückwünschungen von Hand zu Hand; jedermann erkundigt sich nach der Person des Freiers, den niemand kennt, und Signora Franzeska gilt, von diesem Augenblick an, für die Braut des Grafen Scharfeneck. Drauf, an dem zur Ankunft des Bräutigams bestimmten Tage, an welchem nach seinem Wunsche auch sogleich die Hochzeit sein soll, fährt ein Reisewagen mit vier Pferden vor: es ist der Graf Scharfeneck! Die ganze Gesellschaft, die, zur Feier dieses Tages, in dem Zimmer der Prinzessin versammelt war, eilt voll Neugierde an die Fenster, man sieht ihn, jung und schön wie ein junger Gott, aussteigen – inzwischen verbreitet sich sogleich, durch einen vorangeschickten Kammerdiener, das Gerücht, daß der Graf krank sei, und in einem Nebenzimmer habe abtreten müssen. Auf diese unangenehme Meldung wendet sich die Prinzessin betreten zur Braut; und beide begeben sich nach einem kurzen Gespräch, in das Zimmer des Grafen, wohin ihnen nach Verlauf von etwa einer Stunde der Priester folgt. Inzwischen wird die Gesellschaft durch den Hauskavalier der Prinzessin zur Tafel geladen; es verbreitet sich, während sie auf das kostbarste und ausgesuchteste bewirtet wird, durch diesen die Nachricht, daß der junge Graf, als ein echter, deutscher Herr, weniger krank, als vielmehr nur ein Sonderling sei, der die Gesellschaft bei Festlichkeiten dieser Art nicht liebe; bis spät, um 11 Uhr in der Nacht, die Prinzessin, Signora Franzeska an der Hand, auftritt, und den versammelten Gästen mit der Äußerung, daß die Trauung bereits vollzogen sei, die Frau Gräfin von Scharfeneck vorstellt. Man erhebt sich, man erstaunt und freut sich, man jubelt und fragt: doch alles, was man von der Prinzessin und der Gräfin erfährt, ist, daß der Graf wohlauf sei; daß er sich auch in kurzem sämtlichen Herrschaften, die hier die Güte gehabt, sich zu versammeln, zeigen würde; daß dringende Geschäfte jedoch ihn nötigten, mit der Frühe des nächsten Morgens nach Venedig, wo ihm ein Onkel gestorben sei und er eine Erbschaft zu erheben habe, zurückzukehren. Hierauf, unter wiederholten Glückwünschungen und Umarmungen der Braut, entfernt sich die Gesellschaft; und mit dem Anbruch des Tages fährt, im Angesicht der ganzen Dienerschaft, der Graf in seinem Reisewagen mit vier Pferden wieder ab. – Sechs Wochen darauf erhalten die Prinzessin und die Gräfin, in einem schwarz versiegelten Briefe, die Nachricht, daß der Graf Scharfeneck in dem Hafen von Venedig ertrunken sei. Es heißt, daß er, nach einem scharfen Ritt, die Unbesonnenheit begangen, sich zu baden; daß ihn der Schlag auf der Stelle gerührt, und sein Körper noch bis diesen Augenblick im Meere nicht gefunden sei. – Alles, was zu dem Hause der Prinzessin gehört, versammelt sich, auf diese schreckliche Post, zur Teilnahme und Kondolation; die Prinzessin zeigt den unseligen Brief, die Gräfin, die ohne Bewußtsein in ihren Armen liegt, jammert und ist untröstlich –; hat jedoch nach einigen Tagen Kraft genug, nach Venedig abzureisen, um die ihr dort zugefallene Erbschaft in Besitz zu nehmen. – Kurz, nach Verfluß von ungefähr neun Monaten (denn so lange dauerte der Prozeß) kehrt sie zurück; und zeigt einen allerliebsten kleinen Grafen Scharfeneck, mit welchem sie der Himmel daselbst gesegnet hatte. Ein Deutscher, der eine große genealogische Kenntnis seines Vaterlands hatte, entdeckte das Geheimnis, das dieser Intrige zum Grunde lag, und schickte dem jungen Grafen, in einer zierlichen Handzeichnung, sein Wappen zu, welches die Ecke einer Bank darstellte, unter welcher ein Kind lag. Die Dame hielt sich gleichwohl, unter dem Namen einer Gräfin Scharfeneck, noch mehrere Jahre in Neapel auf; bis der Vicomte von P . . ., im Jahr 1793, zum zweitenmale nach Italien kam, und sich, auf Veranlassung der Prinzessin, entschloß, sie zu heiraten. – Im Jahr 1802 kehrten beide nach Frankreich zurück.

Aus: Heinrich von Kleist: Sämtliche Werke und Briefe. Hrsg. von Helmut Sembdner. Bd. 2. Vierte, revidierte Auflage. München 1965.

3 THEODOR STORM
Im Saal
[1848]

Am Nachmittag war Kindstaufe gewesen; nun war es gegen Abend. Die Eltern des Täuflings saßen mit den Gästen im geräumigen Saal, unter ihnen die Großmutter des Mannes; die anderen waren ebenfalls nahe Verwandte, junge und alte, die Großmutter aber war ein ganzes Geschlecht älter als die ältesten von diesen. Das Kind war nach ihr „Barbara" getauft worden; doch hatte es auch noch einen schöneren Namen erhalten, denn Barbara allein klang doch gar zu altfränkisch für das hübsche kleine Kind. Dennoch sollte es mit diesem Namen gerufen werden; so wollten es beide Eltern, wie viel auch die Freunde dagegen einzuwenden hatten. Die alte Großmutter aber erfuhr nichts davon, daß die Brauchbarkeit ihres langbewährten Namens in Zweifel gezogen war.

Der Prediger hatte nicht lange nach Verrichtung seines Amtes den Familienkreis sich selbst überlassen; nun wurden alte, liebe, oft erzählte Geschichten hervorgeholt und nicht zum letztenmal wiedererzählt. Sie kannten sich alle; die Alten hatten die Jungen aufwachsen, die Ältesten die Alten grau werden sehen; von allen wurden die anmutigsten und spaßhaftesten Kindergeschichten erzählt; wo kein anderer sie wußte, da erzählte die Großmutter. Von ihr allein konnte niemand erzählen; ihre Kinderjahre lagen hinter der Geburt aller anderen; die außer ihr selbst etwas davon wissen konnten, hätten weit über jedes Menschenalter hinaus sein müssen. – Unter solchen Gesprächen war es abendlich geworden. Der Saal lag gegen Westen, ein roter Schimmer fiel durch die Fenster noch auf die Gipsrosen an den weißen, mit Stukkaturarbeit gezierten Wänden; dann verschwand auch der. Aus der Ferne konnte man ein dumpfes eintöniges Rauschen in der jetzt eingetretenen Stille vernehmen. Einige der Gäste horchten auf.

„Das ist das Meer", sagte die junge Frau.

„Ja", sagte die Großmutter, „ich habe es oft gehört; es ist schon lange so gewesen."

Dann sprach wieder niemand; draußen vor den Fenstern in dem schmalen Steinhofe stand eine große Linde, und man hörte, wie die Sperlinge unter den Blättern zur Ruhe gingen. Der Hauswirt hatte die Hand seiner Frau gefaßt, die still an seiner Seite saß, und heftete die Augen an die krause altertümliche Gipsdecke.

„Was hast du?" fragte ihn die Großmutter.

„Die Decke ist gerissen", sagte er, „die Simse sind auch gesunken. Der Saal wird alt, Großmutter, wir müssen ihn umbauen."

„Der Saal ist noch nicht so alt", erwiderte sie, „ich weiß noch wohl, als er gebaut wurde."

„Gebaut? Was war denn früher hier?"

„Früher?" wiederholte die Großmutter; dann verstummte sie eine Weile und saß da wie ein lebloses Bild; ihre Augen sahen rückwärts in eine vergangene Zeit, ihre Gedanken waren bei den Schatten der Dinge, deren Wesen lange dahin war. Dann sagte sie: „Es ist achtzig Jahre her; dein Großvater und ich, wir haben es uns oft nachher erzählt – die Saaltür führte dazumal nicht in einen Hausraum, sondern aus dem Hause hinaus in einen kleinen Ziergarten; es ist aber nicht mehr dieselbe Tür, die alte hatte Glasscheiben, und man sah dadurch gerade in den Garten hinunter, wenn man zur Haustür hereintrat. Der Garten lag drei Stufen tiefer, die Treppe war an beiden Seiten mit buntem chinesischen Geländer versehen. Zwischen zwei von niedrigem Buchs eingefaßten Rabatten führte ein breiter, mit weißen Muscheln ausgestreuter Steig nach einer Lindenlaube, davor zwischen zweien Kirschbäumen hing eine Schaukel; zu beiden Seiten der Laube an der hohen Gartenmauer standen sorgfältig aufgebundene Aprikosenbäume. – Hier konnte man sommers in der Mittagsstunde deinen Urgroßvater regelmäßig auf und ab gehen sehen, die Aurikeln und holländischen Tulpen auf den Rabatten ausputzend oder mit Bast an weiße Stäbchen bindend. Er war ein strenger, akkurater Mann mit militärischer Haltung, und seine schwarzen Augenbrauen gaben ihm bei den weißgepuderten Haaren ein vornehmes Ansehen.

So war es einmal an einem Augustnachmittag, als dein Großvater die kleine Gartentreppe herabkam; aber dazumalen war er noch weit vom

Großvater entfernt. – Ich sehe es noch vor meinen alten Augen, wie er mit schlankem Tritt auf deinen Urgroßvater zuging. Dann nahm er ein Schreiben aus einer sauber gestickten Brieftasche und überreichte es mit einer anmutigen Verbeugung. Er war ein feiner junger Mensch mit sanften freundlichen Augen, und der schwarze Haarbeutel stach angenehm bei den lebhaften Wangen und dem perlgrauen Tuchrock ab. – Als dein Urgroßvater das Schreiben gelesen hatte, nickte er und schüttelte deinem Großvater die Hand. Er mußte ihm schon gut sein; denn er tat selten dergleichen. Dann wurde er ins Haus gerufen, und dein Großvater ging in den Garten hinab.

In der Schaukel vor der Laube saß ein achtjähriges Mädchen; sie hatte ein Bilderbuch auf dem Schoße, worin sie eifrig las; die klaren goldenen Locken hingen ihr über das heiße Gesichtchen herab, der Sonnenschein lag brennend darauf.

‚Wie heißt du?‘ fragte der junge Mann.

Sie schüttelte das Haar zurück und sagte: ‚Barbara.‘

‚Nimm dich in acht, Barbara; deine Locken schmelzen ja in der Sonne.‘

Die Kleine fuhr mit der Hand über das heiße Haar, der junge Mann lächelte – und es war ein sehr sanftes Lächeln. – – ‚Es hat nicht Not,‘ sagte er; ‚komm, wir wollen schaukeln.‘

Sie sprang heraus: ‚Wart’, ich muß erst mein Buch verwahren.‘ Dann brachte sie es in die Laube. Als sie wiederkam, wollte er sie hineinheben. ‚Nein‘, sagte sie, ‚ich kann ganz allein.‘ Dann stellte sie sich auf das Schaukelbrett und rief: ‚Nur zu!‘ – Und nun zog dein Großvater, daß ihm der Haarbeutel bald rechts, bald links um die Schultern tanzte; die Schaukel mit dem kleinen Mädchen ging im Sonnenschein auf und nieder, die klaren Locken wehten ihr frei von den Schläfen. Und immer ging es ihr nicht hoch genug. Als aber die Schaukel rauschend in die Lindenzweige flog, fuhren die Vögel zu beiden Seiten aus den Spalieren, daß die überreifen Aprikosen auf die Erde herabrollten.

‚Was war das?‘ sagte er und hielt die Schaukel an.

Sie lachte, wie er so fragen könne. ‚Das war der Iritsch,‘ sagte sie, ‚er ist sonst gar nicht so bange.‘

Er hob sie aus der Schaukel, und sie gingen zu den Spalieren; da lagen die dunkelgelben Früchte zwischen dem Gesträuch. „Dein Iritsch hat dich traktiert!‘ sagte er. Sie schüttelte mit dem Kopf und legte eine schöne Aprikose in seine Hand. ‚Dich!‘ sagte sie leise.

Nun kam dein Urgroßvater wieder in den Garten zurück. ‚Nehm’ Er sich in acht‘, sagte er lächelnd. ‚Er wird sie sonst nicht wieder los.‘ Dann sprach er von Geschäftssachen, und beide gingen ins Haus.

Am Abend durfte die kleine Barbara mit zu Tische sitzen; der junge freundliche Mann hatte für sie gebeten. – So ganz, wie sie es gewünscht hatte, kam es freilich nicht; denn der Gast saß oben an ihres Vaters Seite; sie aber war nur noch ein kleines Mädchen und mußte ganz unten bei dem allerjüngsten Schreiber sitzen. Darum war sie auch so bald mit dem Essen fertig; dann stand sie auf und schlich sich an den Stuhl ihres Vaters. Der aber sprach mit dem jungen Manne so eifrig über Konto und Diskonto, daß dieser für die kleine Barbara gar keine Augen hatte. – Ja, ja, es ist achtzig Jahre her; aber die alte Großmutter denkt es noch wohl, wie die kleine Barbara damals recht sehr ungeduldig wurde und auf ihren guten Vater gar nicht zum Besten zu sprechen war. Die Uhr schlug zehn, und nun mußte sie gute Nacht sagen. Als sie zu deinem Großvater kam, fragte er sie: ‚Schaukeln wir morgen?‘ und die kleine Barbara wurde wieder ganz vergnügt. – ‚Er ist ja ein alter Kindernarr, Er!‘ sagte der Urgroßvater; aber eigentlich war er selbst recht unvernünftig in sein kleines Mädchen verliebt.

Am anderen Tage gegen Abend reiste dein Großvater fort.

Dann gingen acht Jahre hin. Die kleine Barbara stand oft zur Winterszeit an der Glastür und hauchte die gefrorenen Scheiben an; dann sah sie durch das Guckloch in den beschneiten Garten hinab und dachte an den schönen Sommer, an die glänzenden Blätter und an den warmen Sonnenschein, an den Iritsch, der immer in den Spalieren nistete, und wie einmal die reifen Aprikosen zur Erde gerollt waren, und dann dachte sie an einen Sommertag und zuletzt immer nur an diesen einen Sommertag, wenn sie an den Sommer dachte. – So gingen die Jahre hin; die kleine Barbara war nun doppelt so alt und eigentlich gar nicht mehr die kleine Barbara; aber der eine Sommertag stand noch immer als ein heller Punkt in ihrer Erinnerung. – Dann war er endlich eines Tages wirklich wieder da.“

„Wer?“ fragte lächelnd der Enkel, „der Sommertag?“

„Ja,“ sagte die Großmutter, „ja, dein Großvater. Es war ein rechter Sommertag.“

„Und dann?“ fragte er wieder.

„Dann,“ sagte die Großmutter, „gab es ein Brautpaar, und die kleine Barbara wurde deine Großmutter, wie sie hier unter euch sitzt und die alten Geschichten erzählt. – So weit wars aber noch nicht. Erst gab es eine Hochzeit, und dazu ließ dein Urgroßvater den Saal bauen. Mit dem Garten und den Blumen war's nun wohl vorbei; es hatte aber nicht Not, er bekam bald lebendige Blumen zur Unterhaltung in seinen Mittagsstunden. Als der Saal fertig war, wurde die Hochzeit gehalten. Es war eine lustige Hochzeit, und die Gäste sprachen noch lange nachher davon. – Ihr, die ihr hier sitzt, und die ihr jetzt allenthalben dabei sein müßt, ihr waret freilich nicht dabei; aber eure Väter und Großväter, eure Mütter und Großmütter, und das waren auch Leute, die ein Wort mitzusprechen wußten. Es war damals freilich noch eine stille, bescheidene Zeit; wir wollten noch nicht alles besser wissen als die Majestäten und ihre Minister; und wer seine Nase in die Politik steckte, den hießen wir einen Kannegießer, und war's ein Schuster, so ließ man die Stiefeln bei seinem Nachbar machen. Die Dienstmädchen hießen noch alle Trine und Stine, und jeder trug den Rock nach seinem Stande. Jetzt tragt ihr sogar Schnurrbärte wie Junker und Kavaliere. Was wollt ihr denn? Wollt ihr alle mitregieren?"

„Ja, Großmutter", sagte der Enkel.

„Und der Adel und die hohen Herrschaften, die doch dazu geboren sind? was soll aus denen werden?"

„O – – Adel – –" sagte die junge Mutter und sah mit stolzen, liebevollen Augen zu ihrem Manne hinauf.

Der lächelte und sagte: „Streichen, Großmutter; oder wir werden alle Freiherren, ganz Deutschland mit Mann und Maus. Sonst seh' ich keinen Rat."

Die Großmutter erwiderte nichts darauf; sie sagte nur: „Auf meiner Hochzeit wurde nichts von Staatsgeschichten geredet; die Unterhaltung ging ihren ebenen Tritt, und wir waren ebenso vergnügt dabei als ihr in euren neumodischen Gesellschaften. Bei Tische wurden spaßhafte Rätsel aufgegeben und Leberreime gemacht, beim Dessert wurde gesungen: ‚Gesundheit, Herr Nachbar, das Gläschen ist leer!' und alle die anderen hübschen Lieder, die nun vergessen sind; dein Großvater mit seiner hellen Tenorstimme war immer herauszuhören. – Die Menschen waren damals noch höflicher gegeneinander; das Disputieren und Schreien galt in einer feinen Gesellschaft für sehr unziemlich. – Nun, das ist alles anders geworden; – aber dein Großvater war ein sanfter, friedlicher Mann. Er ist schon lange nicht mehr auf dieser Welt; er ist mir weit vorausgegangen; es wird wohl Zeit, daß ich nachkomme."

Die Großmutter schwieg einen Augenblick, und es sprach niemand. Nur ihre Hände fühlte sie ergriffen; sie wollten sie alle noch behalten. Ein friedliches Lächeln glitt über das alte liebe Gesicht; dann sah sie auf ihren Enkel und sagte: „Hier im Saal stand auch seine Leiche; du warst damals erst sechs Jahre alt und standest am Sarge zu weinen. Dein Vater war ein strenger, rücksichtsloser Mann. ‚Heule nicht, Junge,' sagte er und hob dich auf den Arm. ‚Sieh her, so sieht ein braver Mann aus, wenn er gestorben ist.' Dann wischte er sich heimlich selbst eine Träne vom Gesicht. Er hatte immer eine große Verehrung für deinen Großvater gehabt. Jetzt sind sie alle hinüber; – und heute habe ich hier im Saale meine Urenkelin aus der Taufe gehoben, und ihr habt ihr den Namen eurer alten Großmutter gegeben. Möge der liebe Gott sie ebenso glücklich und zufrieden zu meinen Tagen kommen lassen!"

Die junge Mutter fiel vor der Großmutter auf die Knie und küßte ihre feinen Hände.

Der Enkel sagte: „Großmutter, wir wollen den alten Saal ganz umreißen und wieder einen Ziergarten pflanzen; die kleine Barbara ist auch wieder da. Die Frauen sagen ja, sie ist dein Ebenbild; sie soll wieder in der Schaukel sitzen, und die Sonne soll wieder auf goldene Kinderlocken scheinen; vielleicht kommt dann auch eines Sommernachmittags der Großvater wieder die kleine chinesische Treppe herab, vielleicht – –"

Die Großmutter lächelte: „Du bist ein Phantast," sagte sie; „dein Großvater war es auch."

Aus: Theodor Storm: Sämtliche Werke. Herausgegeben und eingeleitet von Gertrud Storm. Bd. 1. Leipzig 1927.

4 PETER ALTENBERG
Quartett-Soirée
[1896]

Der Saal ist viereckig, schneeweiß, überhaupt wie eine riesige Pappendeckelschachtel. Die durchscheinenden Kugeln aus dickem welligem Glase machen aus dem Bogenlicht im Inneren goldgrüne und weißgrüne Flecken, die wie glänzendes Wasser schimmern oder Öl, wie Milch im Mondschein.

Rechts neben ihm saß sein goldblondes Schwesterchen, in Samt maron purée und einer Bluse aus gleichfarbiger Seide. Sie hatte zu Hause gebadet, sich getummelt, häusliche Unannehmlichkeiten gehabt, suchte nun etwas, das entlastete, entfernte, blickte in die riesige Pappendeckelschachtel mit den goldgrünen glänzenden Flecken – – –.

„Man bleibt also der, der man ist, überall – –?!", fühlte sie.

Die Instrumente sagten: „Husch aus dem Bade –!" „Marie, bitte, oh Marie." „Aber Fräulein, machen die Brause zu – –. Wie schön Fräulein sind – –." „Wo ist mein Seidentuch?! Bitte um Geld für die Garderobe – –." „So geh schon – –." „Gibt es einen Frühling – –?! Was ist eigentlich Musik – –?!"

Links neben ihm saßen zwei Schwestern, junge Frauen, Bekannte. Die eine hatte eine Pongis-Bluse mit Rubinschmuck und schwarze Augen, Augen wie Mitternacht. Diese Augen sagten: „Ich will brennen! Macht ein Feuer an! Ich will brennen – – –!"

Die andere dachte: „Das Leben hat schöne Einzelheiten wie das Quartett. Aber was ist es?! Man zählt und zählt – – –. Anita ist müde, Zählen macht müde, nicht?! Und wenn ich Zehntausend habe?! Dann lege ich es in ein goldenes Kästchen und werfe das Schlüsselchen ins Meer – – –."

Die Violinen sangen.

Sie träumte: „Helgoland – – oh meine Sommertage – – ins Meer – –."

Das Fräulein in maron purée dachte: „Die vier Herren da oben sind schwarz und zusammengeduckt, sie müssen sehr unbequem sitzen, und die Fräcke verdrücken sich. Es ist Kammermusik, der edelste Kunstgenuß, ja wirklich. Die Oper hat mehr Farben – –."

„Die Oper hat mehr Farben – – –" dachte sie jetzt endgültig und ihre gebadete Haut begann zu dunsten in der Konzert-Luft.

„Habe ich das Eau de Cologne zugestopselt, habe ich das frische Nachthemd hergerichtet, habe ich Reis herausgegeben – – –?!" dachte sie.

Die Dame sagte zu dem Herrn: „Sie müssen Helgoland sehen – –. Ich habe den Tanz getanzt mit den Matrosen – –."

Es hieß: „Jawohl, ob du es glaubst oder nicht, so eine bin ich – – manches Mal."

„Pst – – –", sagte man.

Süße Töne füllten die weiße Pappendeckelschachtel wie mit Bonbons.

Da stieg das Cello in ihr Herz – – –.

„Was siehst du mich an, Herr?! Höre lieber zu – – –."

Pause.

„Helgoland – – – ich tanzte mit den Matrosen!"

„Zartes feines Geschöpf – –", denkt der Herr, „haben sie dich nicht zerdrückt?!"

„Woher bin ich – –?!", fühlt sie plötzlich, „wohin gehe ich?! Ich wohne Ebendorferstraße 17, I. Stock, Tür 5. Im Vorzimmer ist ein roter Teppich und Spiegelglas. Wie ein kleiner Kerker ist es – –.

Helgoland, ich tanzte mit Matrosen – – –!"

Das Fräulein in maron purée denkt: „Ich habe niemand – – –."

Andante.

„Wie Schatten – – –", sagte die junge Frau.

„Du bist affektiert – –", denkt das Fräulein; „wie Schatten – – –?!"

Die junge Frau wird rot, weil man es gehört hat. Sie senkt den Kopf, horcht auf die „huschenden Schatten" – – –.

Die Violinen machten „ti-ti-tiiiii – – –", worauf das Cello noch ein bißchen das alte Thema in Erinnerung brachte, aber nur so, husch – – –.

Wie Schatten – – –.

Alle sagten „bravo". Wie wenn man sagt: „bravo, ein Kind ist gestorben."

Eigentlich hätte man schluchzen hören sollen.

Die junge Frau zieht an ihrem Opernguckersäckchen aus Seide, zu, auf, zu, auf, zu – – –.

Das Fräulein denkt: „War es fad oder bloß traurig?!"

In der ersten Reihe sitzt Frau P. Sie bekommt alles im Leben aus erster Hand. Sogar die Jacke ist Modellstück, hellgrüne Seide mit opalisierenden Glasperlen. Sie denkt: „Wie angenehm ist das Leben und so einfach und wie schön diese Herren spielen! Wird Herr Max zum Souper mitkommen?!"

Die ganze erste Reihe hält sich für König Ludwig, dem man extra vorspielt. Wirklich, die Töne fahren sonst in der Pappendeckelschachtel herum wie feine Schmetterlinge, zerstoßen sich an den goldgrünen Flecken der Lampen – – –. Aber in der ersten Reihe schweben sie über den Cercle-Sitzen wie über Blumen.

Der Musikkritiker sitzt ganz rückwärts. Er hat das Ohr mit seinen Labyrinthen. Ein Ariadnefaden führt zum Welt-Geist!

Alle sagen: „bravo – – –."

Er fühlt: „Ein Kind ist gestorben – – –."

„Sie müssen Helgoland sehen – – –", sagt die junge Frau zu dem Herrn, „das wünsche ich Ihnen – –."

„Sie sind wie eine Meermuschel", sagt er, „in der das Meer noch singt, wenn längst – – –."

Da begann ein neues Musikstück.

Das Klavier sagte: „wenn längst, wenn längst – –" und tanzte einen Matrosentanz. Das Cello griff ins Herz hinein, eigentlich drückte es das Herz zusammen und ließ es wieder los. Da wurde es weit oder es schien nur so – – –.

„Es ist ein Meerbad – –", fühlt die Dame, „kurz wie Helgoland und wie der Sommer und wie eine Herde gelber Schafe, die durch ein sonniges Dorf getrieben wird, und wie der Duft von Kartoffelfeldern am Abend, wie Hühner-Bouillon, wenn man krank war, wie ‚bittersüß' und wie ‚da bist du endlich' – – –."

Das Fräulein träumte: „Habe ich jemand – –?!"

Der Herr blickt die Helgoländerin an: „bitte, numeriere diesen Blick nicht – – –."

„Nein – –", antwortet sie sanft mit ihren Augen, „ich lege ein eigenes Konto an – – –."

„Und wirf das Schlüsselchen nicht ins Meer – –!"

„Und werfe das Schlüsselchen nicht ins Meer – –."

Klavier, Violino primo, Violino secondo, Cello, Viola sangen: „Wirf es ins Meer, ins Meer, ins Meer – – –."

Aber es war nur das Klavierquintett von G., zweiter Satz, Andante.

Das Fräulein in maron purée dachte: „Diese Stelle klingt wirklich wie ‚Ich habe niemand, niemand, niemand' – – –!"

Aus: Peter Altenberg. Auswahl aus seinen Büchern. Hrsg. von Karl Kraus. Zürich 1963.

5 ROBERT WALSER
Basta
[1916]

Ich kam dann und dann zur Welt, wurde dort und dort erzogen, ging ordentlich zur Schule, bin das und das und heiße so und so und denke nicht viel. Geschlechteswegen bin ich ein Mann, staateswegen bin ich ein guter Bürger und rangeshalber gehöre ich zur besseren Gesellschaft. Ich bin ein säuberliches, stilles nettes Mitglied der menschlichen Gesellschaft, ein sogenannter guter Bürger, trinke gern mein Glas Bier in aller Vernunft und denke nicht viel. Auf der Hand liegt, daß ich mit Vorliebe gut esse, und ebenso liegt auf der Hand, daß mir Ideen fern liegen. Scharfes Denken liegt mir gänzlich fern; Ideen liegen mir vollständig fern, und deshalb bin ich ein guter Bürger, denn ein guter Bürger denkt nicht viel. Ein guter Bürger ißt sein Essen, und damit basta!

Den Kopf strenge ich nicht sonderlich an, ich überlasse das andern Leuten. Wer den Kopf anstrengt, macht sich verhaßt; wer viel denkt, gilt als ungemütlicher Mensch. Schon Julius Cäsar deutete mit dem dicken Finger auf den mageren hohläugigen Cassius, vor dem er sich fürchtete, weil er Ideen bei ihm vermutete. Ein guter Bürger darf nicht Furcht und Verdacht einflößen; vieles Denken ist nicht seine Sache. Wer viel denkt, macht sich unbeliebt, und es ist vollständig überflüssig, sich unbeliebt zu machen. Schnarchen und Schlafen ist besser als Dichten und Denken. Ich kam dann und dann zur Welt, ging dort und dort zur Schule, lese gelegentlich die und die Zeitung, treibe den und den Beruf, bin so und so alt, scheine ein guter Bürger zu sein und scheine gern gut zu essen. Den Kopf strenge ich nicht sonderlich an, da ich das andern Leuten überlasse. Vieles Kopfzerbrechen ist nicht meine Sache, denn wer viel denkt, dem tut der Kopf weh, und Kopfweh ist vollständig überflüssig. Schlafen und Schnarchen ist besser als Kopfzerbrechen, und ein Glas Bier in aller Vernunft ist weitaus besser als Dichten und Denken. Ideen liegen mir vollständig fern, und den Kopf will ich mir unter keinen Umständen zerbrechen, ich überlasse das leitenden Staatsmännern. Dafür bin ich ja ein guter Bürger, damit ich Ruhe habe, damit ich den Kopf nicht anzustrengen brauche, damit mir Ideen völlig fern liegen und damit ich mich vor zu vielem Denken ängstlich fürchten darf. Vor scharfem Denken habe ich Angst. Wenn ich scharf denke, wird es mir ganz blau und grün vor den Augen. Ich trinke lieber ein gutes Glas Bier und überlasse jedwedes scharfes Denken leitenden Staatslenkern. Staatsmänner können meinetwegen so scharf denken wie sie wollen und so lang, bis ihnen die Köpfe brechen. Mir wird immer ganz blau und grün vor den Augen, wenn ich den Kopf anstrenge, und das ist nicht gut, und deshalb strenge ich den Kopf so wenig wie möglich an und bleibe hübsch kopflos und gedankenlos. Wenn nur leitende Staatsmänner denken, bis es ihnen grün und blau vor den Augen wird und bis ihnen der Kopf zerspringt, so ist alles in Ordnung, und unsereins kann ruhig sein Glas Bier in aller Vernunft trinken, mit Vorliebe gut essen und nachts sanft schlafen und schnarchen, in der Annahme, daß Schnarchen und Schlafen besser seien als Kopfzerbrechen und besser als Dichten und Denken. Wer den Kopf anstrengt, macht sich nur verhaßt, und wer Absichten und Meinungen bekundet, gilt als ungemütlicher Mensch, aber ein guter Bürger soll kein ungemütlicher, sondern ein gemütlicher Mensch sein. Ich überlasse in aller Seelenruhe scharfes und kopfzerbrechendes Denken leitenden Staatsmännern, denn unsereins ist ja doch nur ein solides und unbedeutendes Mitglied der menschlichen Gesellschaft und ein sogenannter guter Bürger oder Spießbürger, der gern sein Glas Bier in aller Vernunft trinkt und gern sein möglichst gutes fettes nettes Essen ißt und damit basta!

Staatsmänner sollen denken, bis sie gestehen, daß es ihnen grün und blau vor den Augen ist und daß sie Kopfweh haben. Ein guter Bürger soll nie Kopfweh haben, vielmehr soll ihm immer sein gutes Glas Bier in aller gesunden Vernunft schmecken, und er soll des nachts sanft schnarchen und schlafen. Ich heiße so und so, kam dann und dann zur Welt, wurde dort und dort ordentlich und pflichtgemäß in die Schule gejagt, lese gelegentlich die und die Zeitung, bin von Beruf das und das, zähle so und so viele Jahre und verzichte darauf, viel und angestrengt zu denken, weil ich Kopfanstrengung und Kopfzerbrechen mit Vergnügen leitenden und lenkenden Köpfen überlasse, die sich verantwortlich fühlen. Unsereins fühlt weder hinten noch vorn Verantwortung, denn unsereins trinkt sein Glas Bier in aller Vernunft und denkt nicht viel, sondern überläßt dieses sehr eigenartige Vergnügen Köpfen, die die Verantwortung tragen. Ich ging da und da zur Schule, wo ich genötigt wurde, den Kopf anzustrengen, den ich seither nie mehr wieder einigermaßen angestrengt und in Anspruch genommen habe. Geboren bin ich dann und dann, trage den und den Namen, habe keine Verantwortung und bin keineswegs einzig in meiner Art. Glücklicherweise gibt es recht viele, die sich, wie ich, ihr Glas Bier in aller Vernunft schmekken lassen, die ebenso wenig denken und es ebenso wenig lieben, sich den Kopf zu zerbrechen wie ich, die das lieber andern Leuten, z. B. Staatsmännern, freudig überlassen. Scharfes Denken liegt mir stillem Mitglied der menschlichen Gesellschaft gänzlich fern und glücklicherweise nicht nur mir, sondern Legionen von solchen, die, wie ich, mit Vorliebe gut essen und nicht viel denken, so und so viele Jahre alt sind, dort und dort erzogen worden sind, säuberliche Mitglieder der menschlichen Gesellschaft sind wie ich, und gute Bürger sind wie ich, und denen scharfes Denken ebenso fern liegt wie mir und damit basta!

Aus: Robert Walser: Kleine Dichtungen. Prosastücke. Kleine Prosa. Hrsg. von Jochen Greven. Genf und Hamburg 1971.

6 KURT TUCHOLSKY
Morgens um acht
[1923]

Neulich habe ich einen Hund gesehen – der ging ins Geschäft. Es war eine Art gestopfter Sofarolle, mit langen Felltroddeln als Behang, und er wackelte die Leipziger Straße zu Berlin herunter; ganz ernsthaft ging er da und sah nicht links noch rechts und beroch nichts, und etwas anderes tat er schon gar nicht. Er ging ganz zweifellos ins Geschäft.

Und wie hätte er das auch nicht tun sollen? Alle um ihn taten es.

Da rauschte der Strom der Insgeschäftgeher durch die Stadt. Morgen für Morgen taten sie so. Sie trotteten dahin, sie gingen zum Heiligsten, wo der Deutsche hat, zur Arbeit. Der Hund hatte da eigentlich nichts zu suchen – aber wenn auch er zur Arbeit ging, so sei er willkommen.

Es saßen zwei ernste Männer in der Bahn und sahen, rauchend, satt, rasiert und durchaus zufrieden, durch die Glasscheiben. Man wünscht sich in solchen Augenblicken ein Wunder herbei, etwa, daß dem Polizeisoldaten an der Ecke Luftballons aus dem Helm steigen, nur damit jene einmal Maul und Nase aufsperrten! Da fuhr die Bahn an einem Tennisplatz vorüber. Die güldene Sonne spielte auf den hellgelben Flächen – es war strahlendes Wetter, viel zu schön für Berlin. Und einer der ernsten Männer murrte: „Haben auch nichts zu tun, sehen Sie mal! Morgens um acht Uhr Tennis spielen! Sollten auch lieber ins Geschäft gehen –!"

Ja, das sollten sie. Denn für die Arbeit ist der Mensch auf der Welt, für die ernste Arbeit, die wo den ganzen Mann ausfüllt. Ob sie einen Sinn hat, ob sie schadet oder nützt, ob sie Vergnügen macht („Arbeet soll Vajniejen machen? Ihnen piekt er woll?") –: das ist alles ganz gleich. Es muß eine Arbeit sein. Und man muß morgens hingehen können. Sonst hat das Leben keinen Zweck.

Und stockt einmal der ganze Betrieb, streiken die Eisenbahner oder ist gar Feiertag: dann sitzen sie herum und wissen nicht recht, was sie mit sich anfangen sollen. Drin ist nichts in ihnen, und draußen ist auch nichts: also was soll es? Es soll wohl gar nichts . . .

Und dann laufen sie umher wie Schüler, denen versehentlich eine Stunde ausgefallen ist – nach Hause gehen kann man nicht, und zum Spaßen ist man nicht aufgelegt . . . Sie dösen und warten. Auf den nächsten Arbeitstag. Daran, unter anderm, ist die deutsche Revolution gescheitert: sie hatten keine Zeit, Revolution zu machen, denn sie gingen ins Geschäft.

Wobei betont sein mag, daß man auch im Sport dösen kann, der augenblicklich wie das Kartenspiel betrieben wird: fein nach Regeln und hervorragend stumpfsinnig. Aber schließlich ist es immer noch besser, zu trainieren, als im schwarzen Talar Unfug zu treiben . . .

Ja, sie gehen ins Geschäft. „Was für ein Geschäft treibt ihr?" – „Wir treiben keins, Herr. Es treibt uns."

Der Hund sprang nicht. Man hüpft nicht auf den Straßen. Die Straße dient – wir wissen schon. Und das verlockende, niedrig hängende patriotische Plakat . . . der Hund ließ es außer acht.

Er ging ins Geschäft.

Aus: Kurt Tucholsky: Gesammelte Werke. Hrsg. von Mary Gerold-Tucholsky und Fritz J. Raddatz. Bd. 1: 1907–1924. Reinbek bei Hamburg 1960.

7 ÖDÖN VON HORVÁTH
Das Fräulein wird bekehrt
[1929]

Als sich das Fräulein und der Herr Reithofer kennen lernten, fielen sie sich zuerst gar nicht besonders auf. Jeder dachte nämlich gerade an etwas wichtigeres. So dachte der Herr Reithofer, daß sich der nächste Weltkrieg wahrscheinlich in Thüringen abspielen wird, weil er gerade in der Zeitung gelesen hatte, daß die rechten Kuomintang wieder mal einhundertdreiundvierzig Kommunisten erschlagen haben. Und das Fräulein dachte, es sei doch schon sehr schade, daß sie monatlich nur hundertzehn Mark verdient, denn sie hätte ja jetzt bald Urlaub und wenn sie zwohundertzehn Mark verdienen würde, könnte sie in die Berge fahren. Bis dorthin, wo sie am höchsten sind.

Gesetzlich gebührten nämlich dem Fräulein jährlich sechs bezahlte Arbeitstage – jawohl, das Fräulein hatte ein richtiggehendes Recht auf Urlaub und es ist doch noch gar nicht so lange her, da hatte solch Fräulein überhaupt nichts zu fordern, sondern artig zu kuschen und gegebenenfalls zu kündigen, sich zu verkaufen oder drgl., was zwar auch heute noch vorkommen soll. Aber heute beschützen uns ja immerhin einige Paragraphen, während noch vor zwanzig Jahren die Gnade höchst unkonstitutionell herrschte, und infolgedessen konnte man es sich gar nicht vorstellen, daß auch Lohnempfänger Urlaub haben dürfen. Es lag allein in des Brotherrn Ermessen, ob solch Fräulein zu Weihnachten oder an einem anderen christlichen Doppelfeiertage auch noch den zweiten Tag feiern durfte. Aber damals war ja unser Fräulein noch kaum geboren – eigentlich beginnt ihr Leben mit der sozialen Gesetzgebung der Weimarer Republik.

Wie schön war doch die patriarchalische Zeit! Wie ungefährdet konnte Großmama ihre Mägde kränken, quälen und davonjagen, wie war es doch selbstverständlich, daß Großpapa seine Lehrlinge um den Lohn prellte und durch Prügel zu fleißigen Charakteren erzog. Noch lebten Treu und Glauben zwischen Maas und Memel, und Großpapa war ein freisinniger Mensch. Großzügig gab er seinen Angestellten Arbeit, von morgens vier bis Mitternacht. Kein Wunder, daß das Vaterland immer mächtiger wurde! Und erst als sich der weitblickende Großpapa auf maschinellen Betrieb umstellte, da erst ging es empor zu höchsten Zielen, denn er ließ ja die Maschinen nur durch Kinder bedienen, die waren nämlich billiger als ihre Väter, maßen das Volk gesund und ungebrochen war. Also kam es nicht darauf an, daß mannigfache Kinder an der Schwindsucht krepierten, kein Nationalvermögen wächst ohne Opfersinn. Und während Bismarck, der eiserne Kanzler, erbittert das Gesetz zum Schutze der Kinderarbeit bekämpfte, wuchs Großpapas einfache Werkstatt zur Fabrik. Schlot stand an Schlot, als ihn der Schlag traf. Er hatte sich überarbeitet. Künstler, Gelehrte, Richter und hohe Beamte, ja sogar ein Oberstleutnant a. D. gaben ihm das letzte Geleite. Trotzdem blieb aber Großmama immer die bescheidene tiefreligiöse Frau.

Nämlich als Großmama geboren wurde, war es natürlich Nacht, so eine richtige kleinbürgerlich-romantische Nacht und Spätherbst. Alles stand blau am Horizont und der Mond hing über schwarzen Teichen und dem Wald.

Natürlich hatte Großmama auch ein Gebetbuch mit einer gepreßten Rose mittendrin. Wenn sie in ihrem gemütlichen Sorgenstuhl saß, betrachtete sie die Rose und dann trat ihr je eine Träne in das rechte und das linke Auge, denn die Rose hatte ihr einst der nunmehr längst verstorbene Großpapa gepflückt und dieser tote Mann tat ihr nun leid, denn als er noch lebendig gewesen ist, hatte sie ihn oft heimlich gehaßt, weil sie sich nie von einem anderen Großpapa hatte berühren lassen. Und Großmama erzählte Märchen, dann schlief sie ein und wachte nimmer auf.

Das Gebetbuch mit der Rose wurde ihr in den Sarg gelegt, Großmama ließ sich nicht verbrennen, weil sie unbedingt wiederauferstehen wollte. Und beim Anblick einer Rose zieht noch heute eine sanfte Wehmut durch ihrer Enkelkinder Gemüt, die heute bereits Regierungsrat, Sanitätsratsgattin, Diplomlandwirt, Diplomingenieur und zwo Hausbesitzersgattinnen sind.

Auch unseres Fräuleins Großmama hatte solche Rose in ihrem Gebetbuch, aber ihre Kinder gingen in der Inflation zugrunde und sieben Jahre später treffen wir das Fräulein im Kontor einer Eisenwarenhandlung in der Schellingstraße mit einem monatlichen Verdienst von hundertundzehn Mark.

Aber das Fräulein zählte nicht zum Proletariat, weil ihre Eltern mal zugrunde gegangen sind. Sie war überzeugt, daß die Masse nach Schweiß riecht, sie leugnete jede Solidarität und beteiligte sich an keiner Betriebsratswahl. Sie tat sehr stolz, weil sie sich nach einem Sechszylinder sehnte. Sie war wirklich nicht glücklich und das hat mal ein Herr, der sie in der Schellingstraße angesprochen hatte, folgendermaßen formuliert: „In der Stadt wird man so zur Null", meinte der Herr und fuhr fort: „Ich bin lieber draußen auf dem Lande auf meinem Gute. Mein Vetter ist Diplomlandwirt. Wenn zum Beispiel, mit Verlaub zu sagen, die Vögel zwitschern –" und er fügte rasch hinzu: „Wolln ma mal ne Tasse Kaffee?" Das Fräulein wollte und er führte sie auf einen Dachgarten. Es war dort sehr vornehm und plötzlich schämte sich der Herr, weil der Kellner über das Täschchen des Fräuleins lächelte und dann wurde der Herr unhöflich, zahlte und ließ das Fräulein allein auf dem Dachgarten sitzen. Da dachte das Fräulein, sie sei halt auch nur eine Proletarierin, aber dann fiel es ihr wieder ein, daß ihre Eltern zugrunde gegangen sind, und sie klammerte sich daran.

Das war am vierten Juli und zwei Tage später begegnete das Fräulein zufällig dem Herrn Reithofer in der Schellingstraße. „Guten Abend", sagte der Herr Reithofer. „Haben Sie schon gehört, daß England in Indien gegen Rußland ist? Und, daß der Reichskanzler operiert werden muß."

„Ich kümmere mich nicht um Politik", sagte das Fräulein.

„Das ist aber Staatsbürgerpflicht", sagte der Herr Reithofer.

„Ich kanns doch nicht ändern", meinte das Fräulein.

„Oho!" meinte der Herr Reithofer. „Es kommt auf jeden einzelnen an, zum Beispiel bei den Wahlen. Mit Ihrer Ansicht, Fräulein, werden Sie nie in die Berge fahren, obwohl diese ganzen Wahlen eigentlich nur eine kapitalistische Mache sind."

Der Herr Reithofer war durchaus Marxist, gehörte aber keiner Partei an, teils wegen Noske, teils aus Pazifismus. „Vielleicht ist das letztere nur Gefühlsduselei", dachte er und wurde traurig. Er sehnte sich nach Moskau und war mit einem sozialdemokratischen Parteifunktionär befreundet. Er spielte in der Arbeiterwohlfahrtslotterie und hoffte mal sehr viel zu gewinnen und das war das einzig Bürgerliche an ihm.

„Geben Sie acht, Fräulein", fuhr er fort, „wenn ich nicht vor drei Jahren zweihundert Mark gewonnen hätt, hätt ich noch nie einen Berg gesehen. Vom Urlaub allein hat man noch nichts, da gehört noch was dazu, ein anderes Gesetz, ein ganz anderes Gesetzbuch. Es ist schön in den Bergen und still."

Und dann sagte er dem Fräulein, daß er für die Befreiung der Arbeit kämpft. Und dann klärte er sie auf, und das Fräulein dachte: er hat ein angenehmes Organ. Sie hörte ihm gerne zu, und er bemerkte es, daß sie ihm zuhört. „Langweilt Sie das?" fragte er. „Oh nein!" sagte sie.

Da fiel es ihm auf, daß sie so rund war rundherum, und er mußte direkt achtgeben, daß er nicht an sie ankommt.

„Herr Reithofer", sagte plötzlich das Fräulein, „Sie wissen aber schon sehr viel und Sie können es einem so gut sagen" – aber der Herr Reithofer ließ sich nicht stören, weil er gerade über den Apostel Paulus sprach und darüber ist es sehr schwer zu sprechen. „Man muß sich schon sehr konzentrieren", dachte der Herr Reithofer und ging über zur französischen Revolution.

Er erzählte ihr, wie Marat ermordet wurde, und das Fräulein überraschte sich dabei, wie sehr sie sich anstrengen mußte, wenn sie an einen Sechszylinder denken wollte. Es war ihr plötzlich, als wären nicht ihre Eltern, sondern bereits ihre Urureltern zugrunde gegangen. Sie sah so plötzlich alles anders, daß sie einen Augenblick stehen bleiben mußte. Der Herr Reithofer ging aber weiter, und sie betrachtete ihn von hinten.

Es war ihr, als habe der Herr Reithofer in einem dunklen Zimmer das Licht angeknipst und nun könne sie den Reichswehrminister, den Prinz von Wales und den Poincaré, den Mussolini und zahlreiche Aufsichtsräte sehen. Auf dem Bette saß ihr Chef, auf dem Tische stand ein Schupo, vor dem Spiegel ein General und am Fenster ein Staatsanwalt – als hätten sie immer schon in ihrem Zimmer gewohnt. Aber dann öffnete sich die Türe und herein trat ein mittelgroßer stämmiger Mann, der allen Männern ähnlich sah. Er ging feierlich auf den Herrn Reithofer zu, drückte ihm die Hand und sprach: „Genosse Reithofer, du hast ein bürgerliches Fräulein bekehrt. Das ist sehr schön von dir." Und das Fräulein dachte: „Ich glaub gar, dieser Herr Reithofer ist ein anständiger Mensch."

„Die Luft ist warm heut abend", sagte der anständige Mensch. „Wollen Sie schon nachhaus oder gehen wir noch etwas weiter?"

„Wohin?"

„Dort drüben ist die Luft noch besser, das ist immer so in den Anlagen", sagte er und dann fügte er noch hinzu, der Imperialismus sei die jüngste Etappe des Kapitalismus und dann sprach er kein Wort.

Warum er denn kein Wort mehr sage, fragte das Fräulein. Weil es so schwer sei, die Menschen auf den rechten Weg zu bringen, sagte der Herr Reithofer. Hierauf konnte man beide nicht mehr sehen, denn es war sehr dunkel in den Anlagen.

Wollen wir ihnen folgen? Nein. Es ist doch häßlich, zwei Menschen zu belauschen, von denen man doch schon weiß, was sie voneinander wollen. Kaufen wir uns lieber eine Zeitung, die Sportnachrichten sind immer interessant.

Ich liebe den Fußball – und Sie? Wie? Sie wollen, daß ich weitererzähle? Sie finden, daß das kein Schluß ist? Sie wollen wissen, ob sich das Fräulein wirklich bekehrt hat? Sie behaupten, es sei unfaßbar, daß solch ein individualistisches Fräulein so rasch eine andere Weltanschauung bekommt? Sie sagen, das Fräulein wäre katholisch? Hm.

Also wenn Sie es unbedingt hören wollen, was sich das Fräulein dachte, nachdem sich der Herr Reithofer von ihr verabschiedet hatte, so muß ich es Ihnen wohl sagen, Frau Kommerzienrat. Entschuldigen Sie, daß ich weitererzähle.

Es war ungefähr dreiundzwanzig Uhr, als das Fräulein ihr Zimmer betrat. Sie setzte sich und zog sich aus, so langsam, als wöge jeder Strumpf zehn Pfund.

Ihr gegenüber an der Wand hing ein heiliges Bild: ein großer weißer Engel schwebte in einem Zimmer und verkündete der knienden Madonna: „Bei Gott ist kein Ding unmöglich!" Und das Fräulein dachte, der Herr Reithofer hätte wirklich schön achtgegeben und sei überhaupt ein anständiger Mensch, aber leider kein solch weißer Engel, daß man unbefleckt empfangen könnte. Warum dürfe das nur Maria, warum sei gerade sie auserwählt unter den Weibern? Was habe sie denn schon so besonderes geleistet, daß sie so fürstlich belohnt wurde? Nichts habe sie getan, sie sei doch nur Jungfrau gewesen und das hätten ja alle mal gehabt. Auch sie selbst hätte das mal gehabt.

Die Mutter Gottes hätte eben Protektion gehabt genau wie die Henny Porten, Lia de Putty, Dolores del Rio und Carmen Cartellieri. „Wenn man keine Protektion hat, indem daß man keinen Regisseur kennt, so wird man halt nicht auserwählt", konstatierte das Fräulein.

„Auserwählt", wiederholte sie, und es tat ihr alles weh. „Bei Gott ist kein Regisseur unmöglich", lächelte der große weiße Engel, und das Fräulein meinte: „Sei doch nicht so ungerecht!" Und bevor sie einschlief, fiel es ihr noch ein, eigentlich sei alles ungerecht, jeder Mensch, jedes Ding. Sicher sei auch der Stuhl ungerecht, der Schrank, der Tisch, das Fenster, der Hut, der Mantel, die Lampe. Vielleicht sei auch der Herr Reithofer trotzdem ungerecht, obwohl er wahrscheinlich gar nichts dafür kann.

Gute Nacht, Frau Kommerzienrat.

Aus: Ödön von Horvath: Gesammelte Werke. Hrsg. von Traugott Krischke und Dieter Hildebrandt. Bd. 3: Lyrik, Prosa, Romane. 3. Aufl. Frankfurt/M. 1978. S. 77–82. (© Suhrkamp Verlag)

8 BERTOLT BRECHT
Die unwürdige Greisin
[1939; Erstdruck 1949]

Meine Großmutter war zweiundsiebzig Jahre alt, als mein Großvater starb. Er hatte eine kleine Lithographenanstalt in einem badischen Städtchen und arbeitete darin mit zwei, drei Gehilfen bis zu seinem Tod. Meine Großmutter besorgte ohne Magd den Haushalt, betreute das alte, wacklige Haus und kochte für die Mannsleute und Kinder.

Sie war eine kleine magere Frau mit lebhaften Eidechsenaugen, aber langsamer Sprechweise. Mit recht kärglichen Mitteln hatte sie fünf Kinder großgezogen – von den sieben, die sie geboren hatte. Davon war sie mit den Jahren kleiner geworden.

Von den Kindern gingen die zwei Mädchen nach Amerika, und zwei der Söhne zogen ebenfalls weg. Nur der Jüngste, der eine schwache Gesundheit hatte, blieb im Städtchen. Er wurde Buchdrucker und legte sich eine viel zu große Familie zu.

So war sie allein im Haus, als mein Großvater gestorben war.

Die Kinder schrieben sich Briefe über das Problem, was mit ihr zu geschehen hätte. Einer konnte ihr bei sich ein Heim anbieten, und der Buchdrucker wollte mit den Seinen zu ihr ins Haus ziehen. Aber die Greisin verhielt sich abweisend zu den Vorschlägen und wollte nur von jedem ihrer Kinder, das dazu imstande war, eine kleine geldliche Unterstützung annehmen. Die Lithographenanstalt, längst veraltet, brachte fast nichts beim Verkauf, und es waren auch Schulden da.

Die Kinder schrieben ihr, sie könne doch nicht ganz allein leben, aber als sie darauf überhaupt nicht einging, gaben sie nach und schickten ihr monatlich ein bißchen Geld. Schließlich, dachten sie, war ja der Buchdrukker im Städtchen geblieben.

Der Buchdrucker übernahm es auch, seinen Geschwistern mitunter über die Mutter zu berichten. Seine Briefe an meinen Vater und was dieser bei einem Besuch und nach dem Begräbnis meiner Großmutter zwei Jahre später erfuhr, geben mir ein Bild von dem, was in diesen zwei Jahren geschah.

Es scheint, daß der Buchdrucker von Anfang an enttäuscht war, daß meine Großmutter sich weigerte, ihn in das ziemlich große und nun leerstehende Haus aufzunehmen. Er wohnte mit vier Kindern in drei Zimmern. Aber die Greisin hielt überhaupt nur eine sehr lose Verbindung mit ihm aufrecht. Sie lud die Kinder jeden Sonntagnachmittag zum Kaffee, das war eigentlich alles.

Sie besuchte ihren Sohn ein- oder zweimal in einem Vierteljahr und half der Schwiegertochter beim Beereneinkochen. Die junge Frau entnahm einigen ihrer Äußerungen, daß es ihr in der kleinen Wohnung des Buchdruckers zu eng war. Dieser konnte sich nicht enthalten, in seinem Bericht darüber ein Ausrufezeichen anzubringen.

Auf eine schriftliche Anfrage meines Vaters, was die alte Frau denn jetzt so mache, antwortete er ziemlich kurz, sie besuche das Kino.

Man muß verstehen, daß das nichts Gewöhnliches war, jedenfalls nicht in den Augen ihrer Kinder. Das Kino war vor dreißig Jahren noch nicht, was es heute ist. Es handelte sich um elende, schlecht gelüftete Lokale, oft in alten Kegelbahnen eingerichtet, mit schreienden Plakaten vor dem Eingang, auf denen Morde und Tragödien der Leidenschaft angezeigt waren. Eigentlich gingen nur Halbwüchsige hin oder, des Dunkels wegen, Liebespaare. Eine einzelne alte Frau mußte dort sicher auffallen.

Und so war noch eine andere Seite dieses Kinobesuches zu bedenken. Der Eintritt war gewiß billig, da aber das Vergnügen ungefähr unter den Schleckereien rangierte, bedeutete es „hinausgeworfenes Geld". Und Geld hinauszuwerfen, war nicht respektabel.

Dazu kam, daß meine Großmutter nicht nur mit ihrem Sohn am Ort keinen regelmäßigen Verkehr pflegte, sondern auch sonst niemanden von ihren Bekannten besuchte oder einlud. Sie ging niemals zu den Kaffeegesellschaften des Städtchens. Dafür besuchte sie häufig die Werkstatt eines Flickschusters in einem armen und sogar etwas verrufenen Gäßchen, in der, besonders nachmittags, allerlei nicht besonders respektable Existenzen herumsaßen, stellungslose Kellnerinnen und Handwerksburschen. Der Flickschuster war ein Mann in mittleren Jahren, der in der ganzen Welt herumgekommen war, ohne es zu etwas gebracht zu haben. Es hieß auch, daß er trank. Er war jedenfalls kein Verkehr für meine Großmutter.

Der Buchdrucker deutete in einem Brief an, daß er seine Mutter darauf hingewiesen, aber einen recht kühlen Bescheid bekommen habe. „Er hat etwas gesehen", war ihre Antwort, und das Gespräch war damit zu Ende. Es war nicht leicht, mit meiner Großmutter über Dinge zu reden, die sie nicht bereden wollte.

Etwa ein halbes Jahr nach dem Tod des Großvaters schrieb der Buchdrucker meinem Vater, daß die Mutter jetzt jeden zweiten Tag im Gasthof esse.

Was für eine Nachricht! Großmutter, die zeit ihres Lebens für ein Dutzend Menschen gekocht und immer nur die Reste aufgegessen hatte, aß jetzt im Gasthof! Was war in sie gefahren?

Bald darauf führte meinen Vater eine Geschäftsreise in die Nähe, und er besuchte seine Mutter.

Er traf sie im Begriffe, auszugehen. Sie nahm den Hut wieder ab und setzte ihm ein Glas Rotwein mit Zwieback vor. Sie schien ganz ausgeglichener Stimmung zu sein, weder besonders aufgekratzt noch besonders schweigsam. Sie erkundigte sich nach uns, allerdings nicht sehr eingehend, und wollte hauptsächlich wissen, ob es für die Kinder auch Kirschen gäbe. Da war sie ganz wie immer. Die Stube war natürlich peinlich sauber, und sie sah gesund aus.

Das einzige, was auf ihr neues Leben hindeutete, war, daß sie nicht mit meinem Vater auf den Gottesacker gehen wollte, das Grab ihres Mannes zu besuchen. „Du kannst allein hingehen", sagte sie beiläufig, „es ist das dritte von links in der elften Reihe. Ich muß noch wohin."

Der Buchdrucker erklärte nachher, daß sie wahrscheinlich zu ihrem Flickschuster mußte. Er klagte sehr.

„Ich sitze hier in diesen Löchern mit den Meinen und habe nur noch fünf Stunden Arbeit und schlecht bezahlte, dazu macht mir mein Asthma wieder zu schaffen, und das Haus in der Hauptstraße steht leer."

Mein Vater hatte im Gasthof ein Zimmer genommen, aber erwartet, daß er zum Wohnen doch von seiner Mutter eingeladen werden würde, wenigstens pro forma, aber sie sprach nicht davon. Und sogar als das Haus voll gewesen war, hatte sie immer etwas dagegen gehabt, daß er nicht bei ihnen wohnte und dazu das Geld für das Hotel ausgab!

Aber sie schien mit ihrem Familienleben abgeschlossen zu haben und neue Wege zu gehen, jetzt, wo ihr Leben sich neigte. Mein Vater, der eine gute Portion Humor besaß, fand sie ‚ganz munter' und sagte meinem Onkel, er sollte die alte Frau machen lassen, was sie wolle.

Aber was wollte sie?

Das nächste, was berichtet wurde, war, daß sie eine Bregg bestellt hatte und nach einem Ausflugsort gefahren war, an einem gewöhnlichen Donnerstag. Eine Bregg war ein großes, hochrädriges Pferdegefährt mit Plätzen für ganze Familien. Einige wenige Male, wenn wir Enkelkinder zu Besuch gekommen waren, hatte Großvater die Bregg gemietet. Großmutter war immer zu Hause geblieben. Sie hatte es mit einer wegwerfenden Handbewegung abgelehnt, mitzukommen.

Und nach der Bregg kam die Reise nach K., einer größeren Stadt, etwa zwei Eisenbahnstunden entfernt. Dort war ein Pferderennen, und zu dem Pferderennen fuhr meine Großmutter.

Der Buchdrucker war jetzt durch und durch alarmiert. Er wollte einen Arzt hinzugezogen haben. Mein Vater schüttelte den Kopf, als er den Brief las, lehnte aber die Hinzuziehung eines Arztes ab.

Nach K. war meine Großmutter nicht allein gefahren. Sie hatte ein junges Mädchen mitgenommen, eine halb Schwachsinnige, wie der Buchdrucker schrieb, das Küchenmädchen des Gasthofs, in dem die Greisin jeden zweiten Tag speiste.

Dieser ‚Krüppel' spielte von jetzt ab eine Rolle.

Meine Großmutter schien einen Narren an ihr gefressen zu haben. Sie nahm sie mit ins Kino und zum Flickschuster, der sich übrigens als Sozialdemokrat herausgestellt hatte, und es ging das Gerücht, daß die beiden Frauen bei einem Glas Rotwein in der Küche Karten spielten.

„Sie hat dem Krüppel jetzt einen Hut gekauft mit Rosen drauf", schrieb der Buchdrucker verzweifelt. „Und unsere Anna hat kein Kommunionskleid!"

Die Briefe meines Onkels wurden ganz hysterisch, handelten nur von der ‚unwürdigen Aufführung unserer lieben Mutter‘ und gaben sonst nichts mehr her. Das Weitere habe ich von meinem Vater.

Der Gastwirt hatte ihm mit Augenzwinkern zugeraunt: „Frau B. amüsiert sich ja jetzt, wie man hört.“

In Wirklichkeit lebte meine Großmutter auch diese letzten Jahre keinesfalls üppig. Wenn sie nicht im Gasthof aß, nahm sie meist nur ein wenig Eierspeise zu sich, etwas Kaffee und vor allem ihren geliebten Zwieback. Dafür leistete sie sich einen billigen Rotwein, von dem sie zu allen Mahlzeiten ein kleines Glas trank. Das Haus hielt sie sehr rein, und nicht nur die Schlafstube und die Küche, die sie benutzte. Jedoch nahm sie darauf ohne Wissen ihrer Kinder eine Hypothek auf. Es kam niemals heraus, was sie mit dem Geld machte. Sie scheint es dem Flickschuster gegeben zu haben. Er zog nach ihrem Tod in eine andere Stadt und soll dort ein größeres Geschäft für Maßschuhe eröffnet haben.

Genau betrachtet lebte sie hintereinander zwei Leben. Das eine, erste, als Tochter, als Frau und als Mutter, und das zweite einfach als Frau B., eine alleinstehende Person ohne Verpflichtungen und mit bescheidenen, aber ausreichenden Mitteln. Das erste Leben dauerte etwa sechs Jahrzehnte, das zweite nicht mehr als zwei Jahre.

Mein Vater brachte in Erfahrung, daß sie im letzten halben Jahr sich gewisse Freiheiten gestattete, die normale Leute gar nicht kennen. So konnte sie im Sommer früh um drei Uhr aufstehen und durch die leeren Straßen des Städtchens spazieren, das sie so für sich ganz allein hatte. Und den Pfarrer, der sie besuchen kam, um der alten Frau in ihrer Vereinsamung Gesellschaft zu leisten, lud sie, wie allgemein behauptet wurde, ins Kino ein!

Sie war keineswegs vereinsamt. Bei dem Flickschuster verkehrten anscheinend lauter lustige Leute, und es wurde viel erzählt. Sie hatte dort immer eine Flasche ihres eigenen Rotweins stehen, und daraus trank sie ihr Gläschen, während die anderen erzählten und über die würdigen Autoritäten der Stadt loszogen. Dieser Rotwein blieb für sie reserviert, jedoch brachte sie mitunter der Gesellschaft stärkere Getränke mit.

Sie starb ganz unvermittelt, an einem Herbstnachmittag in ihrem Schlafzimmer, aber nicht im Bett, sondern auf dem Holzstuhl am Fenster. Sie hatte den ‚Krüppel‘ für den Abend ins Kino eingeladen, und so war das Mädchen bei ihr, als sie starb. Sie war vierundsiebzig Jahre alt.

Ich habe eine Fotografie von ihr gesehen, die sie auf dem Totenbett zeigt und die für die Kinder angefertigt worden war. Man sieht ein winziges Gesichtchen mit vielen Falten und einen schmallippigen, aber breiten Mund. Viel Kleines, aber nichts Kleinliches. Sie hatte die langen Jahre der

Knechtschaft und die kurzen Jahre der Freiheit ausgekostet und das Brot des Lebens aufgezehrt bis auf den letzten Brosamen.

Aus: Bertolt Brecht: Gesammelte Werke in 20 Bänden. Hrsg. vom Suhrkamp Verlag in Zusammenarbeit mit Elisabeth Hauptmann. Bd. 11: Prosa I. Frankfurt/M. 1967. S. 315–320. (© Suhrkamp Verlag)

9 JOHANNES BOBROWSKI
Epitaph für Pinnau
[1961]

Vor Kants Haus steht kein Baum. Ist die Straße eigentlich so eng? Wie kommt es, daß man an dem zweigeschossigen kahlen Kasten nie vorbeikommt, ohne mit Ärmel und Schulter die Fassadenwand zu streifen? Und wieder etwas von dem hellen Verputz mitzunehmen? Eines Tages, das kann man jetzt schon sagen, werden die heute noch verdeckten Mauerziegel hervorschauen: ein helles Rot, dem dann die Farbe Grün fehlen wird, denn vor Kants Haus steht kein Baum. Hinter dem Haus und um den einen Giebel herum liegt ein Gärtchen. Das ist zuwenig. Aber an das Haus geklebt, dort, gibt es einen Verschlag für die Hühner. So haben wir wenigstens diese sonderbar räsonierenden Vogelstimmen, die sich unterhalten oder nicht – man weiß das nie, man hört zu, und wenn der Kupferschmied unten am Schloßberg ein bißchen herumhämmert und die Glocke vom Schloßturm die falsche Stunde, oder die richtige, herunterscheppert, fehlt nur noch das Geklapper eilig aufgesetzter Stöcke – Stöcke mit Eisenblechspitzen und Silberknöpfen, schwarze oder dunkelbraune Stöcke –, daß man alles zusammen hat: einen Concentus, der hinreicht, die englische Stadt London zu beschreiben, wie die daliegt an dem Fluß Themse, oder eine Feuersbrunst in Stockholm, die vor Swedenborgs Haus mit einer Verbeugung stehenbleibt.

Aber jetzt nähern sich die ungeduldigen Stöcke und werden zu laut. Es ist eine Plage mit den Stöcken. Für den, der sich den Concentus hat anhören wollen. Freßt man schön, meine Hühnerchen, sagt die alte Frau und geht zurück in die Küche. Dort steht Kant im braunen Fräckchen und schüttet aus einem gelben Büchschen Pfeffer über das schöne Essen. Und die Stöcke sind vor der Haustür angelangt. Setzen sich, jeder mit einem kleinen Knall, auf die Steinplatte vor der Schwelle, jeder ein Schlußpunkt hinter einem schnellen Anmarsch – vom Junkergarten, vom Steindamm, vom Lizentgraben. Pünktlichkeit, meine Herren.

Nun also die Stöcke gehoben und hinein ins Haus. Der kräftige Scheffner sagt laut zu den Wänden hinauf: Gesegnete Tageszeit, und Lampe, der Diener, sagt: Bitte schön, der Herr Kriegsrat, und nimmt ihm den Umhang ab. Und Professor Schulz schiebt sich heran, hängt ihm seinen Mantel über die Schulter und stülpt ihm seinen Hut auf, und Lampe sagt erschrocken: Aber ja, Herr Oberhofprediger, aber ja. Den hätte ich zuerst nehmen müssen, fällt ihm ein, während der elegante Motherby ihm schon ungeduldig das Stöckchen ins Kreuz stößt, nur leicht natürlich: Wir sind doch geladen, Mensch!, und den Mantel übers Treppengeländer wirft, wo übrigens Hofbuchhändler Kanters Sachen schon liegen. Das dreht sich umher in der Diele, und Borowski und Wasianski auch, der eine lang und dünn, der andere kurz und rund, Scheffner in der Mitte am breitesten, Schulz nach unten hinab immer massiver, Docken, Rhomben, Kegel, die Schneiderpuppe Motherby anmutig dazwischen. Dann also die Treppe hinauf. Kanter steht dort schon in der offenen Tür, hat schnell die Tafel überblickt – alles gerichtet –, sieht also beruhigt über die Treppe hinunter, entdeckt eben noch Hamanns Frackschöße in der Küchentür, und jetzt sind auch die Schöße verschwunden, und die Tür ist zu, und Lampe drängt sich durch die Herrschaften auf der Treppe und sagt, oben angekommen, gefaßt und stramm: Der Herr Professor sind inne Küche, kommt aber gleich. Und unten öffnet sich wieder die Tür, und die alte Frau, die Köchin, schreit herauf: Ja, kommt gleich, und du, Herr Lampe, komm runter.

Lampe tritt also ab. Die Herren ziehen die hübschen Chronometer hervor, alle zugleich, es schlägt nämlich zwölf vom Schloßturm, und weil es nun still ist, hört man nicht nur die Glockenschläge, sondern dazwischen auch das Rasseln und Schnaufen des Schlagwerks.

In der Küche unten, wo es ein bißchen dampft, stehen Kant und Hamann. Pinnau, sagten Sie?

Aber kenn ich doch auch, gute Menschen, sagt die Köchin. Nein, wir meinen den Sohn, sagt Kant.

Hübscher Mensch mit schwarze Haare, sagt die Frau.

Buchhalter Pinnau, sagt Hamann, er ist tot, heute morgen, ich hör einen Schuß, im Nebenraum, und lauf dazu, und Pinnau liegt da, ins Gesicht geschossen, und ist gleich tot gewesen.

Was hat Pinnau gehabt, fragt Kant, er war doch nun beim Lizent?

Er hat gedacht – – Hamann setzt den Hut wieder auf, den er von einer Hand in die andere gegeben hat, immer im Wechsel mit Stock und Umhang. Er hat geschrieben, Poesien – – er hat gewollt, was nicht möglich ist, sagt er. Und Kant erwidert schnell und tonlos: Sie doch auch?

Oben die Herren gehn umher auf den weißen Dielen, ans Fenster, wieder ins Zimmer hinein, um den Tisch herum. Wo bleibt denn der Hausherr? Und nun kommt Lampe mit der Terrine und hinterher, klein und leicht, so als hätte ihn die Treppe heraufgetragen, Kant und neben ihm – überlanger Schoßrock, Mantel auf dem Arm, Hut auf dem Haupt, wie mit zerzausten Flügeln ein in den Flußwind geratener Rabe, und mit schwarzem Stock – Packhofverwalter Hamann.

Er hat nicht bei mir gehört, sagt Kant, hat er überhaupt?

Damit tritt er ins Zimmer, ein bißchen verwundert, weil er Hamann hinter sich antworten hört: Ja, bei mir.

Schulz sieht Borowski, den Neuroßgärtschen Pfarrer, bedeutungsvoll an, und beide schütteln den Kopf, und das heißt: Hamann? Der ist ja wohl weder Lizentiat noch Magister, aber das Kopfschütteln paßt hübsch zu dem Drehtanz der Kegel und Rhomben, Docken und was weiß ich, der nun wieder beginnt.

Kanter mit ausgebreiteten Armen, die er nach rückwärts zusammenführt, als wollte er die Luft hinter sich, sozusagen die Welt, wenigstens die Stadt, oder besser: die drei Städte, die sie ja doch noch kürzlich gewesen ist, mitsamt ihren sieben Hügeln umarmen, sie umschließen, sie darbringen dem Großen, Weisen, was sage ich: der Weltweisheit selbst. Dazu drei, vier Schrittchen. Und Scheffner! Eine kurze, feurige Verbeugung: So ist das, wenn man sich den Ehrenkranz eines amorosen Poeten selber von der schönen Stirn reißt, vor Bewunderung. So sieht das aus! Und Schulz, der, als Mathematikus, am sichersten weiß, was der illustre Kollege bedeutet: einen Stern. Erster Größe, versteht sich. Und die andern dazu und umher, Kreise und Ellipsenbahnen, wieder mal ein Tänzchen, reizend, denn die zwölf Glockenschläge sind vorüber, und die Stadtpfeifer, vom Turm herab, blasen ihren munteren Mittagschoral über die Dächer und in die Häuser hinein, als hätten sie bei arm und reich die Suppen zu kühlen.

Kant hält seine freundlichste Kürze bereit, dreht sich selber ein bißchen dabei, und so kommt alles schnell zu seinem Platz am Tisch. Ein kleiner Seufzer des schwergesäßigen Schulz. Aber die erste Frage geht wieder hinüber zu Hamann. Kant sagt: Wie meinten Sie vorhin?

Wir sprachen von Pinnau, antwortet Hamann und setzt sich Kant gegenüber.

Meine Herren – das ist nun wieder Kant –, Buchhalter Pinnau vom hiesigen Lizent hat sich heute morgen erschossen. Cavalirement, wie er gelebt. Herr Hamann sagt Ihnen das Nähere.

Wasianski erschrocken: Pinnau? Und nun weiß man also: Pinnau, braver, also armer Leute Sohn, von oft bewiesenem Fleiß, der das Baden im Pregelstrom angefangen hat, noch einiges und Poesien auch – aber was wird schon aus ihm, woher kommt er denn? kein Feld für ihn hier; vielleicht hätte sich Kanter (aber das sagt niemand, denn Kanter ist ja anwesend) seiner annehmen können oder Korff oder Hippel; so etwas ist ja immer möglich; aber er war doch wohl nun untergekommen; Pinnau also hat sich ein Pistol ins Gesicht gehalten, er lag mitten in der leeren Schreiberstube, noch unter einer schwärzlichen Wolke, die sich nicht niederlegen mochte über ihn.

Warum erschießt sich ein Mensch wie Pinnau, sagt Scheffner, und für Motherby ist das eine Frage, er weiß es nicht. Wer weiß das schon? Es ging ihm ganz gut, Buchhalter am Lizent, er wollte heiraten, sechs Bäume von Stockmars Garten waren ihm zugesprochen. Keine dienstlichen Gründe, nicht wahr, Herr Hamann?

Ein lebhaftes Gespräch. Das die Docken, Kegel, Rhomben, selbst die Pyramide Schulz in geradezu ausgelassene Bewegung bringt. Obwohl doch alles auf seinen Stühlen bleibt. Man müßte schwerhörig sein: dann könnte man es ganz genießen wie auf einer Redoute.

Kant hebt das kahle Gesichtchen gegen den ungezogenen Hamann, der wieder einmal das linke Bein mit dem schmutzigen Schuh auf den leeren Sessel neben sich gelegt hat, und ruft hinüber: Sie wissen es? Und Hamann sagt: Ja, und Schulz soll endlich den gezückten Segen herabsausen lassen.

Also sagt Kant: Meine Herren, beginnen wir mit dem Essen. Bitte, Herr Oberhofprediger! und Schulz: – – versammelst uns täglich um deine Gabe, versammle uns, Herr, um deinen Thron.

Aus: Johannes Bobrowski: Boehlendorff und Mäusefest. Erzählungen. 3. Aufl. Berlin/DDR 1967, S. 36–41. (© Klaus Wagenbach Verlag)

10 PETER BICHSEL
Der Milchmann
[1964]

Der Milchmann schrieb auf einen Zettel: „Heute keine Butter mehr, leider.“ Frau Blum las den Zettel und rechnete zusammen, schüttelte den Kopf und rechnete noch einmal, dann schrieb sie: „Zwei Liter, 100 Gramm Butter, Sie hatten gestern keine Butter und berechneten sie mir gleichwohl.“

Am andern Tag schrieb der Milchmann: „Entschuldigung.“ Der Milchmann kommt morgens um vier, Frau Blum kennt ihn nicht, man sollte ihn kennen, denkt sie oft, man sollte einmal um vier aufstehen, um ihn kennenzulernen.

Frau Blum fürchtet, der Milchmann könnte ihr böse sein, der Milchmann könnte schlecht denken von ihr, ihr Topf ist verbeult.

Der Milchmann kennt den verbeulten Topf, es ist der von Frau Blum, sie nimmt meistens 2 Liter und 100 Gramm Butter. Der Milchmann kennt Frau Blum. Würde man ihn nach ihr fragen, würde er sagen: „Frau Blum nimmt 2 Liter und 100 Gramm, sie hat einen verbeulten Topf und eine gut lesbare Schrift.“ Der Milchmann macht sich keine Gedanken, Frau Blum macht keine Schulden. Und wenn es vorkommt – es kann ja vorkommen –, daß 10 Rappen zu wenig daliegen, dann schreibt er auf einen Zettel: „10 Rappen zu wenig.“ Am andern Tag hat er die 10 Rappen anstandslos und auf dem Zettel steht: „Entschuldigung.“ ‚Nicht der Rede wert‘ oder ‚keine Ursache‘, denkt dann der Milchmann und würde er es auf den Zettel schreiben, dann wäre das schon ein Briefwechsel. Er schreibt es nicht.

Den Milchmann interessiert es nicht, in welchem Stock Frau Blum wohnt, der Topf steht unten an der Treppe. Er macht sich keine Gedanken, wenn er nicht dort steht. In der ersten Mannschaft spielte einmal ein Blum, den kannte der Milchmann, und der hatte abstehende Ohren. Vielleicht hat Frau Blum abstehende Ohren.

Milchmänner haben unappetitlich saubere Hände, rosig, plump und verwaschen. Frau Blum denkt daran, wenn sie seine Zettel sieht. Hoffentlich hat er die 10 Rappen gefunden. Frau Blum möchte nicht, daß der Milchmann schlecht von ihr denkt, auch möchte sie nicht, daß er mit der Nachbarin ins Gespräch käme. Aber niemand kennt den Milchmann, in unserm Quartier niemand. Bei uns kommt er morgens um vier. Der Milchmann ist einer von denen, die ihre Pflicht tun. Wer morgens um vier die Milch bringt, tut seine Pflicht, täglich, sonntags und werktags. Wahrscheinlich sind Milchmänner nicht gut bezahlt und wahrscheinlich fehlt ihnen oft Geld bei der Abrechnung. Die Milchmänner haben keine Schuld daran, daß die Milch teurer wird.

Und eigentlich möchte Frau Blum den Milchmann gern kennenlernen.

Der Milchmann kennt Frau Blum, sie nimmt 2 Liter und 100 Gramm und hat einen verbeulten Topf.

Aus: Peter Bichsel: Eigentlich möchte Frau Blum den Milchmann kennenlernen. 21 Geschichten. Olten 1974. (© Walter Verlag)

11 H. C. ARTMANN
Abenteuer eines Weichenstellers
[1967]

1. Die verantwortung eines weichenstellers der Union Pacific Ges. ist eine große, ihm obliegt die sorge um mensch und vieh, aber auch sachschaden hat er tunlichst zu vermeiden.

2. Der weichensteller besitzt ein buch, in dem er immer liest, 10 jahre besitzt er dieses buch, aber er beginnt nach seite 77 jedesmal wieder von vorne, weiter würde er es nie lesen, er hat da so eine vorahnung. Blödsinn, murmelt er, und beginnt trotzdem wieder bei seite 1.

3. Die meiste zeit aber raucht er seine geliebte pfeife, er hat keine frau, er sieht den ersten stern am abendhimmel aufglänzen, er geht in das intime grün der brennesseln hinter dem haus austreten, er ist sonst ein frühaufsteher und trinkt nach dem essen ein bier.

4. Der letzte zug kommt stets um 21 uhr 35 durch, er sieht den letzten waggon in der ferne verschwinden, der bremser hat ihm zugewinkt, er ist seit jahren sein freund, obgleich er noch nie mit ihm gesprochen hat.

5. Das buch des weichenstellers ist ein alter pennyshocker mit dem titel „Der Mann vom Union Pacific Express". Heute beschließt er, den roman bis ans ende zu lesen, doch es schwant ihm nichts gutes.

6. Einmal stand ein fremder bremser auf der hinteren plattform des letzten waggons; ob er ein aushelfer war?

7. Gegen 23 uhr wird der weichensteller durch einen ungewöhnlichen lichtschein aufmerksam, er geht vor das haus und sieht einen zug anrollen, der in keinem fahrplan verzeichnet steht, er rollt vollkommen lautlos an ihm vorbei, auf der plattform des letzten waggons steht der fremde von damals und bläst mundharmonika.

8. Der weichensteller reibt sich die augen, ihm kommt das alles eigenartig vor, er ist ja ganz allein, er geht ins haus zurück, er trinkt ein extrabier und verklebt die seiten 78 bis 126 mit kleister. So, meinte er, wäre es das beste.

Aus: H. C. Artmann: Fleiß und Industrie. Frankfurt 1967. (© Suhrkamp Verlag)

12 GÜNTER EICH
Episode
[1968]

Ich wache auf und bin gleich im Notstand. Die Gründe weiß ich nicht genau, verhafte aber vorsorglich meine Kinder. Verhaftungen müssen sein. Im Rundfunk stelle ich Tanzmusik ein, drehe die Antenne in Richtung Luxemburg. Mit den Handschellen klirrend patrouilliere ich durch die Etagen. Im Mezzanin ist alles in Ordnung, im Keller auch, aber sonst? Kein Erkennen der Lage, kein Ernst, kein Verlaß, Bananenschalen auf den Treppen. So weit kommt es, wenn man die Zügel locker läßt.

Unter dem Dach herrscht volle Anarchie, jemand liest Karsunke, meine Hauswirtin schläft, mit achtzig Jahren sollte sie wissen, was man zu tun hat.

Webern liegt auf dem Plattenteller, so zersetzt ist alles und die Wände voll Schimmel. Durchgreifen. Ordnung ist das halbe Leben, die andere Hälfte auch. Mit feuchten Augen höre ich die ersten Nachrichten aus dem Hauptquartier. Man beglückwünscht sich, es wird alles besser, das Strafgesetz schon umgearbeitet, man hatte es in den Schubladen. Im ersten Stock stellt man sich inzwischen um, beginnt realistisch zu denken. Ein Polizist aus Berlin, auf Urlaub, übernimmt das Standrecht und die Löscheimer. Viel Idealismus.

Um elf habe ich auch das Erdgeschoß auf Vordermann gebracht, mit etwas Nachhilfe, aber nicht viel. Um zwölf sortiere ich staatsfeindliches und jugendgefährdendes Schrifttum aus. Um eins versammle ich die Hausgemeinschaft zu einer Ansprache, die als Mittagessen eingelegt wird. Um zwei umstellt Gendarmerie das Haus und verhaftet uns alle.

So gemütlich ist es immer noch.

Aus: Günter Eich: Maulwürfe. Frankfurt 1968. (© Suhrkamp Verlag)

Hinweis zur wissenschaftlichen Literatur

Eine Fülle von Literaturhinweisen findet sich in den Anmerkungen zu den in Teil D abgedruckten Texten. Darüberhinaus seien am Forschungsprozeß Interessierte verwiesen auf die – nicht für Laien oder Anfänger zusammengestellten – Beihefte 4, 6 und 8 zur Zeitschrift für Literaturwissenschaft und Linguistik, „Erzählforschung 1" (1976), „Erzählforschung 2" (1977), „Erzählforschung 3" (1978), jeweils hg. v. Wolfgang Haubrichs, und auf die Sammelbände „Erzählung und Erzählforschung im 20. Jahrhundert", hg. v. Rolf Kloepfer und Gisela Janetzke-Dillner, Stuttgart 1981, und „Erzählforschung", hg. v. Eberhard Lämmert, Stuttgart 1982. Eine für Anfänger konzipierte Übersicht über die verschiedenen erzähltheoretischen Forschungsansätze und Begriffssysteme findet sich in dem Band: Arbeitsbuch Romananalyse. Hg. v. Hans-Werner Ludwig. Tübingen 1982.